Biblioteca de Derecho Procesal

Marco de Cristofaro
(Director)

Carlos Antonio Agurto Gonzáles
Sonia Lidia Quequejana Mamani
Manuel Enrique Valverde Gonzáles
Benigno Choque Cuenca
(Coordinadores Generales)

KARL HEINZ SCHWAB
Profesor en la Universidad de Múnich
(Alemania)

El objeto litigioso en el proceso civil

Preliminar
A El Objeto Litigioso en el Proceso Civil
del Prof. Karl Heinz Schwab
Luis Patricio Ríos Muñoz

Ediciones Olejnik

Edición al cuidado de
Carlos Antonio Agurto Gonzáles
Sonia Lidia Quequejana Mamani
Benigno Choque Cuenca

Título: El objeto litigioso en el proceso civil

Huérfanos 611, Santiago - Chile
E-mail: contacto@edicionesolejnik.com
Web site: http://www.edicionesolejnik.com

Primera edición en Ediciones Olejnik: 2021

ISBN: 978-956-407-060-5

Diseño de Carátula: Ena Zuñiga
Diagramación: Luis A. Sierra Cárdenas

Impreso en Argentina 2021 Printed in Argentina

ÍNDICE

APÉNDICE
PRECEPTOS CITADOS DEL DERECHO ALEMÁN

Al profesor doctor Leo Rosenberg
en señal de respeto
y gratitud al cumplir los 75 años.

PRELIMINAR
A EL OBJETO LITIGIOSO EN EL PROCESO CIVIL DEL PROF. KARL HEINZ SCHWAB

LUIS PATRICIO RÍOS MUÑOZ[1]

1. RESEÑA BIOGRÁFICA DEL PROF. KARL HEINZ SCHWAB

El profesor Schwab nació el 22 de febrero de 1920 y falleció el 17 de enero de 2008. Para la siguiente reseña nos hemos valido de «*In memoriam Karl Heinz Schwab*» escrito por el Dr. Reinhard Greger -quien lo acompañó durante cuarenta años-, publicado en alemán en la obra honorífica *Im Gedenken an Karl Heinz Schwab* por la *Friedrich-Alexander Universität Erlangen-Nürnberg* en 2012.

Su vida se encuentra íntimamente relacionada con la de Leo Rosenberg, pues ambos fueron víctimas de la Segunda Guerra Mundial. En tal sentido, para Rosenberg la Gran Guerra significó persecución nazi: fue jubilado a los 55 años y le quitaron la exigua pensión que recibía por ello, y dos de sus hermanas fueron deportadas y murieron en el campo de concentración de Theresienstadt; Schwab, por su parte, tuvo que servir en el frente de batalla hasta 1947, quedando por tanto con serios traumatismos y lesiones permanentes. Por ello, la Universidad de Múnich fue como el comienzo de una nueva vida para ambos: Rosenberg fue nombrado ahí como profesor, a la edad de 67 años; mientras que Schwab pudo completar sus estudios de derecho, aprobando su examen de abogado en 1947.

Fue ahí donde el profesor Rosenberg ejerció una gran influencia en Schwab, dirigiendo su tesis doctoral: *Der Streitgegenstand im Zivilprozess*, que es precisamente la obra que hoy se vuelve a entregar al público lector en lengua castellana. Esta obra le abriría las puertas a Schwab para ingresar como profesor de la *Friedrich-Alexander Universität Erlangen-Nürnberg*, en donde se

---

[1] Magíster en Derecho Procesal por la Universidad Nacional de Rosario (Argentina); Becario por la Fundación Serra Domínguez para el I Curso de Profundización en Derecho Procesal dictado en conjunto por el Instituto Iberoamericano de Derecho Procesal y la Universitat Pompeu Fabra (Barcelona, España, 2018); Premio (VIII versión) Instituto Vasco de Derecho Procesal (San Sebastián, País Vasco, 2018); Finalista de los Premios Gabilex (Castilla, La Mancha, 2020); Abogado, Licenciado en Ciencias Jurídicas por la Universidad Arturo Prat, Iquique (Chile), Árbitro y Especialista en Litigios de Alta Complejidad. Correo: luispriosm@gmail.com, página web http://luispatricio-riosmunoz.webnode.cl.

desempeñó como profesor de Derecho Civil, Derecho Procesal Civil y Jurisdicción Voluntaria, pasando en 1956 a ocupar el cargo de decano de la Facultad de Derecho, y al año siguiente rector de la Universidad.

Fue en esa Universidad también, que le conoció Reinhard Greger, quien lo escuchó hace más de cuarenta años ya, en una conferencia por él pronunciada en el aula de la *Kollegienhaus de Erlangen*, en la que inmediatamente percibió que el profesor Schwab era un gran científico entusiasmado con su disciplina y el empeño de transmitirla a los estudiantes. Sus conferencias estaban claramente estructuradas (cuestión poco habitual en aquella época). Siempre dejaba claro cómo el tema que estaba tratando encajaba en el sistema general, mostrando las conexiones, y sin apoyo audiovisual alguno. Schwab conseguía transmitir conocimiento y comprensión a los oyentes a través de su forma de expresarse, con un lenguaje claro y sin pretensiones, sin abandonar el alto nivel científico de su enseñanza; razón por la cual, sus conferencias solían ser muy populares.

Por lo anterior, no es de extrañar que durante la década de los años sesenta, haya recibido propuestas de las Universidades de Münster, Colonia y Hamburgo, todas las cuales rechazó. Sólo aceptó la propuesta de la Universidad de Múnich, probablemente por tratarse de su *alma mater* y evocar el recuerdo de su maestro, Leo Rosenberg. Sin embargo, al cabo de un tiempo volvería a Erlangen, donde trabajaría hasta jubilar en 1987.

La pulcritud de Schwab, su minuciosidad y exigencia han de haber sido decisivas para que Rosenberg lo eligiera para actualizar su Tratado de Derecho Procesal. En el *Lehrstuhl-Museum* se puede consultar la copia de trabajo que sirvió de base para la primera edición del Tratado de Rosenberg editada por Schwab, en donde se puede observar el cuidad y la cautela con la que éste manejó el legado de su maestro. «Der Rosenberg» como se refería Schwab al Tratado de su maestro, fue reeditado y actualizado cinco veces bajo su dirección. Así lo afirma también Prütting, quien afirma que Schwab asume como el guardián de la doctrina y la evolución de Rosenberg, tratando de actualizar la obra con suma prudencia[2].

Era Schwab un profesor exigente, pero también comprensivo, dando en los exámenes al candidato el beneficio de la duda. Pero que esta característica no se malinterprete: él no era amigo de la mediocridad. Para él, un buen abogado no es aquel que tiene el conocimiento puro de la ley, ni la capacidad de resolver casos prácticos de forma correcta y justa; para él era particularmente importante reconocer el derecho como un conjunto coherente, lógico, sistémico, del que se pueda derivar la solución de las cuestiones individuales sin entrar en contradicción.

---

2 Prütting, Hanns, «Carga de la prueba y estándar probatorio: la influencia de Leo Rosenberg y Karl Heinz Schwab para el desarrollo del moderno Derecho Probatorio» en *Revista Ius et Praxis*, año 16, N° 1, Universidad de Talca, 2010, ISSN 0717-2877, p. 459.

Siempre se caracterizó por sus estructuras claras, precisión y disciplina. El profesor Schwab siempre llegaba puntualmente a las ocho de la mañana, y se iba a comer a casa. La puntualidad era un gran valor para él, al punto que nunca llegó siquiera un minuto tarde a una cita. La generosidad en el manejo del tiempo, muy extendida en el mundo académico, le era ajena. Tampoco toleraba ningún tipo de laxitud en cuestiones formales; todo tenía que hacerse correctamente.

Pese a este carácter duro, en el ámbito interpersonal era completamente diferente: empático, simpático y siempre dispuesto a ayudar. La charla matutina con la señora del aseo, así como los consejos de cuidado que dio a los empleados sobre la mejor trayectoria profesional. Schwab dejó que sus estudiantes de doctorado trabajaran con una larga correa, pero siempre estaba a mano con consejos paternales cuando lo necesitaban. No sólo hablaba con su personal sobre temas profesionales, sino que también mostraba gran interés por sus circunstancias privadas, sus familias, sus vidas, sus actividades de ocio, etc.

A pesar de toda su apertura hacia otras personas, Schwab siempre mantuvo una cierta distancia. Siempre fue «Herr Professor». No compartía mucho de su vida privada, aunque sabíamos y sentíamos que su familia era muy importante para él: su encantadora esposa, que también se había doctorado en derecho, sus dos hijas y un hijo, más tarde los nietos. Le gustaba ir a la ópera de Múnich y a su casa de vacaciones en las montañas Schlierseer.

Su carisma traspasó las fronteras de Alemania, siendo su nombre conocido tanto en Japón como en Sudamérica o en Grecia. Supervisó a estudiantes de doctorado de todo el mundo, e incluso una vez voló a Brasil para un examen oral de doctorado. Unos 50 doctorados se completaron bajo su supervisión.

Con el pasar del tiempo, cedió sus principales obras a gente más joven, incluso el «Der Rosenberg», aunque nunca se desvinculó del todo de lo que ocurría en la facultad. Conservador de una memoria prodigiosa y una mente analítica, los debates con él sobre cuestiones doctrinales de procedimiento civil mantuvieron siempre su altísimo nivel, no decayendo nunca por su avanzada edad.

Tras enfermar su mujer, la cuidó con sacrificio hasta el final, saliendo a relucir sus cualidades, su humanidad, su autodisciplina. Cuando ella murió, Schwab cumplió su último deber en esta vida, por lo que poco después también cerró sus ojos. Se fue así un ser humano inolvidable, extraordinario y único.

2. DEL OBJETO LITIGIOSO Y LA PRETENSIÓN PROCESAL

El objeto litigioso u objeto del proceso es aquello sobre lo que el proceso trata (la *res de qua agitur*), la cuestión que se somete a la decisión judicial, razón por la cual no hay tema más importante y más central dentro del

Derecho Procesal que éste. Así como afirma el mismo Schwab, la discusión en torno a la esencia del objeto litigioso no es solamente de índole teórica, sino también de extraordinaria importancia práctica. No obstante, este tema genera precisamente la paradoja que, aunque nadie niegue su importancia, pocos son los autores que se han dedicado a estudiar profundamente el tema.

Para acreditar la primera de las afirmaciones anteriores, baste revisar el índice de la presente obra, a fin de verificar que un estudio acucioso del tema nos llevará por la acumulación de acciones, la modificación de la demanda (que incluye la prohibición de *mutatio libelli*), la litispendencia y la cosa juzgada. En tanto, otros estudios agregan a estos temas, la determinación de la competencia del órgano juzgador, la clase de proceso que ha de seguirse y la congruencia de la sentencia. Mientras que las monografías que se han ocupado del tema suelen tratar sólo alguno de los aspectos considerados y no siempre el objeto como tema en sí mismo[3].

Siguiendo, como no podía ser de otra manera, al mismo Schwab, el litigio gira alrededor del «contenido de sentencia solicitado por el actor», que es el que determinará el alcance del objeto litigioso. Este «contenido de sentencia solicitado por el actor» no es otra cosa que la pretensión procesal. Sin embargo, nuestro autor se apresura en precisar que si bien esta pretensión determina el alcance del objeto litigioso, no puede ser confundida con el objeto mismo. Pero como tenemos a Schwab para explicarnos el objeto, nos concentraremos en la pretensión.

2.1. La necesaria referencia a la Acción.

Para hablar de pretensión, debemos necesariamente referirnos, aunque sea de manera muy breve y sucinta, a la *polémica sobre la Actio*. En 1856, el profesor de la Universidad de Lipsia, Bernhard Joseph Herbert Windscheid, publicó *La «Actio» del derecho civil romano desde el punto de vista del derecho actual*, publicación que mereció una respuesta del profesor de la Universidad de Jena, Theodor Muther, que denominó *Sobre la doctrina de la Actio romana, del derecho de accionar actual, de la litiscontestatio y de la sucesión singular en las obligaciones*; la que, a su vez, mereció una réplica del profesor Windscheid; llegando estas tres publicaciones a ser más conocidas como la *Polémica sobre*

[3] Para muestra, remitimos al lector a las siguientes monografías en nuestro idioma: BERZOSA FRANCOS, María Victoria, *Demanda, «causa petendi» y objeto del proceso*, El Almendro, Córdoba, 1984; CHOZAS ALONSO, José Manuel, *La perpetuatio iurisdictionis: un efecto procesal de la litispendencia*, Comares, Granada, 1995; FONS RODRÍGUEZ, Carolina, *La acumulación objetiva de acciones en el proceso civil*, J.M. Bosch, Barcelona, 1998; MÁLAGA DIEGUEZ, Francisco, *La litispendencia*, J.M. Bosch, Barcelona, 1999; DE LA OLIVA SANTOS, Andrés, *Objeto del proceso y cosa juzgada en el proceso civil*, Civitas, Madrid, 2005; PICÓ I JUNOY, Joan, *La modificación de la demanda en el proceso civil*, Tirant lo Blanch, Valencia, 2006; y CALAZA LÓPEZ, Sonia, *La cosa juzgada*, La Ley, Madrid, 2009. De ellas, sólo Berzosa y de la Oliva tratan directamente el tema del objeto del litigio.

la Actio o *Polémica Windscheid-Muther*[4]. En dicho debate, Windscheid sostuvo la clásica tesis en que la *actio* era para los romanos equiparable al derecho subjetivo, distinguiendo entre la *actio romana* que es aquello dirigido de modo directo al obligado, mientras que la *klage alemana* es la queja interpuesta y dirigida contra el Estado; por lo que para este autor la *actio* se aproxima más a la pretensión alemana y no corresponde a la acción procesal como tal. Y pese a que la exposición de este autor es superior a la de Muther, es gracias a este último que se logra separar la acción del derecho material, porque sostiene que el «*derecho de acción*» es plenamente independiente del derecho subjetivo, explicando que la *actio* es el derecho que se tiene frente al juez, con la finalidad de obtener una respuesta del Estado y lograr así la prestación de la tutela jurídica[5].

Hoy pueden reconocerse al menos tres teorías sobre la Acción: **1)** La que se denomina *Teoría concreta*, a la que adhieren importantes procesalistas españoles como Gómez Orbaneja y de la Oliva Santos; **2)** La *Teoría abstracta*, dentro de la que se ubica un mayor número de autores, entre los que cabe citar a Guasp Delgado, Prieto-Castro y Montero Aroca; y **3)** Una vertiente que intenta conciliar las dos teorías anteriores, llamada por ello, *Teoría ecléctica*. De todas ellas, Calaza López realiza un excelente resumen que hemos tenido en vista para este apartado[6]. Para la teoría concreta, la acción es un derecho concreto, de contenido determinado y de naturaleza pública, de manera que viene siendo el derecho a obtener una sentencia favorable (no cualquier sentencia). En tal sentido, sostiene de la Oliva, que la acción es un derecho subjetivo público a una tutela jurisdiccional concreta, un derecho frente al Estado, que es quien, a través de los órganos jurisdiccionales, debe realizar la prestación (tutela concreta) con la que ese derecho (acción) se satisface[7]. En tanto, para la teoría abstracta, el derecho de acción se formula como el derecho a obtener no una resolución de contenido absolutamente determinado favorable, sino una resolución justa sin más, conforme explica Guasp, es de carácter público e independiente, pero no es previo al proceso, sino que nace con la misma demanda judicial[8]. Fairen Guillen, por su parte, lo concibe como el derecho de excitar la actividad jurisdiccional del Estado, un derecho público, subjetivo y procesal, un derecho cívico[9].

---

4 Puede verse al respecto, de esta misma Editorial: WINDSCHEID, Bernhard y MUTHER, Theodor, *Polémica sobre la Actio*, trad. T. Banzhaf, Olejnik, Santiago, 2017.

5 Epílogo Segundo de MISARI TORPOCO, David Efraín, en la obra de WINDSCHEID, Bernhard y MUTHER, Theodor, *Polémica sobre la Actio*, trad. T. Banzhaf, Olejnik, Santiago, 2017, pp. 326-335.

6 CALAZA LÓPEZ, Sonia, *El binomio procesal: derecho de acción-derecho de defensa*, Dykinson, Madrid, 2011.

7 DE LA OLIVA SANTOS, Andrés [et al.], *Curso de Derecho Procesal Civil I. Parte General*, 3ª ed. Editorial Universitaria Ramón Areces, Madrid, 2016, p. 139.

8 GUASP, Jaime y ARAGONESES, Pedro, *Derecho Procesal Civil*, t. I, 7ª ed., Aranzadi, Navarra, 2006, p. 263.

9 Citado por CALAZA LÓPEZ, Sonia, *El binomio procesal: derecho de acción-derecho de defensa*, Dykinson, Madrid, 2011, p. 31.

Es precisamente la teoría abstracta la que permite a Guasp distinguir entre acción y pretensión, de modo que la primera no debía tenerse en cuenta en una sistemática del Derecho Procesal, que debía atender a la pretensión, entendida como acto jurídico del actor que, valorado progresivamente por el Derecho Procesal, conduce a la producción de una serie de efectos, fundamentalmente la admisibilidad y estimación de la misma, dependiendo de sus respectivos presupuestos[10]. Finalmente, hay quienes han formulado una teoría que trata de armonizar las líneas de pensamiento de las teorías concreta y abstracta. En este lugar encontramos a Fenech, quien sostiene que la acción es un derecho de carácter público, frente al Estado, que tiene como contenido la obtención de una sentencia que contenga la tutela jurisdiccional concreta, advirtiendo luego que el juez tiene el deber de dictar sentencia definitiva otorgando la tutela concreta solicitada siempre que concurran los presupuestos, requisitos y condiciones procesales y los establecidos en el derecho material[11].

2.2. La Pretensión entendida separada de la Acción

La doctrina alemana fue la primera en desarrollar el estudio de la pretensión a la tutela jurídica (*rechtsschutzanspruch*). En la construcción de este concepto destaca la idea inicial elaborada por Widscheid de 1856, en su polémica contra Muther, a partir de quien comienza a concebirse la pretensión como el derecho a exigir de otro una acción o una omisión[12]. Luego, en 1889 aparece la obra del maestro alemán Adolf Wach, quien la explica primero en su *Manual* y luego profundiza sobre ella en su monografía *La pretensión de declaración*, siendo ambos traducidos al castellano y publicados por la Editorial EJEA. Para él, *la pretensión de protección de derecho constituye el acto de amparo judicial que forma el objetivo del proceso. Ella va dirigida al Estado, el cual debe otorgar tal amparo; y se dirige contra la parte contraria, frente a la cual debe ser otorgada dicha protección. Es de naturaleza de derecho público, y no es la emanación o expresión del derecho privado subjetivo*[13]. En tanto, en su Manual de Derecho Procesal, el mismo Wach entiende la *pretensión* como derecho subjetivo que requiere ser satisfecho, como petición jurídica de una prestación, de un actuar, de un tolerar, de una omisión, como un derecho que busca satisfacción[14].

Esta teoría mereció diversas críticas, destacando las que le hicieran Rosenberg en su Tratado, y su propio discípulo italiano, Chiovenda, en su famoso discurso «*La acción en el sistema de los derechos*». Los mayores errores de

---

[10] Montero Aroca, Juan [et al.], *Derecho Jurisdiccional I. Parte General*, 14ª ed., Tirant lo Blanch, Valencia, 2005, p. 250.

[11] Citado por Calaza López, Sonia, *El binomio procesal: derecho de acción-derecho de defensa*, Dykinson, Madrid, 2011, p. 38.

[12] Guasp, Jaime, «La pretensión procesal», en Alsina, Hugo (dir.), *Fundamentos del Derecho Procesal moderno*, t. I, Ediar, Buenos Aires, 2016, p. 447 en nota al pie.

[13] Wach, Adolf, *La pretensión de declaración* (trad. Semon), EJEA, Buenos Aires, 1962, pp. 39, 51-59.

[14] Wach, Adolf, *Manual de Derecho Procesal Civil* (trad. Banzhaf), EJEA, Buenos Aires, 1977, pp. 37 y 41.

esta teoría son vincular el deber del Estado a una prestación jurisdiccional favorable y confundir acción con pretensión (es decir, invertir el error que venían proponiendo los partidarios de la acción procesal, como más adelante denunciará Guasp). Aún con estas críticas, la tesis de Wach tiene el mérito de demostrar la autonomía del Derecho Procesal respecto del Derecho material.

Quizás el trabajo más conocido sobre la pretensión procesal en lengua castellana, sea el de Jaime Guasp Delgado, aparecido en diversas publicaciones desde 1952, en donde acusa una falta de atención a esta institución, señalando que su concepto es y seguirá siendo preterido durante algún tiempo, hasta que los planos de la visión científica se ajusten a la realidad de la vida y den a cada una de las nociones fundamentales del derecho del proceso su verdadero contorno y perfil[15]. Sostiene Guasp que las doctrinas del conflicto (teorías sociológicas que intentan explicar el Proceso, en las que suele preexistir un conflicto de intereses entre los que luego serán las partes del proceso) son excesivas porque es innecesario acudir a la compleja noción del choque social para explicar el nacimiento del proceso, pues la real existencia de un conflicto resulta indiferente para que el proceso se dé como tal o no, por tanto, lo que realmente importa para el proceso no es el conflicto (que puede no existir realmente), sino la reclamación ante el juez[16].

Agrega que la concepción del proceso como instrumento de actuación del derecho lleva a resultados innecesarios y exagerados para la explicación de la institución, de modo que, siguiendo a Betti, sostiene que hay que formular una doble y suficiente base que será una definición exacta de proceso, una base, de un lado sociológica que proporcione el dato social a que el proceso determinadamente está vinculado; y una base de otro lado, jurídica que, recogiendo este material sociológico, aclare el tratamiento peculiar que el derecho le proporciona[17]. Es así que se refiere a una pretensión como una queja interindividual, pretensión en sentido sociológico, a la que se corresponde una pretensión jurídica, que será el reflejo o la sustitución de la pretensión social, a cuya atención se dedica toda una institución jurídica básica: el proceso. El proceso aparece así, como un instrumento de satisfacción de pretensiones, una construcción jurídica destinada a remediar, en derecho, el problema planteado por la reclamación de una persona frente a otra, tratando de resolver este problema mediante un mecanismo de satisfacción jurídica de la pretensión, lo que ocurre cuando se la ha recogido, se la ha examinado y se la ha actuado o denegado. En tal sentido, el demandante cuya demanda es rechazada está jurídicamente tan satisfecho como aquel cuya demanda es acogida[18].

---

15 GUASP, Jaime, «La pretensión procesal», en Alsina, Hugo (dir.), *Fundamentos del Derecho Procesal moderno*, t. I, Ediar, Buenos Aires, 2016, p. 448.

16 GUASP, Jaime, «La pretensión procesal», en Alsina, Hugo (dir.), *Fundamentos del Derecho Procesal moderno*, t. I, Ediar, Buenos Aires, 2016, pp. 450-456.

17 GUASP, Jaime, «La pretensión procesal», en Alsina, Hugo (dir.), *Fundamentos del Derecho Procesal moderno*, t. I, Ediar, Buenos Aires, 2016, p. 463.

18 GUASP, Jaime, «La pretensión procesal», en Alsina, Hugo (dir.), *Fundamentos del Derecho Procesal moderno*, t. I, Ediar, Buenos Aires, 2016, pp. 468 y 469.

Dejando ya la teoría de Guasp, encontramos al profesor Darci Guimaraes Ribeiro, oriundo de Brasil, discípulo del gran procesalista brasilero Ovidio Baptista Da Silva, cursó su doctorado en España, en la Universitat de Barcelona, siendo su tema de tesis doctoral, precisamente la pretensión procesal vinculada a una tutela judicial efectiva, y que fuera publicada en 2004, por Editorial J.M. Bosch. En dicha tesis, el autor sostiene que *pretensión a la tutela jurídica* es el poder de exigir del Estado la realización de una prestación positiva, pasando luego a explicar algunos de sus puntos: **a)** Primero, la palabra *pretensión* la utiliza tanto para la tutela jurídica (pretensión al proceso) como para la sentencia (pretensión procesal), porque toda pretensión tiene por finalidad la satisfacción, siendo la pretensión el medio y la satisfacción el fin, siendo por tanto el medio adecuado para que la parte pueda obtener la satisfacción mediante la dictación de la sentencia, siendo esta última el fin conseguido con la utilización del medio; **b)** Luego, la palabra *poder* sirve aquí para justificar que la pretensión es una facultad, un poder procesal que se distingue de su ejercicio, puesto que el ejercico de la pretensión origina la acción procesal, que se caracteriza por ser un derecho y no un poder; **c)** La palabra *Estado* es utilizada para indicar la dirección en que debe ser ejercida la pretensión a la tutela jurídica, siendo entonces el Estado el sujeto pasivo contra quien se dirige la pretensión, que por lo mismo, es de derecho público; y **d)** La expresión *prestación positiva*, quiere significar la satisfacción de la pretensión que dependerá de un obrar positivo por parte del titular del deber jurídico, que se traduce en la obligación del Estado de dictar sentencia[19].

En tal sentido, Guimaraes sostiene que la acción procesal es el derecho público y subjetivo inmediato de ejercer contra el Estado la pretensión a la tutela jurídica. Por ello, afirma, no es posible confundir el poder de exigir del Estado, que es estático y pertenece a la pretensión a la tutela jurídica; con el derecho de ejercer contra el Estado, que es dinámico y pertenece a la acción procesal[20]. Concluye, que la acción procesal es un mecanismo natural para la realización de la pretensión a la tutela jurídica, la que, al ser puesta en marcha, da inicio, simultáneamente a una pretensión procesal, que es el efecto natural del ejercicio de esta acción, presentada generalmente a través de una demanda, siendo la declaración de voluntad hecha por el actor, a través de una petición fundada, para obtener una sentencia[21].

Finalmente, pasaremos revista a la formulación efectuada por otro brasileño, el profesor Aury Lopes Jr., quien se mueve más dentro del campo del Derecho Procesal Penal, pero que dentro de ese campo elabora su concepción de *pretensión procesal* sosteniendo que es una declaración petitoria o afirmación de que el autor tiene derecho a que se realice la prestación pedida, la que trasladada al

---

[19] Guimaraes, Darci, *La pretensión procesal y la tutela judicial efectiva*, J.M. Bosch, Barcelona, 2004, pp. 82-84.

[20] Guimaraes, Darci, *La pretensión procesal y la tutela judicial efectiva*, J.M. Bosch, Barcelona, 2004, p. 99.

[21] Guimaraes, Darci, *La pretensión procesal y la tutela judicial efectiva*, J.M. Bosch, Barcelona, 2004, p. 208.

proceso penal, pasa a ser una declaración petitoria de que existe el derecho potestativo de acusar y de que es procedente la aplicación del poder punitivo estatal[22]. Así, sostiene este autor, que (en el proceso penal) todo gira en torno a la acusación y no en torno a la pena, porque esta última no es el objeto del proceso penal, sino su consecuencia. Por tal razón, el proceso penal se desarrolla alrededor de la acusación, concebida como pretensión acusatoria. Cuando esta pretensión es acogida, se abre al juez la posibilidad de ejercer el poder de punir, y cuando no es acogida, se impide la punición (se debe absolver)[23].

De esta manera, la pretensión acusatoria es la facultad de solicitar tutela jurisdiccional, afirmando la existencia de un delito, para que se vea, a final, confirmado el poder punitivo estatal por el juez, por medio de la imposición de una pena o medida de seguridad. El titular de la pretensión acusatoria es la Fiscalía (legitimario del interés público de la sociedad) o el particular (para los casos en que el delito no conlleva un interés público, sino privado). Al acusador (público o privado) le corresponde solamente el poder de invocación (de acusación), pues es el Estado el titular soberano del poder de punir, que será ejercido en el proceso penal por medio del juez y no de la Fiscalía ni del acusador privado[24].

2.3. Interés Procesal y Pretensión

Vistas las diversas teorías que fueron desarrollando la separación e independencia de la pretensión de la acción procesal, está claro por qué resulta necesario revisarlas antes de hablar de la pretensión, porque ésta suele ser confundida con la acción procesal, pese a que en la acción los sujetos son el actor y el juez y en la pretensión lo son el demandante y el demandado[25]. Por tanto, podemos ya decir que la pretensión procesal satisface la función identificadora propia del objeto del proceso, el que no consiste en ningún derecho existente del actor, sino en algo afirmado o, más precisamente, pedido por el actor, lo que es importante porque la noción de objeto del proceso desarrolla sus efectos jurídicos aun cuando no se sabe si el actor tiene razón y cuando se sabe que no la tiene[26]. También se sostiene que es el efecto jurídico concreto que el demandante (en los procesos civiles) o el querellante y el fiscal (en los procesos penales), persiguen con el proceso, efecto al cual se quiere vincular al demandado o imputado[27].

De esta manera, podemos definir la pretensión procesal como la petición que el actor dirige a un tribunal frente a otra persona, de que dicte sentencia con determinado contenido sobre un concreto bien jurídico, para lo que invoca o alega como fundamento unos hechos jurídicamente relevantes, siendo introducida al proceso mediante la demanda (proceso civil) o la acusación fiscal o

---

22 LOPES JR., Aury, *Fundamentos del Proceso Penal*, J.M. Bosch, Barcelona, 2004, p. 189.
23 LOPES JR., Aury, *Fundamentos del Proceso Penal*, J.M. Bosch, Barcelona, 2004, p. 181.
24 LOPES JR., Aury, *Fundamentos del Proceso Penal*, J.M. Bosch, Barcelona, 2004, p. 199.
25 DEVIS ECHANDÍA, Hernando, *Teoría general del Proceso*, Temis, Bogotá, 2015, p. 173.
26 ORTELLS RAMOS, Manuel [et al.], *Derecho Procesal Civil*, 16ª ed., Aranzadi, Navarra, 2017, p. 207.
27 DEVIS ECHANDÍA, Hernando, *Teoría general del Proceso*, Temis, Bogotá, 2015, p. 194.

particular (proceso penal)[28]. Nos aclara Gascón Inchausti que, en este caso, el interés no debe confundirse con el fondo del asunto en sí, sino con la afirmación -y, en su caso, demostración- de que el fondo del asunto es «litigioso», «controvertido» y, por ende, debe ser resuelto por los órganos jurisdiccionales.

Así entendido, el concepto de interés es la respuesta a la pregunta de por qué es necesaria la tutela judicial que pide el actor frente al demandado, razón por la cual, el interés cumple la función de evitar tutelas innecesarias, las que deben considerarse prohibidas[29]. Así las cosas, el interés en la pretensión consistirá en que efectivamente se haya producido una lesión al ordenamiento que haga necesaria su tutela, a través de la actividad de un órgano judicial. Se puede entender así el interés como el detonante o «motor» de la pretensión[30].

Recapitulando, entendemos que existe interés cuando estamos frente a un bien que es importante para una persona o grupo de personas, porque le significa un valor, provecho o utilidad que esa persona o grupo de personas aprecia como tal, y que desean adquirir, acrecentar, conservar, mantener o proteger. En términos procesales, se trata de un elemento conectivo entre la necesidad humana y algún bien o servicio apto para satisfacer dicha necesidad, una relación ideal existente entre una persona o grupo de personas que siente una necesidad y un bien apto para satisfacerla. Este interés será jurídico cuando aquél tenga una importancia tal para el Derecho que pase a ser digno de tutela. Y debe ser real para evitar enfrascarnos en litigios artificiales.

Debemos distinguir entre acción y pretensión (cuestión que aún en algunos autores no es clara), entendiendo que la *acción* es el derecho subjetivo de todo ciudadano para reclamar ante el Estado, el otorgamiento de una tutela para una situación específica, quien la concederá o denegará a través de los Tribunales de Justicia; mientras que la *pretensión* se dirige ya por el actor ya por el sujeto pasivo, ante el juez, pero para que el interés que comprende ésta, sea satisfecho por la contraria. Se trata entonces la *pretensión* de aquel interés jurídico litigioso o controvertido que es solicitado por el demandante o resistido por el demandado, identificándose con el objeto del proceso. No es un derecho existente, sino la petición afirmada por cada una de las partes desde su respectiva posición en el proceso (el sujeto activo afirma una pretensión positiva, mientras que el sujeto pasivo afirma una pretensión de resistencia o negativa).

3. EL APORTE DE SCHWAB AL DERECHO PROBATORIO

Para cerrar este estudio preliminar, debemos destacar que Karl Heinz Schwab no sólo contribuyó a establecer científicamente el objeto del proceso, sino que también tuvo un importante aporte al derecho probatorio, en su calidad de continuador de la obra de su maestro, Leo Rosenberg.

---

28 ORTELLS RAMOS, Manuel [et al.], *Derecho Procesal Civil*, 16ª ed., Aranzadi, Navarra, 2017, p. 207.

29 GASCÓN INCHAUSTI, Fernando, *La terminación anticipada del proceso por desaparición sobrevenida del interés*, Civitas, Madrid, 2003, p. 28.

30 En similar sentido lo indica GASCÓN INCHAUSTI, Fernando, *La terminación anticipada del proceso por desaparición sobrevenida del interés*, Civitas, Madrid, 2003, pp. 30 y 31, aunque para este autor el interés es el motor de la actividad jurisdiccional.

En efecto, Rosenberg, con apenas 21 años de edad, presenta una decisiva e importante tesis doctoral sobre la carga de la prueba, que logra imponerse por y en sus publicaciones, distinguiendo la carga subjetiva de rendir la prueba (la que es realmente carga de las partes), de la carga objetiva (que es la distribución normativa del riesgo probatorio) sobre la que se asienta la decisión judicial, reconociendo que la distribución de la carga no queda en manos del juez, sino que tiene sus raíces en la ley, en la estructura y naturaleza de la norma jurídica. Esta teoría fue luego conocida como la *teoría del estándar probatorio.*

Por su parte, Schwab, a diferencia de su maestro, no escribió ninguna monografía dedicada a la carga de la prueba, sin embargo, impulsó el derecho probatorio mediante otras contribuciones. Como bien indicamos en el primer acápite, Schwab se encargó de actualizar la obra de Rosenberg (no sólo el Tratado, sino también su tesis transformada en libro), lo que le significó tener que intervenir en el debate sobre la prueba.

Es así que, Schwab, en 1978, en el Libro Homenaje a HJ Bruns, presenta una contribución titulada «La desviación del moderno derecho probatorio en relación a la Teoría Normativa» (*Die Abkehr moderner Beweislastlehren Von der Normentheorie*), en donde ya desde el título demuestra la defensa que hace de la teoría de su maestro Rosenberg. Se trata de una contribución que, en palabras de Prütting, parecía urgente, puesto que en los años 1975 y siguientes se habían publicado una serie de estudios parciales para intentar sustituir la distribución de la carga de la prueba establecida en la ley y transferirla a los principios (tales como la probabilidad in abstracto, la probabilidad in concreto, la teoría de los riesgos y otras elaboraciones similares). En su contribución, Schwab demuestra magistralmente que todos estos principios no son capaces de sustituir la teoría estándar y, por el contrario, crean inseguridad jurídica, y por consiguiente, tienen consecuencias engañosas[31].

De esta manera, la 14ª edición del libro de Rosenberg (de 1986) deja ver con especial claridad la influencia de Schwab en él. Allí, los recientes estudios científicos sobre la teoría de carga de la prueba se desarrollan con claridad y son incorporados en el sistema básico de la teoría estándar de su maestro, dejando muy claro que una carga de la prueba por la teoría del riesgo y menos el juego de la probabilidad, brindaban por sí solos una solución al problema de la carga de la prueba. Más tarde, en 1988, Schwab dedicaría otra aportación al derecho probatorio, en un Libro Homenaje a Fsching, en el que desarrollaría el estándar de la prueba. Así, debe agradecerse al profesor Schwab que las visiones extremas sobre carga de la prueba no hayan logrado instalarse en la doctrina jurídica alemana, al punto que no figuran actualmente en ningún comentario serio a la ZPO (Ordenanza de procedimiento civil alemana).

---

31 PRÜTTING, Hanns, «Carga de la prueba y estándar probatorio: la influencia de Leo Rosenberg y Karl Heinz Schwab para el desarrollo del moderno Derecho Probatorio» en *Revista Ius et Praxis*, año 16, N° 1, Universidad de Talca, 2010, ISSN 0717-2877, p. 460

PRESENTACIÓN

Que a estas alturas de los estudios procesales sea necesario escribir un volumen para determinar cuál, es el objeto del litigio, *produciría cierto asombro si no estuviéramos acostumbrados a vivir estos fenómenos diariamente: hablamos de contratos, pero un día descubrimos o se nos aparece la figura más amplia del negocio jurídico; hacemos del proceso el centro de nuestros estudios, después de siglos a lo largo de los cuales se ha querido explicarlo con figuras diversas, para ¡legar a la conclusión de que el proceso tiene significación propia y no necesita apoyarse en otras instituciones jurídicas para alcanzar su definición.*

Nos han de explicar el objeto litigioso en el proceso civil. El proceso tiene una finalidad: llegar a la sentencia; y ésta, a su vez, la de poner fin a un litigio; pero necesitamos saber cuál es el verdadero objeto de éste al convertirse en contenido del proceso.

El autor nos señala, ya en la Introducción, *que su trabajo no es fruto exclusivamente de la especial propensión de la ciencia jurídica alemana a crear conceptos sutiles y precisos. Porque, nos dice un momento antes, la esencia del objeto litigioso no es solamente de índole teórica sino también de extraordinaria importancia práctica. Sutileza y precisión, ha teoría y la práctica. Recordemos a Chiovenda: el puro teórico en el procedimiento carece de sentido, pero el puro práctico es una desdicha. Un trabajo teórico vale en tanto en cuanto pueda ayudar a resolver problemas prácticos. Precisar la figura jurídica del objeto litigioso, tendrá valor si con ello resolvemos problemas que no quedarían resueltos, o que alcanzarían solución distinta, careciendo de aquella configuración.*

El autor nos lo explica con toda claridad; toma las distintas teorías elaboradas a ese fin: Lent; Rosenberg; Nikisch; el Comentario de Stein-Jonas-Schönke; Schönke (teoría propia); Comentario de Baumbach-Lauterbach; Bötticher; y estudia las consecuencias a que se puede llegar con cada una de ellas. Después les enfrenta, ante situaciones tomadas como piedras de toque, las consecuencias a que se puede llegar con la teoría elaborada por él.

Pretensión procesal o pretensión material. *Acaso es el esfuerzo mayor a través del libro: la pretensión procesal como fenómeno propio, independiente de la material; el parágrafo 194 del Código Civil alemán (BGB) frente a los parágrafos de la Ordenanza Procesal Civil (ZPO) que hacen referencia a una pretensión distinta.*

Pero quizá, al menos para mí, el fenómeno de mayor interés en la traducción de este libro, seguida y examinada con el traductor, en todos sus detalles, palabra tras palabra, habrá sido el de encontrar un libro basado en la pretensión procesal *cuando no se cree en ella; cuando uno no siente la necesidad científica de esa figura jurídica; cuando no se la acepta o cuando no se la percibe como pieza indispensable en la arquitectura procesal. En una palabra: es posible que yo opine que el mérito de este libro es independiente de la base sobre la que el autor quiere apoyarlo; que* sin pretensión procesal, *el libro también hubiera podido construirse, y alcanzar igual utilidad.*

El objeto litigioso existe con independencia de la existencia o no de la pretensión procesal. Esta, en un fenómeno de interferencia entre la acción y la pretensión material, puedo considerarla como una redundancia o, si se me permite la palabra, como una superfetación; y puedo considerar que él fenómeno obedece a lo que al principio se ha querido negar: a la sutileza de los conceptos, que también puede ser precisión. Precisión germana, que tiene más importancia que la sutileza; porque no hay que olvidar el viejo aforismo según él cuál «las sutilezas del derecho no son el derecho» (apices iures no sunt iura); *pero quizá quepa añadir que nos pueden ayudar a perfeccionan los conceptos jurídicos.*

Los dos que aquí se mueven son de honda raigambre germana: el objeto litigioso *y la* pretensión procesal. *De acuerdo con la doctrina de nuestro autor, estos dos conceptos podrían ser no idénticos sino equivalentes: la pretensión procesal sería el objeto del litigio. Esta idea de la explicación del objeto litigioso como pretensión procesal es la que constituye el eje del libro. Pero, naturalmente, para ello es necesario que se acepte, sin el menor asomo de duda, la existencia de la pretensión procesal; que se admita la distinción entre pretensión material y pretensión procesal. No basta decir, con Lent, que el objeto del litigio es la pretensión material, ya que entonces hay que explicar, con toda claridad, qué es y a dónde conduce la pretensión procesal, que a nosotros nos sobra, pues con la pretensión material y con la acción tenemos bastante para entender el funcionamiento y el desarrollo del proceso. El litigante quiere conseguir su pretensión material; se dirige al juez, ejercitando una acción, para que éste, en ese fenómeno de sustitución que Chiovenda nos explicó, ponga a su alcance lo que no ha puesto quien debía realizar la prestación; entonces la pretensión procesal, al contemplar la envuelta en la figura de la acción se nos confunde con la realización de lo que constituye la función judicial. No sentimos la necesidad de esa figura jurídica.*

Por otra parte, no debemos olvidar que la pretensión procesal, como objeto del litigio, se halla representada en la doctrina de Schwab por la figura de la solicitud. *El* prozessuale Anspruch *(pretensión procesal) se convierte en el* Antrag *(solicitud), que hemos distinguido del* Begehren *(petición). Cabría decir que no es solo el concepto de* pretensión procesal, *sino que son los tres, los que dominan sobre la construcción del autor.*

De la pretensión, como fenómeno procesal, los autores que en nuestra lengua se han ocupado del tema, lo han hecho partiendo de la doctrina alemana; cuando no partiendo de quien partía de ella. La doctrina italiana no ha hecho del estudio del objeto litigioso la tarea importante que ha constituido, como nos dice nuestro autor, para la ciencia procesal alemana. Y lo mismo puede decirse de la pretensión procesal. La escuela que fundó Chiovenda sigue viviendo de la doctrina de la acción *y considerando a ésta como fundamento de los estudios procesales; acaso con mayor fidelidad que los herederos directos del pandectismo. Todo el problema está en determinar si nos basta, como, acabamos de señalar con la pretensión material; y entonces la noción no es indispensable como concepto básico; o si, por el contrario, la pretensión procesal, lo que pedimos al juez, distinguiéndolo de lo que queremos obtener como resultado del proceso y como cumplimiento de la sentencia, hace pasar a segundo plano la acción, con toda la elaboración doctrinal en torno de ella, significando poca cosa el atribuirle carácter concreto o carácter abstracto. El autor, desde el primer momento, nos dice que su doctrina, utilizando las piedras de toque que son la acumulación de acciones, la modificación de la demanda, la litispendencia y la cosa juzgada material, conseguirá demostrarnos que se puede llegar con ella a resultados positivos. Si, a lo largo de catorce años, no se han levantado voces que hagan silenciar la de nuestro autor, ello podrá interpretarse como la mejor demostración de su fundamento científico. Fundamento que no quiere decir indiscutibilidad. Digamos que, con prescindencia de los Comentarios de Stein-Jonas-Schönke y de Baumbach-Lauterbach, cuyo carácter exegético hace poco aconsejable y materialmente inidónea su traducción, y estando ya traducidos los Tratados de Rosenberg y Schönke (y antes el de Goldschmidt), quizá no debiéramos descuidar la posibilidad de traducción del Tratado de Lent, que, al completar el panorama, contribuiría a poner de manifiesto la utilidad del estudio de Schwab.*

Pero acaso, en ese panorama de doctrinas que Schwab nos presenta, sea la última que examina la de mayor interés por su carácter monográfico concretado al tema que nos ocupa. Y el punto a tratar seria: ¿él objeto litigioso es el divorcio o lo es el divorcio por determinada causal? Frente a la tendencia unificadora del divorcio y de la anulación de matrimonio, puede contemplarse la diversificadora que percibe en cada causal el soporte de una pretensión procesal (o, si se quiere de una acción, para nosotros). ¿Hay un único divorcio o tantos como causales? Bastaría la contribución al planteamiento de este problema, y a su correcta solución, para justificar la traducción del presente volumen.

Traducción en la que, quien la ha realizado, ha puesto todo su cariño y ha realizado él esfuerzo continuado para dar homogeneidad a su labor; pero que para mí ha significado, al colaborar en el estudio de los conceptos procesales, la satisfacción de ver llegar a nuestro idioma él texto alemán, sin que se perciba el esfuerzo realizado, sin estridencias, sin asperezas y sin pluralidades multiformes. Al lector, al estudioso, no le interesa, en las traducciones, que se le agobie con problemas científicos en los que se estén reflejando las dificultades idiomáticas; le interesa que aquéllos se le den resultados y éstas no se le pongan de manifiesto ni las perciba en el texto traducido. Es lo que se ha querido conseguir y creo que se ha logrado.

SANTIAGO SENTÍS MELENDO

PREFACIO

El objeto litigioso es tema central del derecho procesal civil. Su esencia y alcance tienen decisiva relevancia para los problemas de la acumulación de acciones, de la modificación de la demanda, de la litispendencia y del alcance de la cosa juzgada material.

No obstante ser tal su importancia, a más de setenta años de haber entrado en vigencia nuestra Ordenanza Procesal Civil (ZPO), no se ha hallado aún para todas las clases de procedimientos civiles un concepto uniforme que cuente con aceptación general.

Nuestra monografía se inicia con una crítica de las teorías sostenidas hasta el presente. Se pasa luego al estudio de las piedras de toque, o sea los citados fenómenos de la acumulación de acciones, la modificación de la demanda, la litispendencia y la cosa juzgada material, y sobre la base de los resultados así obtenidos se llega finalmente a establecer un concepto claro. Se proporciona una solución válida igualmente para las acciones de prestación [condena], declaración y constitución, y, según creo, útil y sencilla para la práctica. Me ha sido especialmente grato que mi concepción haya contado ya, en sus puntos esenciales, con la aprobación de ROSENBERG, manifestada en la sexta edición de su *Tratado de Derecho Procesal Civil.*

Justamente en los íntimos tiempos nuestro tema ha sido objeto de notables trabajos de investigación, razón por la cual he cuidado especialmente de exponer las teorías más recientes. La doctrina y la jurisprudencia tomadas en consideración llegan hasta mediados de marzo de 1954.

Estoy especialmente obligado hacia el Prof. Dr. LEO ROSENBERG, quien alentó mi labor con su ayuda y sus consejos. Es a él, que tantos merecimientos tiene en el estudio del objeto litigioso, a quien dedico esta monografía, en señal de respeto y gratitud, con ocasión de cumplir el maestro los setenta y cinco años de edad.

Múnich, dieciséis de marzo de 1954.

KARL HEINZ SCHWAB

§ 1. INTRODUCCIÓN

I. El estudio del objeto litigioso se cuenta entre las más importantes tareas que se presentan hoy a la ciencia procesal.

Pese a los esfuerzos de largas décadas, a los muchos estudios que con sagaz inteligencia dedicaron a este problema precisamente los mejores maestros del derecho procesal, la meta no se ha alcanzado aún. No se ha hallado un concepto unitario, válido para todas las especies de procedimientos civiles, que cuente con aceptación general.

La moderna ciencia procesal ofrece una desconcertante plétora de opiniones sobre la esencia de este tan importante fenómeno. Apenas puede decirse que haya dos teorías similares. Casi podría creerse que la meta es inalcanzable, que el procedimiento es tan multiforme que hace imposible hallar un concepto unitario de objeto del litigio.

No cabe duda de que las dificultades son grandes y las concepciones todavía demasiado heterogéneas como para que pueda confiarse en alcanzar esa meta a la brevedad. Pero es mucho lo que ya se ha logrado. Se ha advertido que el objeto del litigio es un fenómeno de naturaleza procesal, que no debe ser identificado con la pretensión del derecho material. Este descubrimiento fue el paso decisivo para comprender su esencia. El debate gira ahora en torno al contenido y alcance de ese concepto procesal. En medio del flujo de las opiniones ya se advierten los primeros atisbos de una concepción que permite abrigar esperanzas de acercarnos a nuestro objetivo.

Es alentador que, pese al gran número de problemas que trajo aparejado, también para ella, el rápido cambio de la legislación, la ciencia procesal haya volcado nuevamente más interés, precisamente en los últimos tiempos, en este problema central del proceso. Dan fe de ello las nuevas ediciones de los tratados sobre esta materia, pero también más de un ensayo dedicado a los problemas de nuestro tema, de los cuales citaremos el trabajo de BÖTTICHER sobre *el objeto litigioso en el proceso matrimonial,* que integrara la publicación en homenaje a LEO ROSENBERG, y el artículo de LENT titulado: *Zur Lehre vom Streitgegenstand* (De la teoría del objeto litigioso), «ZZP», 65, 315 y sigtes. Por su parte, la asociación alemana de profesores de derecho procesal se ha ocupado, en colaboración con los administrativistas, del tema *Der Streitgegenstand im Zivilprozess und im Verwaltungsoerfahren* (El objeto litigioso en el proceso civil y en el procedimiento administrativo) en las jornadas realizadas en

Heidelberg en 1952[1] .En las que tuvieron lugar en Weinheim en 1951 el tema fue objeto de especial atención con la conferencia de BLOMEYEH sobre *Arrest und einstweilige Verfügung* (Embargo y medidas provisionales de seguridad)[2].

De tal modo, la teoría del objeto litigioso, al igual que décadas atrás, ocupa hoy nuevamente el centro del interés científico.

¡Ojalá los esfuerzos aunados de los procesalistas logren resolver pronto el tan discutido problema, a fin de que reine claridad sobre uno de los fundamentos del proceso cuando llegue la hora de la reforma del derecho procesal civil!

II. La discusión en torno a la esencia del objeto litigioso no es solamente de índole teórica, sino también de extraordinaria importancia práctica. Tampoco es exclusivamente un fruto de la especial propensión de la ciencia jurídica alemana a crear conceptos sutiles y precisos. Atañe a un problema existente por igual en el derecho procesal de todos los países. Todo proceso tiene un objeto en torno al cual gira el litigio de las partes y en todo procedimiento procesal este objeto es el fundamento de una serie de formas y fenómenos procesales que no pueden comprenderse sin comprender ese objeto del procedimiento.

El objeto litigioso no es pues un fenómeno exclusivo del derecho procesal alemán, sino, como tantos otros conceptos del ordenamiento jurídico, lo es necesariamente de todo derecho.

Por regla general, la Ordenanza Procesal Civil alemana (ZPO), al referirse al objeto del litigio, no habla del objeto litigioso. Las más de las veces habla de pretensión. Así por ejemplo, una pretensión se plantea (§§ 313, II [2]; 322, I) o se hace valer (§§ 5; 33, I; 64; 75, etc.) mediante la demanda o la reconvención. La pretensión es litigiosa (§ 118 a, III), hay allanamiento (§§ 31; 83; 307), es estimada o desestimada (§ 537). Por la sentencia se la declara (§ 767, I), la litispendencia la hace suya (§ 281) y la resolución que recae sobre ella constituye el objeto de la cosa juzgada (§ 322, I). Son varios los preceptos que demuestran que la ley ve en esa pretensión el objeto del litigio. Así por ejemplo, los §§ 60 y 148 dicen que las pretensiones constituyen el objeto del litigio, y el § 147 autoriza la acumulación de varios procesos si las pretensiones que constituyen el objeto del litigio guardan entre sí relación jurídica.

Pero esta pretensión que constituye el objeto del litigio no es la pretensión de que habla el § 194 del Código Civil (BGB), porque las pretensiones de derecho civil solamente pueden prosperar mediante acciones de condena, pero no mediante acciones de declaración o de constitución. Y tampoco en las acciones de condena es la pretensión de derecho civil la que constituye el objeto del litigio. Si lo fuera, un proceso de prestación [condena] que termine con el rechazamiento de la demanda por falta de pretensión civil, habría carecido de objeto.

---

1 Cfr. «JZ», 1952, 440.
2 Cfr. «ZZP», 65, 56 y sigtes.

La pretensión de que habla la ZPO es un concepto puramente procesal. Al respecto, reina pleno consenso en la doctrina y también en la práctica[3]. Por tal razón, se habla generalmente de pretensión *procesal*. La pretensión procesal es el objeto litigioso. Se trata de conceptos sinónimos, que pueden sustituirse el uno por el otro o intercambiarse sin dificultad, aun cuando desde el punto de vista idiomático, y probablemente también por su contenido, su significado sea distinto. «Pretensión procesal» expresa el anhelo, la petición del actor. «Objeto litigioso», en cambio, es un concepto neutral, objetivado, que requiere ser llenado y plantea la cuestión de su contenido. Es, de cierto modo, el molde que la pretensión procesal viene a llenar. Pero ambos conceptos guardan entre sí una conexión sumamente estrecha.

La cuestión de la esencia del objeto litigioso encierra pues al mismo tiempo la de la esencia de la pretensión procesal.

La pretensión procesal es el objeto del litigio, pero también de la resolución, pues es sobre el objeto del litigio sobre el que el tribunal tiene que resolver, salvo que medie composición o se retire la demanda. Su esencia y alcance tienen pues significación para el alcance y la autoridad de cosa juzgada de la resolución.

Varias pretensiones procesales constituyen varios objetos litigiosos. Su acumulación en una sola demanda es procedente siempre que concurran los presupuestos que establece para ello el § 260 de la ZPO. A su vez, la esencia y el alcance del objeto litigioso determinan si las pretensiones son una o varias.

La identidad de la pretensión procesal tiene importancia decisiva en los problemas de la modificación de la demanda y de la litispendencia. Habrá modificación de la demanda si en un mismo procedimiento se presenta una pretensión nueva en lugar de la antigua o junto a ésta, o sea, si se modifica el objeto litigioso o se introduce uno nuevo. La litispendencia se opone al planteamiento de una pretensión procesal si ésta es ya objeto de un litigio pendiente. Pero para poder determinar si se trata efectivamente de la misma pretensión procesal, o del mismo objeto litigioso, es preciso conocer la esencia y el alcance de este último.

El objeto litigioso es pues problema central del proceso y fundamento de una serie de los más importantes fenómenos procesales. Esto solo es suficiente para demostrar la importancia de las consecuencias prácticas que derivan de este tema.

III. Corresponde pues investigar el contenido y el alcance del objeto litigioso. En la moderna literatura procesal pueden distinguirse, a grandes rasgos, tres corrientes principales.

La primera de ellas ve en la pretensión procesal la afirmación de un derecho material. Aunque no la identifica con la pretensión material del § 194

[3] Cfr. «RG», 118, 263; 153, 215.

del BGB, sino que la considera un concepto puramente procesal, se apoya no obstante en gran medida en el derecho material en lo que respecta a su contenido. La afirmación de varios derechos materiales configuraría, por lo tanto, una acumulación de acciones; la afirmación de un derecho material distinto, una modificación del objeto litigioso. La resolución recaería sobre la afirmación de un derecho material.

La segunda concepción ha abandonado toda vinculación con el derecho material. Según ella, el concepto de objeto litigioso está integrado por factores puramente procesales, el estado de cosas *(Sachverhalt)* que el actor debe exponer y la solicitud *(Antrag)* que presenta, siendo ambos factores elementos de igual valor e importancia. Si los estados de cosas fueran varios, serían también varios los objetos litigiosos, aun siendo una la solicitud, del mismo modo que varias solicitudes basadas en un mismo estado de cosas tendrían como consecuencia una acumulación de acciones. Va de suyo que también la habría si se presentaran varias solicitudes basadas en varios estados de cosas.

La modificación del objeto litigioso se operaría tanto por la modificación del estado de cosas como por la modificación de la solicitud y, por supuesto, también por la modificación de ambos elementos.

Finalmente, hay una tercera corriente que va más lejos aún que la concepción anterior, que, como vimos, es ya netamente procesal también en cuanto a su contenido. Dicha última corriente ya no ve siempre en el estado de cosas un elemento equivalente a la solicitud, sino que asigna gravitación decisiva exclusivamente a esta última. En lo sustancial, sin embargo, se ha limitado hasta ahora a los casos de acumulación de acciones. No extrae consecuencias para los restantes fenómenos del proceso, como la modificación de la demanda, la litispendencia y la cosa juzgada, temas todos ellos en los cuales el papel del alcance del objeto litigioso es igualmente decisivo. Según esta teoría, la acumulación de acciones presupone pluralidad de solicitudes. Siendo una la solicitud, sería una la pretensión procesal, uno el objeto litigioso, aunque hubiere pluralidad de estados de cosas.

Esta reseña ya nos muestra cuan múltiples han de ser las consecuencias prácticas que deben asociarse a las distintas opiniones. Mas a medida que se profundiza el estudio de las distintas teorías, se advierte una desconcertante plétora de diferencias y discrepancias, que dificulta altamente la visión de conjunto sobre el estado de la teoría del objeto litigioso y la disquisición de su verdadera esencia.

IV. Me parece, pues, imperioso, a fin de que puedan comprenderse y juzgarse las distintas posibilidades para resolver el problema, ofrecer una apretada síntesis de las doctrinas más importantes, sopesando todas sus consecuencias, sobre todo en lo referente a la acumulación de acciones, a la modificación de la demanda, a la excepción de litispendencia y a la cosa juzgada. Habré de limitarla a los autores modernos, no porque crea que las generaciones pretéritas no tengan ya nada que decirnos, sino por razones de sinopsis, y además, por basarse las teorías modernas en las conclusiones de autores anteriores y responder a veces en gran medida a estas últimas.

Solo un conocimiento a fondo de las opiniones de los demás, de sus ventajas e inconvenientes, puede proporcionarnos una base sólida para exponer la concepción propia, que se desarrollará aquí de modo inductivo, partiendo de las piedras de toque del objeto litigioso: la acumulación de acciones, la modificación de la demanda, la litispendencia y la cosa juzgada, para terminar finalmente con la exposición del concepto.

Dedicaremos, pues, el final, y no el comienzo de nuestras disquisiciones, al concepto de objeto litigioso. El camino para formularlo solo quedará allanado cuando hayamos descubierto su esencia a través del estudio de las piedras de toque. Veremos que el objeto litigioso es un fenómeno fundado en la esencia del proceso civil, un fenómeno que el legislador encuentra y que debe tratar de describir, pero que no puede propiamente crear. Todo proceso tiene necesariamente un objeto. Pero de la naturaleza del proceso derivan también el contenido y el alcance de ese objeto litigioso, como veremos, sobre todo al estudiar la acumulación de acciones.

Esto debería servirnos de advertencia para no asignar excesiva importancia a los preceptos legales al investigar la esencia del objeto litigioso. No es que haya de ponerse en duda la sujeción del juez a las normas referentes a la pretensión procesal y sus efectos. Mas al interpretar esos preceptos debe recordarse que la actual legislación se remonta a una época en la que la naturaleza puramente procesal del objeto litigioso no se había comprendido aún. Ese solo hecho nos obliga a tener en cuenta, al realizar la labor interpretativa, los nuevos hallazgos científicos.

PRIMERA PARTE

Entre los procesalistas que viven hay tres que se destacan por sus especiales méritos en el estudio del objeto litigioso. Son ellos ROSENBERG, LENT y NIKISCH, a los que, no obstante la disparidad de sus opiniones, el derecho procesal debe un impulso y una profundización notables de nuestro tema. Dedicaremos, pues, a sus teorías un espacio sustancial.

§ 2. LA TEORÍA DE LENT

I. Este autor ya sentó los fundamentos de su teoría en su obra titulada: *Die Gesetzeskonkurrenz im bürgerlichen Recht und Zivilprozess* (El concurso de leyes en el derecho civil y en el proceso civil)[1]. Posteriormente desarrolló y defendió en muchos otros estudios realizados hasta el presente las conclusiones que allí sostuviera[2].

Todas las publicaciones de LENT sobre este tema tienen algo en común: la determinación del contenido de la pretensión procesal por el derecho material.

Al tratar la acumulación de acciones habremos de ver todavía una importante excepción a este principio.

De ahí no debe seguirse, sin embargo, que el objeto litigioso sea para LENT la pretensión material del § 194 del BGB. También él lo considera un concepto procesal. Para acreditarlo basta su opinión de que el objeto del litigio o, como lo llama últimamente, *el* nódulo del objeto litigioso, no es el derecho material como tal, sino la *afirmación* de un derecho o de una relación jurídica[3].

«Si la afirmación de un derecho constituye el nódulo del objeto litigioso», dice, «cabe concluir también que el objeto litigioso no es un derecho verdaderamente existente, sino tan solo afirmado»[4].

En otro pasaje, también llama a la pretensión *petición,* subrayando que esa petición no se dirige contra el demandado, como la pretensión material, sino al tribunal[5]. También esto prueba que la pretensión procesal, o sea el objeto litigioso, es para LENT un concepto procesal.

Por su contenido, sin embargo, el objeto litigioso, tal como lo concibe este autor, se apoya en el derecho material, diferenciándose en este aspecto,

---

1 LENT, *Die Gesetzeskonkurrenz im bürgerlichen Recht und Zivilprozess,* 2 tomos, 1912, 1916.

2 *Die Abgrenzung der Anspruchsmehrheit von der Mehrheit der Klagegründe,* «ZZP» 57, 1 y sigtes.; *Der Gegenstand der Entscheidung im Zivilprozessverfahren,* «JW» 1935, 3439 y sigtes.; *Zur Lehre vom Streitgegenstand im Zivilprozess,* «Jahrbuch der Akademie für Deutsches Recht», 1939/40, 206 y sigtes.; *Die Verteilung der Verantwortlichkeit unter Gericht und Parteien im Zivilprozess,* «ZZP» 63, 1 y sigtes.; *Zur Lehre vom Streitgegenstand,* «ZZP» 65, 315 y sigtes.; *Zivilprozessrecht Kurzlehrbuch* (tratado breve), 5ª ed. 1953 ((llamado en adelante: *Lehrbuch* [Tratado]).

3 «ZZP» 65, 318; cfr. además *Lehrbuch,* §7 VI y § 34 III.

4 «ZZP» 65, 321.

5 *Lehrbuch,* § 7 V; cfr. además «ZZP» 65, 317.

como veremos, de las teorías de casi todos los demás autores modernos. La determinación del contenido del objeto litigioso por el derecho material se desprende especialmente de lo que LENT dice respecto de este tema en su *Tratado* [6]:

> «¿Qué es objeto litigioso en el proceso civil? Nunca... un estado de cosas o un hecho aislado, sino siempre un derecho o una relación jurídica... Mas si se quiere determinar ese objeto litigioso, ese derecho ha de estar establecido unívocamente, de modo que sea nítidamente diferenciable de todo otro derecho (real o imaginable); debe estar individualizado. Como es regla sin excepción, especialmente en todas las pretensiones tomadas en la acepción del BGB, que aquí es necesario un estado de cosas, puede decirse, por lo tanto, que en las acciones de prestación [condena] el objeto litigioso es la consecuencia jurídica de contenido determinado derivada del estado de cosas expuesto».

El derecho material es tema central de la teoría de LENT, como se desprende con toda claridad de sus últimas manifestaciones. Como dice ahora, la afirmación de un derecho *material* constituiría el nódulo del objeto litigioso. Este concepto de afirmación de derecho no concuerda con el de NIKISCH o el de SCHÖNKE, lo que LENT no parece advertir. Al menos, en «ZZP» 65, 315 no alude para nada a diferencias en cuanto al contenido, no obstante ser éstas: considerables. La afirmación de un derecho, tal como la entienden NIKISCH y SCHÖNKE, no es nunca, si se prescinde de las acciones de declaración de un derecho o de una relación jurídica, la afirmación de un derecho en el sentido de pretensión material, sino la afirmación de una consecuencia jurídica. Así por ejemplo, si el actor acciona por daños y perjuicios sufridos en un accidente de tranvía, afirmará, según NIKISCH y SCHÖNKE, un derecho, o sea: el derecho a que el demandado le pague la suma de 1000 marcos. Según LENT, en cambio, el actor afirmaría varias pretensiones-materiales, aunque no necesite calificarlas[7], por ser la clasificación jurídica tarea del tribunal. En el caso en cuestión habría para LENT, por lo menos, tres afirmaciones de derecho, puesto que del» estado de cosas expuesto por el actor podrían derivarse tres pretensiones materiales: la nacida del acto ilícito, la derivada de la ley nacional de responsabilidad y finalmente otra resultante de la violación positiva de un contrato, a menos que el actor peticione una sola condena. Mas siendo éste un caso especial, puede quedar sin considerar en este análisis de la teoría fundamental de LENT. Para NIKISCH y SCHÖNKE, en cambio, la afirmación del derecho sería siempre una sola.

Pero si bien el derecho material es fundamentalmente el factor central de la teoría de LENT, sus definiciones del objeto litigioso no son siempre uniformes.

Al practicársele un examen más detenido surgen una serie de dudas.

---

6 *Lehrbuch*, § 34 III.

7 Cfr. «ZZP» 65, 322.

Empecemos con el citado pasaje de su Tratado. Se emplean allí dos definiciones con un mismo significado: Primero llama al objeto litigioso derecho o relación jurídica, y luego consecuencia jurídica. Estos conceptos no son de manera alguna idénticos, y LENT lo sabe. En otro pasaje, él mismo llama a la consecuencia jurídica el último eslabón de una cadena de tres que serían, los hechos, la norma jurídica y la consecuencia jurídica concreta[8]. Conforme a esta escala, tomando por ejemplo el caso de una pretensión, fundada en propiedad, de entrega de una cosa determinada, la obligación del demandado de entregar la cosa sería la consecuencia jurídica concreta, la pretensión de entrega con arreglo al § 985 del BGB la norma jurídica, y los hechos resultarían de la alegación del actor de que él es el propietario de la cosa y que ésta le fue quitada por el demandado.

La consecuencia jurídica se funda en la norma jurídica y nace de ella. Pero norma jurídica y consecuencia jurídica no son lo mismo. No debe pensarse que todo derecho material cuenta con una consecuencia jurídica que le es propia y exclusiva. Por el contrario, varios derechos materiales pueden tener una misma consecuencia jurídica, como lo demuestra claramente el ejemplo siguiente:

El actor acciona para la restitución de un caballo que el demandado sustrajo furtivamente de su establo.

La consecuencia jurídica pretendida es la condena del demandado a entregar el caballo. Pero ella se funda en varias pretensiones materiales, como son la posesoria del § 861 y la petitoria del § 985 del BGB.

LENT no tiene en cuenta la diferencia entre consecuencia jurídica y derecho material, ni en la definición contenida en su Tratado ni en ninguna otra parte[9]. A su juicio, a toda consecuencia jurídica que se resuelve por sentencia corresponde un determinado derecho material y, en las acciones de prestación [condena], una determinada pretensión material[10].

Claro que LENT tampoco es consecuente en la equiparación de derecho material y consecuencia jurídica. En su nueva teoría, de la que aún habremos de ocuparnos en detalle, separa la consecuencia jurídica del derecho material cuando, pese a ser varias las pretensiones materiales, se peticiona solamente una prestación, o sea cuando se pretende una sola consecuencia jurídica. En ese caso, el objeto del litigio no es en realidad la afirmación de un derecho material, sino la afirmación de una consecuencia jurídica.

Si hay pues reparos contra la fundamental equiparación entre derecho y consecuencia jurídica, debe haberlos también contra la designación del objeto litigioso, ya como afirmación de un derecho, ya como petición.

---

8 «JW» 1935, 3439; *Lehrbuch*, § 7 VI.
9 «ZZP» 57, 30 y otros pasajes.
10 *Lehrbuch*, § 34 IV.

El objeto litigioso no puede ser tanto lo uno como lo otro. La petición contiene siempre, pero no es, la afirmación de un derecho. El objeto litigioso debe ser, por consiguiente, o la petición, o la afirmación de un derecho. Las diferencias prácticas, a las que más adelante habremos de referirnos detenidamente, son conocidas también por LENT[11]. Sorprende por ello que en su artículo *Zur Lehre vom Streitgegenstand* (Sobre la teoría del objeto litigioso), «ZZP» 65, 315, ocupe el lugar central, no la petición, sino la afirmación del derecho.

Aun cuando la definición presente más de una anomalía, queda no obstante constatado que, para LENT, el derecho material, la pretensión material, determinan el contenido del objeto litigioso.

Cabe observar, sin embargo, que en el llamado *concurso de leyes* no hay pluralidad de pretensiones materiales y por ende tampoco de objetos litigiosos. «La pluralidad de normas adecuadas no conduce por sí sola a una pluralidad de pretensiones materiales, hechas valer mediante la acción y la afirmación del derecho»[12]. Varias disposiciones legales que dan lugar a una sola pretensión material, serían solamente *razones de acción*[13], pero no objetos litigiosos ellas mismas.

Así por ejemplo, si una lesión corporal cayera bajo los supuestos de los §§ 823, I y II, y 826 del BGB, habría una sola pretensión material, una sola afirmación de un derecho. Pese a la pluralidad de normas, el objeto litigioso, en opinión de LENT, sería uno solo.

Si una pretensión redhibitoria es fundada en el incumplimiento de una garantía y en la existencia de un error, solamente sería objeto del litigio la afirmación de la pretensión redhibitoria. Las disposiciones del BGB (§. 459, I y II), según las cuales habrá lugar a la pretensión redhibitoria de mediar un error sustancial o también de faltar una garantía, serían en cambio razones de acción.

Es también importante saber el papel que en la teoría de LENT desempeña el *estado de cosas,* sobre todo para poder deslindar la teoría de este autor de la de aquellos que ven en el estado de cosas el complejo de hechos alegados, o sea un elemento del objeto litigioso.

Para LENT, dicho papel es irrelevante, y serviría únicamente para trazar el bosquejo del objeto litigioso, «sin ofrecer de él un cuadro terminado»[14]. Tampoco sería parte integrante de él, como opina la mayoría de los autores modernos. La pluralidad de estados de cosas no produciría una acumulación de acciones, salvo que de ellos derivaran varias pretensiones materiales. Y la modificación del estado de cosas solo implicaría una modificación de la demanda, si a raíz de ella se modificara el derecho material que cons-

11 «ZZP» 65, 329.
12 «ZZP» 65, 331.
13 Cfr. «ZZP» 57, 58.
14 «ZZP» 63, 4.

tituye el objeto del litigio. El ejemplo siguiente permitirá apreciar la importancia de este hecho:

Si el actor ha fundado una pretensión de entrega de propiedad en una cesión de dominio y además en una usucapión, solamente la pretensión del § 985 del BGB o, más exactamente, la afirmación de esa pretensión sería, según la teoría de LENT, objeto del litigio. Aun habiéndose expuesto dos estados de cosas, el objeto litigioso sería uno solo. Según la teoría de STEIN-JONAS-SCHÖNKE, en cambio, estaríamos en presencia de un caso de acumulación de acciones por acumulación de estados de cosas[15].

Para LENT, el estado de cosas no es parte del objeto litigioso, y no contribuye en nada a la formación del concepto. Solo sirve para individualizarlo, para fijarlo[16]. El problema, a menudo de difícil solución, de si la alegación actora consiste en uno o más estados de cosas, es pues irrelevante para nuestro autor.

II. 1. Una *acumulación objetiva de acciones* presupone una pluralidad de pretensiones procesales (ZPO, § 260).

Según la teoría de LENT, dicha acumulación debería estar dada cuando el actor sostenga varias pretensiones materiales u otros derechos materiales, sean una o más las solicitudes presentadas, porque el objeto litigioso sería la afirmación de un derecho material o de la consecuencia jurídica que deriva de este derecho y le está estrechamente vinculada. En las acciones de prestación habría pues acumulación de acciones cuando se presentan varias pretensiones materiales; en las de declaración de un derecho o de una relación jurídica, cuando se afirmaren varios derechos o relaciones jurídicas; y en las de constitución, cuando se afirmaren varios derechos constitutivos.

Tal era efectivamente, y sin excepción, la antigua opinión de LENT, que, en el ínterin, ha modificado sin embargo en un punto esencial atinente a la acción de prestación [condena]. Si el actor peticiona una sola resolución, o sea la condena a solo una prestación, conforme a la nueva versión de la teoría habría un solo objeto litigioso, aun siendo varias las pretensiones materiales. Dice así[17]:

> «...el actor, para quien es indiferente cuál es la pretensión civil que prospera, y a quien solo interesa la condena de su adversario y la posibilidad de ejecución, solo presenta una solicitud de condena y no peticiona tantas resoluciones como pretensiones puedan derivarse del estado de cosas, sino una sola... Su petición sigue siendo, pese a la pluralidad de pretensiones derivables, una petición simple, no múltiple. Es solamente una pretensión en sentido procesar. Y en su *Tratado* puede leerse ahora[18]:

---

15 17ª ed., nota II A 2 al § 260 y nota III 2 al § 268.

16 Cfr. además «ZZP» 65, 319.

17 «Jahrbuch der Akademie für Deutsches Recht», 1939/40, 214.

18 § 88 I; cfr. además «ZZP» 65, 334 y *Lehrbuch*, § 34 V.

«No habrá, en cambio, acumulación de acciones, si el actor reclama solamente una resolución, presentando una sola solicitud, pero fundándola en un estado de cosas que encuadra en varios hechos-tipo *(Tatbestände)* legales y del cual derivan por consiguiente varias pretensiones materiales».

Pero si por excepción el actor deseare que se resuelva sobre todas las pretensiones derivadas de un estado de cosas «pluriacepcional, prevalecería el principio de la pluralidad de pretensiones procesales[19].

Con esta nueva teoría, que probablemente se refiere solo a las acciones de prestación [condena], LENT se aparta del concepto de objeto litigioso por él establecido. Ya no es la pluralidad de derechos materiales resultantes de un estado de cosas lo que ha de decidir la unidad o pluralidad de las pretensiones procesales, sino únicamente la solicitud. Habrá pues un solo objeto litigioso si se presenta solo una solicitud, si se busca solamente una condena, aun cuando del estado de cosas deriven varias pretensiones materiales.

Queda así rota la unidad de la teoría de LENT. Se ha perdido la finalidad de toda teoría del objeto litigioso: la determinación unitaria del objeto litigioso para toda clase de acciones. Para el caso de concurso de pretensiones materiales, esta nueva teoría ya no admite un concepto objetivo y unitario para todas las clases de acciones. Antes bien, es ahora la voluntad del actor la que ha de determinar, de presentarse dicho concurso, si los objetos litigiosos han de ser uno o varios[20]. La teoría suscita reparos. Es inadmisible que el actor determine el objeto litigioso a su voluntad, siguiendo una vez un criterio puramente material, y otra vez un criterio procesal. Los principios de negociación y de disposición no son de alcancé tan vasto. La esencia del objeto litigioso debe ser definida por igual para todas las especies de acciones. Es irrelevante en este caso si una acción puede estimarse de acuerdo con uno o más criterios materiales. Si se dejara librada al actor la determinación de esa esencia, se imposibilitaría de antemano la determinación unitaria de la esencia de la acumulación de acciones, de la modificación de la demanda y de la litispendencia.

El objeto litigioso es el fundamento del proceso. Su esencia debe ser determinada objetivamente, sin influencias del actor. En caso contrario se privaría al proceso de toda base clara y segura.

2. Si bien existen reparos contra la nueva teoría de LENT, sus propias declaraciones anteriores demuestran que una teoría que en las acciones de prestación [condena] y constitución identifica el objeto litigioso con el derecho material, llega a resultados que en la práctica son inútiles, al menos cuando se peticiona una sola prestación o constitución, no obstante la pluralidad de pretensiones materiales. Es indiferente si el actor tiene interés simplemente en que *se* condene a su adversario, sea cual fuere la causa, o si reclama una resolución sobre todas las pretensiones materiales, como LENT cree posible aún hoy.

---

19 «Jahrbuch der Akademie für Deutsches Recht» 1939/40, 215, nota 10; además «ZZP» 65, 336/37.

20 Cft. *Lehrbuch,* § 34 V.

LENT mismo ha señalado con extraordinaria perspicacia las consecuencias de esta concepción, que por el contenido corresponde al derecho material, en «ZZF» 57, 1 y sigtes.

Lo que sigue se basa en el ya citado ejemplo de la demanda de entrega del caballo sustraído del establo, o sea un caso en el que el actor cuenta por lo menos con dos pretensiones materiales. El estado de cosas expuesto para fundamentar la acción es «pluriacepcional».

Las consecuencias de la concepción material del objeto litigioso son en este caso, según LENT, las siguientes:

a) Si el tribunal reconoce la pretensión posesoria fundada en el § 861 del BGB, pero rechaza la pretensión derivada del § 985, la acción debería prosperar en parte y en parte ser rechazada. Si el actor solo tiene interés en que se condene al demandado a entregarle el caballo, siéndole indiferente el motivo de la condena, esa sentencia le resultará enteramente incomprensible. Aunque habría alcanzado su objetivo, la condena del demandado, por el otro lado habría sido vencido. Sentencias como esas jamás se dictan en la práctica. Según la nueva teoría de LENT, en este caso tampoco habría una acumulación de acciones.

LENT considera posible, sin embargo, que el actor solicite la condena del demandado tanto en virtud del § 985 como del § 861 del BGB. Si hiciera esto —lo que en la práctica probablemente nunca ocurrirá[21]— debería dictarse la misma sentencia.

Pero si el tribunal considerara fundadas ambas pretensiones materiales, el demandado debería ser condenado dos veces a entregar el mismo caballo. Ya anteriormente LENT tuvo dudas respecto de esa doble condena[22], y esas dudas subsisten aún hoy para el caso de que el actor peticione expresamente la condena a base de las distintas pretensiones materiales.

La gravedad de los reparos se pone de manifiesto sobre todo cuando no se reclama una prestación con objeto cierto como lo es la entrega de un caballo, sino el pago de una deuda en dinero (por ej., 1000 marcos). ¿Es que en caso de doble condena el demandado debería pagar dos mil? ¿O cómo podrá darse a entender que no obstante ello se deben únicamente mil? LENT recomendaba que, a fin de evitar que se condenara dos veces a una misma prestación, el actor transformara su demanda, solicitando únicamente la declaración en cuanto a la segunda pretensión. Una acción de declaración, sin embargo, presupone un interés en la inmediata declaración del derecho o de la relación jurídica en cuestión, interés que en nuestro caso estaría probablemente siempre ausente[23]. ¿Qué hacer enton-

[21] Prescindiremos por ahora de los criterios jurídicos determinados que el actor destaca en el proceso de divorcio.

[22] «ZZP» 57, 45.

[23] Cfr. también la *Erwiderung* (réplica) de ROSENBERG, «ZZP» 57, 76 y sigtes., especialmente 87; además LENT, «ZZP» 65, 337.

ces con esa segunda pretensión? No siendo posible la doble condena e improcedente la declaración, ella quedaría sin resolver. En tal caso, la sentencia no sería plena, sino únicamente parcial. El proceso continuaría pendiente, a menos que se fingiera el retiro de la segunda pretensión.

b) Para el caso del allanamiento previsto por el § 307 de la ZPO, LENT veía dos posibilidades[24]: Que el demandado reconociera ambas pretensiones o solamente una de ellas. En el primer caso, todo dependería, según LENT, de si el actor solicita que se dé lugar a ambas pretensiones, tal como las reconociera el demandado, o a una sola de las mismas. Si optara por lo primero, se nos presentaría nuevamente, con todas sus dificultades, el problema de la doble condena. En el segundo caso, sin embargo, la sentencia que, conforme a la solicitud del actor, hace lugar tan solo a una pretensión, no podrá ser una sentencia plena, sino únicamente parcial. La otra pretensión quedaría en estado de litispendencia, aunque el actor hubiera eventualmente llevado a cabo la ejecución a base de esa sentencia parcial de allanamiento. ¿Qué sentido podría tener todavía una sentencia sobre la segunda pretensión?

Pero si el demandado no reconoce ambas pretensiones materiales, sino solamente una de ellas, y el actor solicita que se dicte sentencia dando lugar a esa pretensión reconocida, la sentencia de allanamiento que se dicte deberá ser igualmente parcial. La pretensión no reconocida quedaría aún por resolver. LENT creía posible que se diera ese caso, si por ejemplo el actor nada podía alegar en contra de la pretensión posesoria, pero impugnaba la de propiedad[25].

c) La concepción material lleva a consecuencias parecidas en el caso de desistimiento de la pretensión (ZPO, § 306)[26]. El actor desistirá por entero de la petición, declarando injustificadas ambas pretensiones, o admitirá la inexistencia de una de ellas.

En el primer caso, el demandado podría, según LENT, exigir que se desestimaran ambas pretensiones. En el segundo, el autor creía posible y procedente que se dictara el rechazamiento de la pretensión desistida, quedando en cambio pendiente el procedimiento sobre la otra.

También aquí está dada la posibilidad de fallos contradictorios o de una doble condena del mismo tenor. Ambas soluciones son pasibles de serios reparos.

d) Para el procedimiento en rebeldía LENT distinguía igualmente dos casos[27]:

La parte compareciente podría solicitar condena en rebeldía con respecto a ambas pretensiones o solo con respecto a una de ellas.

[24] «ZZP» 57, 44.
[25] «ZZP» 57, 47.
[26] «ZZP» 57, 47.
[27] «ZZP» 57, 49.

En el primer caso, se presenta el problema de la doble condena del demandado, si éste incurrió en contumacia. En el segundo, el proceso no puede haber finalizado con respecto a la pretensión no resuelta. Sobre ésta, la actuación deberá continuar.

Si contra la sentencia en rebeldía se dedujere oposición, se produciría, si se sigue a LENT, la siguiente y complicada situación:

Dándose lugar a ambas pretensiones, o desestimándose ambas, existiría la posibilidad de que el actor, o también el demandado, solo interponga oposición respecto de una de las pretensiones y se conforme con el rechazamiento o reconocimiento de la otra. En tal caso no sería posible revocar la sentencia en su totalidad, por habérsela impugnado solo en parte. Pero tampoco podría confirmársela por entero si se comprobara —habiendo el actor interpuesto oposición— que la pretensión por la cual esa oposición se dedujo, existe efectivamente. «Debe pues procederse a una división, confirmando la sentencia en cuanto desestime la pretensión reivindicatoria, y revocándola y haciendo lugar a la demanda en cuanto ataña a la pretensión posesoria»[28].

La situación resulta especialmente confusa si la sentencia en rebeldía resuelve una sola de las pretensiones.

Si la sentencia en rebeldía se ha dictado contra el actor y éste interpone oposición, se presentará la cuestión de si podría ahora apoyarse en la pretensión no desestimada, logrando así que se condene al demandado y se revoque la sentencia. LENT opina[29]:

> «Admitiéndose esto, se logrará una condena del demandado en virtud de una pretensión que no es la desestimada en la sentencia en rebeldía. De tal modo, la sentencia que sigue a la oposición tendría otro objeto de proceso, otro contenido y otra autoridad de cosa juzgada que la sentencia en rebeldía, que sería anulada sin haberse siquiera examinado y convertido en objeto de la vista la veracidad de sus términos (la inexistencia de la pretensión reivindicatoria)».

Idéntico es el caso si la sentencia en rebeldía se ha dictado contra el demandado, y éste interpone oposición e impugna la pretensión reconocida en la sentencia, mientras que el actor busca apoyarse en la otra pretensión a fin de mantener en pie la condena.

La solución de esta confusa situación sería para LENT la siguiente[30]:

> «Resultados razonables se obtendrán únicamente viendo en la sentencia en rebeldía limitada a una sola pretensión una sentencia parcial, y tratándola como tal, y en la sentencia relativa a ambas pretensiones una sentencia sobre dos pretensiones procesales, que permite una oposición contra una solamente de esas pretensiones».

[28] «ZZP» 57, 52.
[29] «ZZP» 57, 52
[30] «ZZP» 57, 54.

e) Dificultades similares se presentan también en el procedimiento de apelación[31].

En primera instancia se condenó al demandado, por sentencia parcial, a la entrega en virtud del § 861 del BGB. El demandado» apela. El tribunal de apelación llega a la conclusión de que la pretensión posesoria no existe. «¿Puede el actor echar mano ahora, de la pretensión reivindicatoria?» pregunta LENT. No lo puede. El tribunal de apelación debe hacer lugar a la apelación, en tanto que la no resuelta pretensión reivindicatoria solo podría ventilarse-en primera instancia, donde había quedado.

3. De todo esto se desprende que el derecho material no puede ser objeto litigioso si se peticiona una sola condena, si se reclama una sola prestación. La posición contraria lleva a dificultades insalvables, pues abre el camino a resoluciones contradictorias sobre una misma petición. En caso de ser fundados varios derechos materiales, la condena solo podrá basarse en uno de ellos, debiendo los restantes quedar sin resolver.

A ello se agrega toda una serie de complicaciones, de las que aquí solo mencionaremos la posibilidad de procesos separados prevista por el § 145 de la ZPO. Según lo allí preceptuado, el tribunal podría disponer que dos pretensiones, posesoria la una y reivindicatoria la otra, sean vistas en procesos distintos. Lo que en el proceso unitario debía frustrarse a causa de su irrealizabilidad práctica, o sea la doble condena, podría lograrse así mediante procedimientos paralelos.

Acertado está LENT, por lo tanto, al suponer que hay un solo objeto litigioso, una sola pretensión procesal, si la solicitud es unitaria, aunque los derechos materiales sean varios. Su nueva teoría, se refiere, sin embargo, solamente a las acciones de prestación [condena], y no a las de constitución, aunque la situación no es; distinta en éstas que en aquéllas.

Si el actor peticiona, por ejemplo, la terminación de una locación, fundándose tanto en la necesidad de la cosa para uso propio como en la perturbadora conducta del inquilino, habrá ciertamente más de un derecho material (§§ 2 y 4, MSchG) y también varios estados de cosas, pero la práctica de los tribunales es sostener la existencia de un solo objeto litigioso, de una sola pretensión procesal, por no haberse presentado más que una solicitud: la de cese de la locación. Si se admitiera una pluralidad de ¿objetos litigiosos, la consecuencia podría ser que la demanda fuera rechazada con respecto a una de las pretensiones, pero prosperara con respecto a la otra. Sentencias tales no ocurren en la práctica. O se dispone el cese de la locación o se rechaza la demanda. Para que el actor triunfe bastará que la demanda esté fundada aunque sea en un solo criterio jurídico.

Hay en cambio reparos contra la tesis, que LENT sostiene aún hoy, de que el actor podría exigir que se dicte resolución sobre todas las pretensiones materiales nacidas de un estado de cosas pluriacepcional.

---

31 «ZZP» 57, 54.

Para las antedichas consecuencias carece de relevancia si el actor peticiona tan solo una condena o si reclama una condena fundada en todas las pretensiones materiales. Las dificúltales que presenta el problema de la doble condena, la posibilidad de que se disponga la vista en procesos separados, las complicaciones que encierra el allanamiento, el desistimiento, el procedimiento en rebeldía y el procedimiento de recurso, existen en ambos casos.

El objetivo de la acción de prestación [condena] es siempre la condena del demandado a un determinado hacer o a una determinada omisión. Si el actor tiene interés en que se declare cuál de las pretensiones materiales funda su petición, tiene libertad para entablar a tal efecto una acción de declaración. Es cuestión aparte si a tal fin es sostenible una necesidad de tutela jurídica.

Por lo demás, LENT *no tiene en cuenta que en la práctica las acciones de prestación [condena] no van nunca acompañadas de una solicitud de hacerles lugar en virtud de un criterio material determinado o de varios de estos criterios.*

Es ésta la mejor prueba en contra de la teoría de LENT. NO hay actor que accione por el pago de 1000 marcos fundándose precisamente en un acto ilícito. Lo que interesa a todo actor es sencillamente lograr la condena del demandado, no importa por cual motivo. Si la opinión de LENT fuera acertada, el juez estaría obligado a preguntar al actor, en toda acción de prestación [condena], si desea que se condene al demandado en virtud de un determinado criterio jurídico, o de varios, o si le resulta indiferente cuál de ellos sirve de fundamento a la condena.

No cabe la menor duda de que una cuestión así no se plantea ni se planteará jamás.

Tampoco incumbe al actor reclamar una condena fundada en un criterio determinado. A él le corresponde alegar los hechos y presentar una solicitud, que debe estar determinada *en cuanto a los hechos* y no en cuanto al derecho. La aplicación del derecho, en cambio, es tarea del tribunal. Claro que el actor cuenta con un medio para lograr la condena a base de un determinado criterio jurídico-material. No puede hacer esto, sin embargo, solicitando la condena en virtud de ese criterio, sino simplemente alegando solo los hechos que dan origen a esa determinada pretensión material. Pero si el estado de cosas no puede seccionarse de tal modo que quede solamente la parte del hecho-tipo que permita condenar a base de ese derecho material determinado, el actor deberá dejar a criterio del tribunal la elección del punto de vista para fundar la condena.

Esta concepción es la única que responde al viejo principio; *Da mihi factum, dabo tibi ius.* Eso sí, es deber del tribunal elegir de entre las pretensiones materiales que justificarían la condena aquélla que sea más favorable al actor y que presente ventajas sobre las demás.

Hay, pues, serios reparos contra la admisibilidad de una acción que busque la condena del demandado en virtud de un criterio material determinado o eventualmente de todos ellos.

Resumiendo, sobre la teoría de LENT respecto de la acumulación de acciones puede decirse lo siguiente:

En las *acciones de prestación* [condena] debe distinguirse si el actor peticiona la condena del demandado en virtud de varias pretensiones materiales o si tiene interés únicamente en una condena lisa y llana. En el primer caso habrá acumulación de acciones si de un estado de cosas pluriacepcional derivan varias pretensiones materiales. En el segundo caso solo la habrá si el actor presenta varias solicitudes y busca varias condenas.

En las *acciones de declaración* de un derecho o de una relación jurídica habrá pluralidad de pretensiones procesales si se peticiona la declaración de varios derechos o relaciones jurídicas.

En las *acciones de constitución,* finalmente, la pluralidad de derechos constitutivos materiales da lugar a una pluralidad de objetos litigiosos, aunque la solicitud presentada sea una sola.

III. Según LENT, la *modificación de la demanda es* la modificación del objeto litigioso, entendida como cambio de pretensión[32]. La habrá, pues, si se hace valer un objeto litigioso nuevo en lugar del antiguo o junto a éste. Si la pretensión procesal sigue siendo la misma, modificándose únicamente su fundamentación, no habrá modificación de la demanda. Para LENT, el objeto litigioso consiste, como hemos visto, en la afirmación de un derecho material. En las acciones de prestación, empero, en las que se presenta una sola solicitud y se peticiona una sola condena, no obstante ser varios los derechos materiales, es la solicitud la que determina el objeto litigioso.

Aplicando consecuentemente esta teoría, habría que admitir que la demanda se modifica en los siguientes casos:

En los casos de acciones de prestación citados en último término, solo podría admitirse su modificación si se modifica la solicitud, es decir, si se peticiona otra condena. Si la solicitud es la que decide la unidad o pluralidad de pretensiones procesales, su papel deberá ser también determinante para resolver si la pretensión, el objeto litigioso que se hace valer, es o no una pretensión nueva. La cuestión de la unidad o pluralidad de las pretensiones procesales guarda estrecha relación con la de su identidad. Lo que alegado conjuntamente configura un solo objeto litigioso, no puede dar lugar a varios alegándoselo en partes separadas[33]. *Es ésta una consecuencia de la que* LENT *no se percata.*

En todos los demás casos solo habría modificación de la demanda operándose una modificación del derecho material.

Respecto de los presupuestos de la modificación de la demanda, LENT dice[34]:

---

[32] *Lehrbuch,* § 38 I; además «ZZP» 65, 315.
[33] Ver sobre todo *infra,* pág. 143.
[34] *Lehrbuch,* § 38, I.

«La modificación de la demanda puede producirse por modificación del estado de cosas (motivo de la demanda), quedando la solicitud extrínsecamente inalterada, o por modificación de la consecuencia jurídica afirmada, con la consiguiente modificación de la solicitud, quedando inalterado el estado de cosas, o por modificación del estado de cosas y de la consecuencia jurídica. La habrá, pues, si se deriva una consecuencia jurídica del mismo contenido de un estado de cosas distinto o una consecuencia jurídica de contenido distinto de un mismo estado de cosas (y también, claro está, derivándose una consecuencia jurídica distinta de un estado de cosas también distinto)».

Este texto podría crear la impresión de que para LENT el estado de cosas es elemento del objeto litigioso, porque su modificación causa la modificación de la demanda. Mas ésta no debe de ser la interpretación correcta. En otro pasaje, el autor es más claro al respecto[35]:

«Toda modificación del estado de cosas implica, *si conduce a la modificación del hecho-tipo legal* [Tatbestand][36] en que ha de apoyarse la resolución, una modificación del objeto litigioso, aunque la solicitud permanezca extrínsecamente inalterada».

Quiere decir entonces que la modificación del estado de cosas solo tiene por consecuencia una modificación de la demanda si modifica también el derecho material. Mas esto no ocurre de ninguna manera, toda vez que se modifica el estado de cosas. Así por ejemplo, si el actor ha fundado su pretensión reivindicatoria primero en un acuerdo y una tradición, agregando luego el hecho-tipo de la usucapión, el estado de cosas se modifica, indudablemente, pero la pretensión sigue siendo la misma. En este caso, pese a haber modificación del estado de cosas, LENT no admite que haya modificación de demanda[37].

Vemos pues que la modificación del estado de cosas no origina siempre una modificación de la demanda, como podría pensarse al leer la definición que trae LENT en su Tratado.

Habrá modificación de la demanda si se modifica el derecho material. No es necesario que se modifique también la solicitud o, como suele decir LENT, la consecuencia jurídica. Es señal ello de que derecho y consecuencia

---

35 *Lehrbuch*, 3ª ed., § 34 IV. En las ediciones Cuarta y quinta este pasaje ya no figura, lo cual no creemos sin embargo que autorice a inferir que LENT sea ahora de opinión de que la modificación del estado de cosas opere una modificación de la demanda aunque no se modifique el derecho material.

36 Lo subrayado es mío.

37 Cfr. sobra todo «ZZP» 65, 356. LENT dice allí lo siguiente sobre la identidad de la afirmación de un derecho: «Lo único que interesa es que el derecho afirmado sea idéntico, y no que el suceso histórico alegado como fundamento siga siendo el mismo. Aun cuando ese suceso sea necesario a los efectos de la individualización, como ocurre con las pretensiones, la identidad de la afirmación del derecho no depende exclusivamente de la del suceso».

jurídica son conceptos distintos, no coincidentes. LENT no puede continuar equiparándolo tampoco en la modificación de la demanda.

LENT también sostiene, sin embargo, que hay modificación de la demanda si se modifica la consecuencia jurídica, esto es, la solicitud, aun cuando el derecho material no se altere. También en este caso rompe la equiparación derecho y consecuencia jurídica. Si ellos fueran efectivamente lo mismo, la modificación del uno debería traer aparejada la modificación del otro.

Deben ser sin embargo extraordinariamente raros los casos en que se modifique la consecuencia jurídica sin que cambie al mismo tiempo el derecho que le da origen. Por regla general, la modificación de la consecuencia jurídica implicará el cambio del derecho material, mientras que a la inversa el cambio de este no significa de manera alguna que haya de modificarse la consecuencia jurídica.

Modificación de la demanda es pues para LENT la modificación del derecho material o de la consecuencia jurídica de él derivada, o bien la modificación de ambos.

Sin embargo, es preciso señalar lo siguiente:

Para LENT, la modificación del derecho material no se opera ya por el solo hecho de cambiar las normas en que se apoya la pretensión afirmada. Si el actor se apoya en un mismo contrato concreto, no habrá modificación de la demanda si tras fundarlo en normas de compraventa lo funda luego en normas de contrato de obra, siempre que no se altere la individualidad del contrato[38]. La transición de la pretensión posesoria a la reivindicatoria, en cambio,, constituye una modificación de la demanda, por implicar una modificación del objeto litigioso.

El mismo LENT reconoce que esta teoría no favorece la configuración elástica del proceso ni sirve tampoco para estudiar el estado de cosas controvertido enfocándolo desde todos los criterios jurídicos posibles. Por eso, separa el problema teórico de la existencia de una modificación de la demanda del problema práctico de la procedencia de una alegación nueva y modificada[39]. Aprueba la actual versión de la ZPO, que autoriza al juez a admitir como pertinente toda modificación de la demanda «porque lo releva de examinar si hay una modificación de la demanda (y una modificación del objeto litigioso); puede dejar sin resolver si la nueva alegación constituye o no una modificación de la demanda, por no ser ello decisivo para los efectos de la resolución a dictar, porque lo que interesa desde el punto de vista práctico es solamente su pertinencia y, como consecuencia, su admisión».

Este efugio no satisface. Tratándose de un problema clave del derecho procesal como lo es la modificación de la demanda, debe poder hallarse una

---

[38] «ZZP» 57, 36; además «ZZP» 65, 323.

[39] «Jahrbuch der Akademie für Deutsches Recht», 1939/40, 208.

solución clara y manuable desde el punto de vista práctico. La que busca hallar a través de la pertinencia de la admisión es una solución para salir del paso, nacida de la resignada comprobación de que el problema del objeto litigioso no puede ser resuelto satisfactoriamente ni por el legislador ni por el juez.

IV. La *excepción de litispendencia* presupone la interposición en un nuevo proceso, de una pretensión procesal ya presentada en otro proceso anterior que se encuentra pendiente. Nuevamente tiene importancia decisiva el concepto de objeto litigioso.

LENT sostiene que hay identidad de objeto litigioso cuando de un mismo estada de cosas deriva una misma consecuencia jurídica[40].

También aquí podría crearse la impresión de que el estado de cosas es parte del objeto litigioso. En realidad, LENT no querrá decir probablemente otra cosa que en el caso de la modificación de la demanda. Por consiguiente, lo que dará la pauta será si se afirma la misma pretensión material, el mismo derecho material. Aun cuando el estado de cosas sea otro, pero se pretenda la misma consecuencia jurídica a base del mismo derecho material, la excepción de litispendencia estará fundada[41]. Si el actor ha entablado la pretensión de entrega de dominio, fundándola en el acuerdo y en la tradición, la excepción de litispendencia se opondrá a una nueva acción por la cual se reclame la entrega del mismo objeto en virtud de una usucapión, no obstante constituir esto una modificación del estado de cosas. En ambos casos, la pretensión de entrega de dominio es sostenida con arreglo al § 985 del BGB.

Corrobora esta interpretación lo que el mismo autor dice en otro pasaje[42]. Cree que la identidad del objeto litigioso puede comprobarse según que la sentencia del segundo proceso tenga o no la misma fuerza de cosa juzgada que la del primero. Como en opinión de LENT solo el derecho material puede resolverse con autoridad de cosa juzgada, solo ese derecho podrá determinar el objeto litigioso en la cuestión de la litispendencia.

Esta concepción resulta particularmente desafortunada cuando en distintos procesos se sostienen efectivamente derechos materiales distintos, pero presentando la misma solicitud y peticionando la misma condena. Este caso adquirirá significado práctico especialmente cuando ambas acciones estén fondadas en distintos estados de cosas, de los que deriven distintos derechos materiales, porque por regla general un estado de cosas que sea el mismo que el del proceso pendiente no fundará una acción nueva, aunque ello sea concebible. Pero en tal caso la excepción de litispendencia también estaría fundada, conforme a esta teoría, porque se sostendrían los mismos derechos materiales.

Ateniéndonos a la nueva teoría de LENT sobre la unidad y pluralidad de pretensiones procesales en el caso de concurso de pretensiones materiales,

---

40 *Lehrbuch*, § 37 II 2.
41 Cfr. «ZZP» 65, 356.
42 *Lehrbuch*, § 37 II 2.

sería de suponer que si el actor solo está interesado en que se condene al demandado, la excepción de litispendencia se opondría a una acción nueva tendiente al mismo objetivo si en ella se sostuviera otro derecho material. Pero LENT no llega a esta conclusión, ni siquiera en su más reciente ensayo, publicado en la «ZZP» 65, 315 y sigtes. Queda pues establecido que, para él, la identidad del objeto litigioso es determinada por la identidad del derecho material.

Esta concepción de la litispendencia fue también el fundamento de los trabajos de reforma realizados por la antigua Academia de Derecho Alemán, como se desprende del ya frecuentemente citado artículo de LENT publicado en el *Jahrbuch der Akademie für Deutsches Recht* (Anuario de la Academia de Derecho Alemán). Como el entablamiento de varias acciones con un mismo objetivo, pero con distintas pretensiones materiales, parecía una solución dudosa, se pensó en crear preceptos conforme a los cuales el juez del segundo proceso podría remitir al juez del primero el pleito que se tramitaba ante su juzgado. LENT decía al respecto[43]:

> «La medida práctica que el juez del segundo proceso debe adoptar no puede consistir siempre en el rechazamiento de la demanda sin previo examen del mérito, sino en la remisión del segundo proceso al juez del primero, a fin de asegurar que la vista y la recepción de prueba sean comunes y el fallo unitario. Aunque todavía resta examinar los detalles técnicos de esta solución, en las deliberaciones ha prevalecido la idea fundamental de colocar al juez, análogamente al caso de la modificación de la demanda, en condiciones de dictar la resolución que la práctica exija sin un examen minucioso de la identidad de los dos objetos litigiosos, y de lograr la conexión de los procesos exigida por la práctica».

Es este otro caso de renuncia a una solución del concepto de objeto litigioso, idónea para permitir a todo juez hallar una resolución clara basándose exclusivamente en ese concepto. El objetivo común que deben perseguir la doctrina y la práctica ha de ser lograr una solución sencilla e inteligible para las cuestiones fundamentales del derecho procesal, que permita prescindir de soluciones de apuro.

V. LENT estima necesario, sin embargo, que al final del procedimiento se demarquen nítidamente el objeto de la sentencia y el de la cosa juzgada[44].

La meta del proceso requeriría la declaración de las relaciones jurídicas materiales entre las partes. *La resolución del tribunal recaería por lo tanta sobre un determinado derecho material*[45]. Se declararía su existencia o su inexistencia.

---

[43] «Jahrbuch der Akademie für Deutsches Recht», 1939/40, 210.

[44] «Jahrbuch der Akademie für Deutsches Recht», 1939/40, 210; respecto de la cosa juzgada cfr. sobre todo «ZZP» 65, 333 y sigtes.

[45] Cfr. «Jahrbuch der Akademie für Deutsches Recht», 1939/40, 210 y sigtes.; *Lehrbuch*, § 34 III 5, § 60 III 6; además, sobre todo «ZZP» 65, 343 *y* sigtes.

Mientras que en la teoría anterior de LENT el objeto de la resolución equivalía al objeto del litigio, por consistir éste sin excepción en la afirmación de un derecho material, según su nueva teoría el objeto de la resolución difiere del objeto litigioso cuando pese a la pluralidad de pretensiones materiales, o sea habiendo concurso de pretensiones, se presenta una sola solicitud. LENT se ocupa de este caso especialmente en su último trabajo, titulado *Zür Lehre vom Streitgegenstand* (Sobre la teoría del objeto litigioso).

Plantea la siguiente cuestión, muy importante sobre todo desde el punto de vista práctico[46];

> «Si la sentencia toma como base solamente una de las posibles pretensiones concurrentes, ¿podrá renovarse el proceso exigiendo una segunda sentencia a base del mismo estado de cosas, pero valiéndose de otra de las pretensiones materiales?» Llega así a la conclusión de que «la pretensión material aislada, examinada y declarada por el tribunal constituye el objeto de la cosa juzgada, de la que no participan aquellas pretensiones concurrentes que el tribunal no consideró y examinó»[47].

Igual que en todos los demás casos, la resolución, según LENT, recae también en este caso de concurso de pretensiones materiales sobre el derecho material, aunque las pretensiones materiales no eran objeto del litigio. Porque si lo hubieran sido, habría habido también varios objetos litigiosos no obstante la unidad de solicitud. Siendo una la solicitud, LENT sostiene actualmente que hay una sola pretensión. Entre las razones por las cuales la resolución material debe recaer en este caso, como en los demás, sobre el derecho material, menciona las siguientes[48]:

Según el § 218 del BGB, una pretensión declarada con autoridad de cosa juzgada prescribe solo a los treinta años. Por pretensión, el BGB entendería indudablemente una pretensión material. Y por el § 393 del mismo código, no se admite la compensación contra un crédito nacido de un acto ilícito. El actor podría tener interés, por lo tanto, en obtener una sentencia fundada precisamente en un acto ilícito a fin de evitar que su adversario oponga la compensación. Por tal razón, debería dictarse también una resolución con autoridad de cosa juzgada sobre la pretensión nacida del acto ilícito. Si en una ejecución forzada se obtiene un producto, su percepción por parte del ejecutor judicial equivaldría a un pago hecho por el deudor (ZPO, § 819). Los pagos deberían efectuarse e imputarse a base de determinadas pretensiones materiales. Y finalmente, el aprovechamiento de la cosa juzgada en procesos ulteriores exigiría la declaración con autoridad de cosa juzgada de pretensiones materiales.

Más adelante habremos de ver en qué medida este argumento es válido y justifica llamar objeto de la resolución al derecho material[49].

---

[46] «ZZP» 65, 838.
[47] «ZZP» 65, 346.
[48] «ZZP» 65, 343.
[49] Cfr. *infra*, pág. 188.

De todas maneras, el objeto litigioso y el objeto de la resolución difieren, según la teoría de LENT, si el actor no tiene otro interés que la simple condena del demandado. Esta conclusión no es satisfactoria.

Lo que ha sido objeto del litigio, debe ser necesariamente también objeto de la resolución. ¿Sobre qué otra cosa habría de resolver si no el tribunal? Si el objeto litigioso no consiste en la afirmación de un derecho material, ese derecho material tampoco podrá ser objeto de la resolución. Ésta recae por el contrario sobre la pretensión procesal.

Si el actor ha accionado por daños y perjuicios sufridos en un accidente de tranvía, en opinión de LENT habría una sola pretensión procesal si al actor le es indiferente el criterio jurídico-material por el cual dicha acción prospera: el acto ilícito, la ley nacional de responsabilidad o la violación positiva de un contrato. El objeto litigioso es determinado en este caso únicamente por la solicitud. Y sin embargo, según la teoría de LENT, el tribunal habría de resolver sobre las pretensiones materiales. El objeto del fallo no sería la petición del actor dirigida a obtener el pago de mil marcos; la resolución recaería sobre las distintas pretensiones materiales. Si el tribunal rechaza la acción a base de uno de los criterios de derecho material, sin haber estudiado los demás, el objeto litigioso no estaría agotado. La sentencia sería sin embargo definitiva y no parcial, como podría suponerse.

LENT mismo plantea la cuestión de si sería procedente la sentencia definitiva, estando sin examinar y sin resolver una parte del objeto litigioso[50].

La respuesta que da es afirmativa, fundándose en que el actor habría dado de antemano su conformidad para ello, por cuanto habría evidenciado que solamente le interesaba la condena, pero no una ulterior declaración de las demás pretensiones. «En virtud de esa solicitud del actor, es procedente la sentencia que pone fin al proceso sin haber agotado enteramente el objeto litigioso»[51].

Se perfilan aquí claramente las consecuencias de una concepción que no identifica el objeto de la resolución con el objeto litigioso. Una sentencia definitiva debe por su propia naturaleza liquidar totalmente el objeto litigioso; de lo contrario no sería sentencia definitiva, sino parcial.

Solo existe la siguiente alternativa:

O bien el objeto del litigio es la afirmación del derecho material, en cuyo caso habrá varios objetos litigiosos. Si el tribunal ha resuelto sobre uno de ellos, la sentencia sería solamente parcial. Los demás objetos litigiosos no estarían aún liquidados.

O de lo contrario el objeto del litigio es la petición del actor de que se le paguen mil marcos en concepto de daños y perjuicios; entonces la resolución recaerá sobre la pretensión procesal, o sea la petición del actor. Aunque el tribunal considerara un solo criterio jurídico y pasara por alto los demás, la

50 «ZZP» 65, 346.
51 «ZZP» 65, 347.

sentencia sería definitiva, y aunque fuera desacertada, habría liquidado enteramente el objeto litigioso. En caso de rechazamiento, el actor estará facultado para interponer los recursos procedentes. Pero si la sentencia ha pasado en autoridad de cosa juzgada, la cosa juzgada se opondrá a toda nueva acción que se apoye en un criterio jurídico no considerado.

Para la concepción de LENT, la sentencia que ha tenido en cuenta solamente una pretensión material, es una sentencia definitiva, aunque no agote el objeto litigioso. Si la sentencia pasa en autoridad de cosa juzgada, el actor estaría facultado para apoyar una nueva acción en un criterio jurídico no considerado o en varios de ellos. La cosa juzgada no se opondría a una acción de esa índole[52]. De ahí se sigue que el alcance de la cosa juzgada no iría más allá de los criterios» jurídicos materiales que haya considerado el tribunal.

La resolución sobre el derecho material pasa, según LENT, en autoridad de cosa juzgada. Un efecto de esa cosa juzgada material sería la exclusión de toda alegación ulterior referente a la pretensión que se declaró con fuerza de cosa juzgada[53]. Quedarían excluidas todas las ulteriores excepciones, y sería desatendible toda alegación ulterior que se refiera a la misma pretensión o derecho material ya resuelto. Los hechos que sirven de fundamento a otros derechos materiales y sobre los cuales el tribunal no ha dictado aún resolución, pueden por tanto ser alegados, aun cuando ya habrían podido alegarse, o incluso ya se hubiesen alegado, en el momento de la última vista oral de hechos del primer proceso. Porque la resolución solo pasa en autoridad de cosa juzgada en cuanto se ha resuelto sobre un derecho material. Por consiguiente, puede fundarse en cualquier momento una acción nueva sobre derechos materiales que no han sido aún objeto de resolución. Esta concepción tiene la ventaja, según LENT, de que permite reconocer clara y unívocamente cuándo se está en presencia de una nueva pretensión.

A propósito de esto, manifiesta serios reparos contra las teorías que determinan el objeto litigioso por el estado de cosas y la solicitud[54]. Si al establecer así el objeto litigioso ha de lograrse un arreglo global del litigio pendiente entre las partes, debería dictarse también una resolución global. Pero aquí, opina LENT, se tropieza con dificultades por cuanto esa aplicación de la cosa juzgada presupondría una demarcación firme del suceso, sobre cuyas consecuencias jurídicas se resolvería. Pone en duda, sin embargo, que sea posible establecer esa demarcación. De ahí resultarían para la cosa juzgada incertidumbres que precisamente no deberían ocurrir aquí.

De este importante problema habremos de ocuparnos en la segunda parte de este libro, al tratar la cosa juzgada. Allí veremos que el deslinde de la alegación excluida por la cosa juzgada y de una alegación nueva es mucho más sencillo y menos sujeto a dudas de lo que LENT supone.

---

[52] «ZZP» 65, 348/49.
[53] *Lehrbuch*, § 59 VI.
[54] «ZZP» 63, 20 y sigtes.; *Lehrbuch*, § 34 VI; «ZZP» 65, 350 y sigtes.

§ 3. LA TEORÍA DE ROSENBERG

I. A diferencia de LENT, ROSENBERG determina el objeto litigioso, también en cuanto a su contenido, según criterios puramente procesales. Su concepto no puede definirse en términos de derecho material.

Desde la primera edición de su *Tratado,* ROSENBERG ha bregado consecuentemente en favor de la naturaleza procesal del objeto litigioso, defendiéndola contra opiniones discrepantes[1]. A partir de la edición cuarta, lo hizo en una forma nueva, que podría ser el punto de partida para un desarrollo más avanzado del concepto, con miras a una ampliación aún mayor de su alcance. Según su doctrina más reciente[2], el objeto litigioso debe definirse como

> «la petición dirigida a obtener la declaración, susceptible de autoridad de cosa juzgada, de una consecuencia jurídica, y que es caracterizada por la solicitud presentada y, en cuanto sea necesario, por el estado de cosas expuesto para fundamentarla»[3].

Según esta definición, el estado de cosas serviría para caracterizar el objeto litigioso únicamente en caso necesario. Esta limitación no figuraba en las tres primeras ediciones del *Tratado,* pues en aquel entonces la opinión de ROSENBERG era que el objeto litigioso se determinaba siempre por el estado de cosas, además de la solicitud. Cierto que también anteriormente esa definición conocía excepciones. En las acciones de declaración de un derecho o de una relación jurídica, el centro de gravedad estaba colocado, ya entonces, en la solicitud, a cuyo lado el estado de cosas no desempeñaba un papel decisivo en la determinación del objeto litigioso.

Para ROSENBERG, pues, el objeto litigioso es determinado por el estado de cosas y la solicitud, o también por la solicitud únicamente. Pero ninguno de

---

1 Cfr. e.o. *Zur Lehre vom Streitgegenstand,* «Festgabe für Richard Schmidt», separata 1932; *Erwiderung auf Lents Aufsatz «Zur Abgrenzung der Anspruchsmehrheit von der Mehrheit der Klagegründe»,* «ZZP» 57, 76 y sigtes.; *Zum dem Entwurf einer Zivilprozessordnung,* «ZZP» 57, 187 y sigtes.

2 *Lehrbuch des Deutschen Zivilprozessrechts,* 5ª ed. (Traducción castellana: *Tratado de Derecho Procesal Civil,* Buenos Aires, EJEA, 1955), § 88 II 3.

3 En la sexta edición de su tratado, aparecida después de (haberse iniciado la impresión de esta monografía, ROSENBERG define el objeto litigioso, en el § 38 II 2. como la petición dirigida a obtener la declaración, con fuerza de cosa juzgada, de una consecuencia jurídica, y caracterizada por la solicitud presentada. Según esta definición, que concuerda con nuestra concepción, el estado de cosas no forma parte del concepto de objeto litigioso.

estos dos elementos es el objeto litigioso. El objeto litigioso es la petición del actor dirigida a obtener la declaración, susceptible de autoridad de cosa juzgada, de una consecuencia jurídica, y que es determinada por el estado de cosas y la solicitud, o bien únicamente por ésta.

Mientras que en la cuarta edición de su *Tratado* (a diferencia de las tres primeras), ROSENBERG, siguiendo a NIKISCH[4], todavía daba al objeto litigioso el nombre de *afirmación de un derecho,* ha vuelto ahora a, definirlo como petición, al igual que en las ediciones anteriores. En la segunda parte de este libro habremos de ocuparnos de las consecuencias prácticas de la distinción entre afirmación de un derecho y petición.

Para comprender la teoría de ROSENBERG, tiene especial importancia el concepto de «estado de cosas», que para dicho autor es la crónica del acontecimiento, del suceso histórico, o, dicho con mayor exactitud, ese suceso mismo. El empleo que hace de ese término no tiene derivación alguna sobre el derecho material que nace a raíz de los hechos. Si así no fuera, en el mencionado caso de la sustracción de un caballo de propiedad del actor no habría un estado de cosas, sino por lo menos dos, por nacer del complejo de hechos expuesto, varias pretensiones materiales. También el estado de cosas «pluriacepcional» es por consiguiente uno solo, tanto para ROSENBERG como para la opinión dominante.

Habría en cambio pluralidad de estados de cosas si los sucesos expuestos fueran varios. En el caso de una acción fundada a. un tiempo en una compraventa y en una letra, o en una compraventa y un reconocimiento, habría pluralidad de sucesos, pluralidad de estados de cosas.

El neto deslinde conceptual de los sucesos, la determinación de la identidad y de la unidad o pluralidad de estados de cosas, es tarea difícil[5]. Si el caballo fue sustraído indebidamente del establo del actor, el suceso será uno solo, pues la sustracción constituyó un solo acontecimiento, tanto en cuanto a tiempo como a lugar, y también lo es el conocido ejemplo del accidente de tranvía, aunque éste da origen a varias pretensiones materiales. Se trata de un evento que tuvo lugar en un momento determinado, no en varios momentos distintos, y en un solo lugar, no en distintos lugares.

Estos ejemplos muestran que el tiempo y el lugar tienen relevancia para la determinación del suceso.

Pero no siempre los casos son tan sencillos. Por ejemplo, ¿hay un solo suceso si el actor acciona por el pago de una remesa de vino, fundándose primero, en el contrato de compraventa y en la entrega de la mercadería, pero luego reclama la misma suma en virtud del enriquecimiento experimentado por el demandado, por haberse descubierto en el ínterin, durante el proceso, que el contrato era inválido, pero que el vino ya se había consumido?[6]

4 *Der Streitgegenstand im Zivilprozessrecht,* 193S, pág. 45 (llamado en adelante *Streitgegenstand).*

5 Debe distinguírselo del deslinde de aquellos hechos que están precluidos por la cosa juzgada de los hechos nuevos a cuya alegación la cosa juzgada no se opone; cfr. *supra,* pág. 37.

6 Un ejemplo dado por LENT en «ZZP» 63, 9 y 17 y sigtes.

La compra y el consumo del vino son indudablemente dos sucesos distintos, lo que se advierte con toda claridad si entre la concertación de la compraventa y el consumo del vino ha mediado largo tiempo. Sin embargo, deberá aceptarse que en este caso hay un solo suceso, porque la pretensión de enriquecimiento también tiene su fuente en el contrato inválido, aunque el reclamo por enriquecimiento, cuyo objeto es el pago de una suma de dinero, presupone el consumo del vino.

Podemos decir, con Lent, que los sucesos no son hechos nítidamente perfilados. Claro que en la mayoría de los casos el suceso podrá ser encerrado dentro de ciertos límites[7].

En su nueva teoría, Rosenberg ya no coloca el estado de cosas como requisito indispensable para caracterizar el objeto litigioso en todos los casos, sino únicamente en caso necesario. ¿Cuándo es ello necesario? ¿Y cuándo no requiere el objeto litigioso esa individualización?

Por de pronto, no la necesita en las acciones de declaración de un derecho o de una relación jurídica[8].

> «Las acciones de declaración tienen generalmente por objeto la existencia o inexistencia de una relación jurídica, de la propiedad u otro derecho real, del matrimonio o de una paternidad o filiación, de una relación obligacional, tales como un arrendamiento urbano o rural y otras semejantes. Esta relación jurídica estará ya suficientemente individualizada por la afirmación del derecho presentada en la solicitud, y no necesita una mayor fundamentación por medio de hechos».

El objeto del litigio es pues, en las acciones de declaración, el derecho o la relación jurídica como tal, como se lo presenta en la demanda a los efectos de la resolución, y no solamente en cuanto esté fundamentado por el estado de cosas expuesto.

Rosenberg sostiene consecuentemente esta concepción del objeto litigioso en las acciones de declaración de un derecho o de una relación jurídica, tanto en el caso de la acumulación de acciones, como de la modificación de la demanda, de la excepción de litispendencia y también de la cosa juzgada.

Aparte de este caso, según la nueva teoría de Rosenberg (a partir de la 4ª edición de su *Tratado)*, el objeto litigioso tampoco requiere ser individualizado por el estado de cosas en las acciones de prestación [condena] y probablemente tampoco en las de constitución, si se ha presentado una sola solicitud. Pese a la pluralidad de estados de cosas, si se peticiona una sola prestación habrá una sola pretensión procesal. Pero mientras que en las acciones de declaración de un derecho o de una relación jurídica, Rosenberg aplica consecuentemente su teoría a la acumulación de acciones, a la modificación de la deman-

---

[7] Cfr. también «ZZP» 65, 350 y sigtes.

[8] *Tratado*, § 88 II 1 c.

da, a la excepción de litispendencia y a la cosa juzgada, en los casos recién citados limita la idea de la prescindibilidad del estado de cosas a la acumulación de acciones. En la modificación de la demanda, la excepción de litispendencia y la cosa juzgada, sigue tratando el estado de cosas como elemento del objeto litigioso, no obstante la unidad de solicitud[9].

II. Según la nueva teoría de Rosenberg, habrá *acumulación de acciones* cuando se presenten varias solicitudes, pero no cuando la misma solicitud se funde en distintos sucesos[10]. Es igual si distintas solicitudes son derivadas de un mismo estado de cosas o de varios. Habrá pues acumulación de acciones si en virtud de un mismo estado de cosas se peticionan una indemnización por daños y perjuicios y además una renta, o si a base de varios estados de cosas se exigen la devolución de la cosa locada y una indemnización por daños[11].

Factor decisivo es el número de solicitudes. Esta nueva teoría de Rosenberg ya había sido sostenida anteriormente por Stetn[12], autor a quien se debía también la redacción del § 208 del Proyecto de 1931[13], que Rosenberg criticara[14].

La nueva teoría de Rosenberg implica un claro rechazamiento de su anterior concepción, tal como figuraba en las tres primeras ediciones de su *Tratado.*

En aquel entonces había supuesto una acumulación alternativa de acciones para el caso de que una solicitud se fundara en varios, estados de cosas[15]. Era pues su opinión que había acumulación alternativa si se reclamaba una determinada suma de dinero en virtud de una compraventa o de una letra de cambio, a base de un mutuo o de un reconocimiento de deuda, o la entrega de una cosa a base de una locación o de la propiedad.

Su nueva teoría se extiende a las acciones de prestación [condena], a las de declaración y probablemente también a las de constitución. Como también LENT en su nueva teoría asigna gravitación decisiva a la solicitud —bien que solo para las acciones de prestación [condena]—, si el actor solo tiene interés en que se condene al demandado, sea cual fuere el motivo, las opiniones de ROSENBERG y de LENT tienen aquí un punto de coincidencia, por distintos que sean sus puntos de partida. Concuerdan también —si prescindimos de la acción de declaración— en cuanto limitan la determinación del objeto litigioso por la solicitud al caso de la acumulación de acciones.

---

9 Según lo expuesto en la sexta edición del tratado, el estado de cosas no es ya elemento del objeto litigioso, de conformidad con la concepción sostenida en esta, monografía.

10 *Tratado,* § 88 II 3 a, y § 931 I 1. Esta teoría no ha sido modificada en la sexta edición.

11 *Tratado,* § 93 I 1.

12 FRIEDRICH STEIN, 11ª ed., nota II del § 260.

13 Proyecto de Ordenanza Procesal Civil, publicado por el Ministerio Nacional de Justicia, Berlín 1931. Texto del § 208: «Varias solicitudes del actor dirigidas contra un mismo demandado pueden acumularse en una acción, aun basándose en motivos distintos, si el tribunal es competente para conocer de toda la petición y las solicitudes son hechas valer en la misma clase de proceso».

14 «ZZP» 57, 316.

15 *Lehrbuch (Tratado),* 3ª ed., § 93 III 2.

Las explicaciones y el ejemplo que ROSENBERG da en el § 88 II 3 o a de su *Tratado,* no son, sin embargo, notas características de esta nueva teoría. La demanda presentada por un pasajero lesionado en un accidente de tranvía es ejemplo de un suceso, pero no de la existencia de dos estados de cosas.

III. La *modificación de la demanda* consiste, para ROSENBERG, en la modificación de la solicitud presentada, o, cuando ésta requiere fundamentación, del estado de cosas en virtud del cual se acciona, o sea, en la presentación de una nueva pretensión en lugar de la antigua o junto a ésta[16].

Conforme a esto, la modificación de la demanda se opera, en primer término, por la modificación de la solicitud, salvo que se trate de una ampliación o limitación de ésta, según lo establecido por el § 268, 2 de la ZPO.

Pero también una modificación del estado de cosas, del suceso, tiene por consecuencia una modificación de la demanda, si la solicitud necesita ser fundamentada o —como podrá decirse con mayor precisión —si el objeto litigioso necesita ser fundamentado para su individualización.

Al tratar la teoría de ROSENBERG sobre la acumulación de acciones, vimos que la unidad o pluralidad de pretensiones procesales dependía únicamente de la unidad o pluralidad de solicitudes.

Cabría suponer, pues, que operaría también la sola modificación de la solicitud una modificación de la demanda. Sin embargo, no es esa la conclusión a que llega ROSENBERG. También según su nueva teoría, la modificación del estado de cosas importa siempre una modificación de la demanda, salvo en las acciones de declaración de un derecho o de una relación jurídica[17].

Los ejemplos y explicaciones que da en el § 100 I 1 o de su *Tratado* dan prueba de ello. Así por ejemplo, sostiene que hay modificación de la demanda si una acción de desalojo se apoya primero en la nulidad del contrato de locación, y luego en la rescisión del mismo o en la expiración del plazo de arrendamiento[18], aunque la solicitud, o sea la petición de condena al desalojo, siga siendo la misma; o si se reclama una determinada suma de dinero, primero en virtud de un derecho propio, y luego, cuando resulta que el actor solo obró en representación de otra persona, en virtud de un derecho adquirido por cesión[19], o si se exige una indemnización de daños y perjuicios, primero alegando la culpa del mismo demandado y luego un acto de su causante[20]. En todos estos casos la solicitud no varía; se peticiona la misma suma de dinero, modificándose tan solo el estado de cosas.

---

16 *Tratado,* § 88 II 3 b ß ; ver también § 100 I.

17 ROSENBERG abandonó esta teoría en la 6ª edición; cfr. § 88 II 3 b ß y 100 I 1.

18 En contra, «HRR» 1931, 981 = «LZ» 1931, 834[14]; ver también *infra,* pág. 159. En la 6ª edición, ROSENBEBG aprueba esta resolución, § 100 I 1.a.

19 «RG» 103, 111. En la 6ª edición, ROSENBERG desaprueba esta resolución y la siguiente, § 100 II.

20 «HRR» 1928, 469.

En todos ellos, según la nueva teoría de Rosenberg sobre la acumulación de acciones, si varios estados de cosas fueran expuestos *conjuntamente* habría, un solo objeto litigioso, una sola pretensión procesal.

Pero exponiéndoselos *uno después del otro,* habría una modificación de la demanda y por ende un cambio del objeto litigioso.

La teoría es objetable, como se advierte especialmente si para fundamentar una misma solicitud se expone un estado de cosas nuevo junto al antiguo. En tal caso, para Rosenberg habría igualmente una modificación de la demanda, porque dicha modificación consistiría en el planteamiento de una nueva pretensión procesal en lugar de la antigua o junto a ésta.

La consecuencia de la fundamentación adicional de una misma solicitud con un nuevo estado de cosas, además del antiguo, sería que ahora habría dos objetos litigiosos, dos pretensiones procesales, mientras que de habérselos expuesto conjuntamente habría solamente uno.

Solamente en las acciones de declaración de un derecho o de una relación jurídica la modificación del estado de cosas no tiene por consecuencia, como dijimos, una modificación de la demanda. Si una acción de declaración de propiedad es fundada primero en un acuerdo y en la tradición y luego en usucapión, el objeto litigioso, en opinión de Rosenberg, no se modificaría. Se ha modificado ciertamente la fundamentación de la acción, pero no por ello se modificaría también la identidad del objeto litigioso[21].

Por lo antedicho se sobreentiende que para Rosenberg, a diferencia de Lent, la modificación del criterio jurídico del derecho material, no constituye una modificación de la demanda. Si *el* suceso es unitario, el juicio jurídico puede cambiar fácilmente sin producir una modificación de la demanda. Ésta solo se modificará si se hace valer un nuevo derecho material alegando un suceso nuevo.

Resta añadir un caso especial: Rosenberg niega también que haya modificación de la demanda si se modifica la fundamentación de las llamadas relaciones jurídicas prejudiciales. Así por ejemplo, la modificación del fundamento de la propiedad en la *rei vindicatio* no constituye para él una modificación de la demanda[22]. Respecto de este punto concuerda con Lent[23], pero discrepa de Stein-Jonas-Schönke [24] y probablemente con todos los demás partidarios de la teoría de la sustanciación. Según Lent, no habría modificación de la demanda, por no modificarse el derecho material. Stein-Jonas-Schönke, en cambio, sostienen que la acción se modifica por haberse modificado el estado de cosas, como por ejemplo si una pretensión de entrega de propiedad es fundada primero en un acuerdo y en la tradición, y luego en usucapión, Rosenberg, por el contrario, niega que en este caso haya modificación del estado de cosas.

---

21 *Tratado,* § 88 II 1 c.
22 *Tratado,* § 88 II 3 b ß; además § 88 II 1 c.a. E.
23 Cfr. *supra,* pág. 18.
24 Cfr. *supra,* pág. 18.

IV. La *excepción de litispendencia* presupone que en una demanda nueva se plantee la misma pretensión procesal que en una demanda ya pendiente.

Según Rosenberg, dos procesos tienen un mismo objeto litigioso, cuando se acciona por la declaración de un mismo derecho o de una misma relación jurídica o se presenta la misma solicitud sobre la *base de un mismo suceso*[25].

> «Por eso, si un mismo actor presenta contra el mismo demandado, a base de un mismo estado de cosas (por ej., el accidente de tranvía), la misma solicitud (por ej., indemnización de daños y perjuicios) que en otro litigio todavía pendiente, la excepción de litispendencia... estará fundada... aun cuando en el segundo proceso se haga valer otro criterio jurídico que en el primero (por ej., contrato en el primero, y responsabilidad legal o delito en el segundo) y por consiguiente se destaquen, conforme a los distintos tipos abstractos de las normas jurídicas aplicables, distintos aspectos del mismo suceso histórico (en un caso, el contrato; en el otro, la empresa responsable, o la culpa) y aun cuando en el primer proceso haya sido excluido expresamente por el actor el criterio jurídico (el del contrato) empleado en el segundo». Y en otro pasaje dice expresamente[26]:
>
> «La diversidad de los estados de cosas excluye la identidad de las pretensiones del mismo modo que la diversidad de las solicitudes».

Fundamentalmente, pues, la litispendencia no se opondrá a una nueva acción si ésta se apoya en un nuevo estado de cosas.

Esta regla vale para las acciones de prestación [condena] y de constitución con solo dos excepciones:

En las acciones de prestación, la excepción de litispendencia podría estar fundada, en opinión de Rosenberg, si por ejemplo una misma pretensión de entrega de propiedad es fundada en un nuevo proceso en una nueva causa de adquisición. En un caso tal, como ya lo viéramos al estudiar la modificación de la demanda, la identidad del objeto litigioso no variaría.

Las acciones de divorcio y de anulación de matrimonio presentan además una peculiaridad. El § 616 de la ZPO obliga a las partes a hacer valer todas las causales de divorcio y anulación en el procedimiento pendiente, de modo que en una acción nueva, la excepción, de litispendencia se opondrá a la interposición de una causal de divorcio o de anulación de matrimonio, estando una acción de divorcio o de anulación en estado de litispendencia[27]. En los demás casos, rige para las acciones de prestación [condena] y de constitución la regla de que la fundamentación de una demanda nueva con un nuevo estado de cosas es posible y procedente, aun cuando en la nueva demanda se presenta la misma solicitud que en la pendiente.

---

[25] *Tratado,* § 88 II 8 b α. Según lo expuesto en la 6ª edición, dos procesos tienen el mismo objeto litigioso solamente cuando la solicitud sea la misma en ambos. No interesa pues la identidad del estado de cosas; cfr. § 88 II 3b y § 98 II 3.

[26] *Tratado,* § 98 II 3. La sexta edición no contiene ya este pasaje.

[27] *Tratado,* § 98 II 3.

Si, por ejemplo, dos socios de una sociedad comercial abierta peticionan la exclusión de un tercer socio alegando la incapacidad de trabajo de éste, motivada por enfermedad (Código de Comercio [HOB], 133 y 140), la excepción de litispendencia no se opondrá, conforme a esta tesis, a una demanda nueva de los mismos socios fundada en un desfalco de fondos sociales cometido por el demandado. Por tal razón, un mismo objetivo, la exclusión del demandado de la sociedad, puede ventilarse y resolverse simultáneamente en dos procesos distintos.

Tomando otro ejemplo: Una demanda para obtener el pago de un precio de compraventa, fundada únicamente en el contrato, no impide que se interponga otra, cuyo objeto sea la misma suma de dinero, pero que se funde en un reconocimiento de la deuda,

Pero las acciones de declaración de un derecho o de una relación jurídica presentarían nuevamente una excepción. En ellas el objeto litigioso carece de importancia; consiste en el derecho o la relación jurídica en sí, tal como está presentado por la resolución del tribunal.

Si por ejemplo el actor ha accionado en el primer proceso por la declaración de su propiedad, fundando la adquisición en un acuerdo y en la tradición, y luego entabla otra demanda con la misma solicitud, fundándola sin embargo en un estado de cosas que configura el tipo de la usucapión, esta nueva demanda tropezará según ROSENBERG con la excepción de litispendencia. En ambos casos el objeto del litigio es la petición de declaración de la propiedad, sin consideración del estado de cosas expuesto para fundamentarla.

V. Según el § 322 de la ZPO, la resolución recae sobre la pretensión. El concepto de pretensión no puede ser en este caso otro que el que sirvió hasta aquí de base a la teoría de ROSENBERG. Se trata pues de la pretensión procesal. Es objeto de la resolución así como fue objeto del litigio. La resolución hace suya esa pretensión, según la teoría de ROSENBERG, «en todo el alcance en que se la hizo valer»[28].

El objeto de la resolución no es pues, como para LENT, el derecho material. De ahí deriva una consecuencia de extraordinaria importancia[29]:

> «Si basándose en el mismo estado de cosas se han presentado varias pretensiones de derecho material (procesalmente: criterios) que están en concurso legal o de pretensión, pero la sentencia resuelve solo sobre una de estas pretensiones, es decir, en sentido procesal sobre un criterio jurídico, el actor está impedido por la autoridad de la cosa juzgada para plantear en nuevo proceso las pretensiones (criterios) no admitidas o desestimadas».

Si, por ejemplo, el tribunal ha rechazado la acción en el caso del accidente de tranvía, fundándose en que la empresa no era-responsable por haberse

[28] *Tratado,* § 88 II 3 c.
[29] *Tratado,* § 88 II 3 c.

probado que el actor había viajado «clandestinamente», según ROSENBERG la cosa juzgada se opondría a una nueva acción fundada en delito o en la ley nacional de responsabilidad Esta opinión responde probablemente a la de todos los autores que, a diferencia de LENT, determinan el objeto litigioso también en cuanto a su contenido según criterios puramente procesales[30]. En opinión de LENT, en cambio, el actor no estaría impedido de promover una nueva acción, fundada esta vez en delito o en la ley de responsabilidad.

¿Qué ocurre sin embargo si una acción es fundada en varios; sucesos — caso para el cual ROSENBERG actualmente niega que haya acumulación de acciones— y el tribunal ha fundado su resolución en uno solo de ellos, dejando, erradamente, de considerar el otro?

Si aceptamos la tesis de ROSENBERG de que la resolución hace suya la pretensión en todo su alcance, habría que suponer que el actor está impedido de apoyar una nueva acción en el estado de cosas que expuso al tribunal, pero que éste no consideró. Mas en este punto la opinión de ROSENBERG es otra. Dice[31]:

> «Por el contrario, no está impedido el actor para hacer valer en un nuevo proceso una pretensión no resuelta por el tribunal, si la funda en otro estado de cosas. Por ejemplo, se ha accionado por préstamo y por una letra de cambio por ese importe; por compraventa y reconocimiento de deuda; por contrato de alquiler y propiedad; pero el tribunal ha fallado únicamente sobre las pretensiones de préstamo, compraventa o alquiler».

Esto no concuerda con la nueva teoría de ROSENBERG sobre la acumulación de acciones. Si se presenta una misma solicitud basada en varios sucesos, de acuerdo con su opinión actual, solo habría un objeto litigioso. En contraste, el pasaje transcrito se basa en la opinión de que en tal caso habría varias pretensiones. Si el actor ha accionado por un préstamo y por una letra de cambio extendida por el importe del mismo, o por el pago de una suma de dinero basándose en una compraventa y al mismo tiempo en un reconocimiento de deuda fundado; en dicha compraventa, o por entrega de una misma cosa, para lo cual se basa en un arrendamiento y simultáneamente en su derecho de propiedad, el objeto litigioso será uno solo en todos estos casos. Ahora, si el tribunal ha resuelto solamente sobre uno de los estados de cosas expuestos para fundar la pretensión procesal, sin considerar el otro, ha resuelto no obstante sobre la pretensión procesal. El actor no puede apoyar una acción nueva en el estado de cosas no considerado, pues se le opondría la cosa juzgada.

Si el tribunal ha dejado de considerar uno de los estados de cosas expuestos, la resolución será tan incorrecta como en el caso en que no enfocó el

---

30 Cfr. STEIN-JONAS-SCHÖNKE, 17ª edición, nota IX al § 322; NIKISCH, *Zivilprozessrecht,* 2ª edición, § 106 I 3, *Streitgegenstand,* págs. 140 y sigtes.;. SCHÖNKE, *Zivilprozessrecht,* 7ª edición, § 73 III y IV i; GRASSHOFF, «ZZP» 60, 149.

31 *Tratado,* § 88 II 3 c. Este pasaje ya no figura, en la 6ª edición.

estado de cosas desde determinados criterios jurídicos o lo juzgó en forma errada o incompleta, en el aspecto de hecho.

En tal sentido, existen reparos contra la teoría de ROSENBERG sobre el alcance objetivo de la cosa juzgada[32].

Distinto es el caso si la nueva demanda se apoya en un estado de cosas no expuesto todavía en el primer proceso. Entonces el actor deberá poder promover una nueva demanda fundada en el nuevo estado de cosas, porque el tribunal no se habría hallado en condiciones de resolver sobre éste. «En esa medida» (cfr. § 322 de la ZPO) no se ha resuelto de hecho sobre la pretensión procesal. No se trata aquí de una resolución errada o incompleta, como en el caso en que el tribunal omitió erradamente considerar uno de los estados de cosas[33].

También ROSENBERG es de opinión que la cosa juzgada no se opone a una acción fundada en un estado de cosas no expuesto al tribunal. Dice así[34]:

> «Por eso, la cosa juzgada no se opone a una acción nueva cuando en ella se presenta una nueva solicitud o cuando se la basa en otro estado de cosas, si se necesita indicar un estado de cosas para fundamentarla»[35].

En lo que respecta a las acciones que no requieren ese fundamento, se ha pensado evidentemente solo en las acciones de declaración de un derecho o de una relación jurídica.

Fundamentalmente, para el alcance objetivo de la cosa juzgada de acciones de prestación [condena] y de constitución rige, según ROSENBERG, lo siguiente:

La resolución recae sobre la pretensión procesal, no sobre el derecho material ni sobre la pretensión jurídico-material. Una acción nueva no puede fundarse en un criterio jurídico no tenido en cuenta, pero derivado del estado de cosas ya expuesto, por el tribunal. En cambio, el actor puede promover una acción encaminada a obtener la misma condena, si está fundada en otro estado de cosas que no se había hecho valer en el primer proceso o que, aunque expuesto al tribunal en aquella ocasión, no se había tenido en cuenta.

Para las acciones de declaración de un derecho o de una relación jurídica rige en cambio una regla peculiar.

> «En consecuencia, rechazar la acción de declaración positiva y hacer lugar a la negativa significa que la propiedad negada no existe en

---

32 Ver *infra*, pág. 204.

33 Respecto de estos problemas, que se vinculan sustancialmente con la interpretación del concepto de «resolución», cfr. *infra*, pág. 215.

34 *Tratado*, § 150 I 2 a. El pasaje citado ha sido modificado en la edición 6ª.

35 A diferencia de esto, ciertas exposiciones de ROSENBERG sobre el efecto de preclusión (ver *infra*, págs. 55-57) podrían dar pábulo a la opinión de que estados de cosas nuevos, ya existentes en la época de la última vista oral sobre los hechos en el primer proceso, no podrían ser excluidos por la cosa juzgada, pero sí por la preclusión.

absoluto, y no que solamente no existe en razón de la causa de adquisición indicada en el primer caso por el actor y en el segundo por el demandado y que podría hacérsela valer de nuevo alegando otra causa de adquisición»[36].

Tratándose de esas acciones, una nueva demanda de esa índole, con la misma solicitud, no puede apoyarse, por lo tanto, en un suceso ya existente en la época de la última vista oral sobre los hechos del primer proceso. Es indiferente si en ese primer proceso ese nuevo suceso fue expuesto o no al tribunal. En ambos casos, la cosa juzgada se opone a una acción fundada en un estado de cosas de esa índole.

Distinto es el caso, desde luego, si una acción con la misma solicitud es fundada en un suceso acontecido solo después de esa vista. En tal caso, la cosa juzgada no impide que se promueva otra acción, porque la exclusión de una nueva alegación solo puede referirse a hechos ya existentes al tiempo de la vista.

La cuestión de si una nueva acción de declaración puede fundarse en un suceso existente ya en ese momento, pero no expuesto al tribunal, será estudiada detenidamente en la segunda parte de este libro.

Finalmente, tiene un régimen especial el alcance objetivo de la cosa juzgada en las acciones de divorcio y de anulación de matrimonio.

Siguiendo a BÖTTICHER[37], ROSENBERG es también de opinión de que, en esas acciones, el objeto litigioso sería la petición de divorcio o de anulación[38]. Partiendo de esa concepción básica, ve en la exclusión de las causales de divorcio y de anulación en las respectivas acciones resueltas con fuerza de cosa juzgada, un auténtico efecto de cosa juzgada, que tiene sin embargo una excepción en el § 616 de la ZPO, si las causales no eran conocidas a las partes o no podían probarse. Pero si la acción fue únicamente de divorcio, la exclusión de las causales de anulación fundada en el § 616 no será un efecto de cosa juzgada, como tampoco lo será la exclusión de causales de divorcio habiéndose accionado solamente por anulación del matrimonio. En ambos casos, opina ROSENBERG, se trata más bien de una *preclusión* de causales no alegadas. La preclusión es para él un efecto excluyente ajeno a la cosa juzgada[39].

Mientras que en las acciones de constitución, según nuestro autor, la cosa juzgada fundamentalmente no causa la exclusión de sucesos no expuestos o no considerados por el tribunal, en las acciones de divorcio y de anulación de matrimonio alcanzaría también a los estados de cosas no expuestos, salvo que estuvieren dadas las causas de excepción del § 616 de la ZPO. Esta

[36] *Tratado,* § 88 II 1 c. Este pasaje ya no figura en la 6ª edición.

[37] *Zur Lehre vom Streitgegenstand im Eheprozess,* «Festgabe für Leo Rosenberg», págs. 90 y sigtes.

[38] *Tiratado,* § 88 II 1 c y § 161 III 4. Así también la 6ª edición.

[39] Cfr. *Tratado,* § 161 III 4 y *Die Präklusionswirkung von Urtellen,* «SJZ» 1950. 313, especialmente columna 318.

teoría se aparta pues de su concepción básica sobre el alcance objetivo de la cosa juzgada en las acciones de constitución.

La resolución recae, como vimos, según la teoría de ROSENBERG, sobre la pretensión procesal y no sobre el derecho material o la pretensión jurídico-material. Nuestro autor opina, sin embargo, que la resolución pone fin a la incertidumbre que existió hasta ese momento sobre la pretensión en cuanto a su clasificación jurídica. «Está establecido ahora que el derecho (relación jurídica) que se hizo valer como existente o inexistente, existe o no existe como originado por contrato o (y) responsabilidad o (y) delito, por préstamo o sociedad, por posesión o (y) propiedad»[40].

De este pasaje podría inferirse que ROSENBERG contradice en este punto su propia teoría, por cuanto la resolución recaería sobre el derecho material. Mas no ha de ser así como debe interpretarse este texto. Sin duda, la resolución pone fin a la incertidumbre hasta entonces existente sobre la situación jurídica. Tampoco puede discutirse ahora, pasada la resolución en autoridad de cosa juzgada, cuál es el criterio jurídico material en el cual el tribunal basó esa resolución, Pero el derecho material no es objeto de la resolución. Sin embargo, éste es el único factor para determinar el alcance objetivo de la cosa juzgada.

No hay pues contradicción entre el texto citado y la teoría que ve el objeto de la resolución en la pretensión procesal, aun cuando dicho texto pudiera dar lugar a malentendidos[41].

Estas tesis de ROSENBERG habían sido anteriormente combatidas también por NIKISCH[42]. En aquel entonces, NIKISCH estaba en lo cierto, porque todavía en la 3ª edición de su *Tratado* ROSENBERG había sostenido que la cosa juzgada no impediría al actor promover una nueva acción cuando de un mismo estado de cosas se originaran civilmente varias pretensiones, pero el tribunal resolviera solamente sobre una pretensión de derecho material[43]. Esta posición fue, sin embargo, abandonada por el autor a partir de la edición cuarta. La crítica carece hoy de fundamento.

Tampoco puede ponerse en tela de juicio la tesis de ROSENBERG de que en muchos aspectos reviste importancia conocer el criterio material que fundó la resolución. Cita el caso de la compensación (BGB, §§ 393 y 394), de la embargabilidad según los §§ 850y sigtes. de la ZPO, del orden de prelación establecido por la Ley de Quiebras (KO) y por la Ley de Subasta Pública y Administración Judicial (ZVG), etc. En todos ellos resulta decisiva la clasificación jurídica de la pretensión actora.

La teoría de ROSENBERG sobre el alcance objetivo de la cosa juzgada está complementada de cierto modo por su teoría sobre el efecto de preclusión de

40 *Tratado,* § 88 II 3 c. Igual en la 6ª edición.
41 Cfr. LENT, «ZZP» 65, 342/343.
42 *Streitgegenstand,* págs. 149 y sigtes.
43 *Lehrbuch (Tratado),* 3ª edición, § 88 II 3 c y § 156 I 3 b; además «ZZP» 57, 85.

las sentencias[44]. ROSENBERG ve su fundamento en el § 767, H de la ZPO. Considera esta disposición como una *lex fugitiva,* cuyo verdadero lugar estaría en el § 322 de la misma ordenanza. El efecto de preclusión del § 767, II de la ZPO para la contrademanda ejecutiva solo está establecido, por cierto, con respecto a las objeciones contra la pretensión declarada con autoridad de cosa juzgada, pero rige, según ROSENBERG, tanto para el actor como para el demandado[45]. Así como están precluidas las objeciones de este último que ya habían nacido en la época de la última vista oral sobre los hechos, así también está impedido el actor de alegar en un nuevo proceso afirmaciones que habrían podido exponerse en el primero.

Mas aquí se nos presentan sensibles dificultades. ROSENBERG trata el efecto de preclusión en distintos pasajes[46] como un efecto excluyente autónomo, independiente de la cosa juzgada material. Por el otro lado, sin embargo, no deja de reconocer que la cosa juzgada material lleva ínsito un efecto excluyente[47]. El deslinde entre ese efecto excluyente de la cosa juzgada y el efecto de preclusión, que es ajeno a la cosa juzgada, deja abierta una serie de dudas.

Es indiscutible que la exclusión de las causales de anulación de matrimonio, una vez resuelta con autoridad de cosa juzgada una acción de divorcio, constituye un efecto de preclusión, porque no se ha resuelto sobre una acción de anulación[48]. El objeto litigioso era la petición de divorcio. Otro tanto cabe decir de la exclusión de causales de divorcio tras haberse resuelto con autoridad de cosa juzgada sobre la acción de anulación. En ambos casos se trata de una exclusión de hechos que no habrían podido servir como fundamento del objeto litigioso a resolverse. Pero desde el punto de vista material solo pasa en autoridad de cosa juzgada la resolución sobre la pretensión procesal que fue objeto del litigio.

Es dudoso, en cambio, si en las acciones de declaración, positivas y también negativas, la exclusión de estados de cosas nuevos, pero ya existentes en la época de la última vista oral del primer proceso, es un efecto de la cosa juzgada material o una preclusión ajena a la cosa juzgada.

Las precitadas afirmaciones de ROSENBEBG[49] permiten concluir que esa exclusión se produce en virtud de la cosa juzgada material. En otro pasaje, sin embargo, llama preclusión a la exclusión de estados de cosas no expuestos en acciones de declaración de un derecho o de una relación jurídica[50].

Es asimismo dudoso si también en las acciones de prestación [condena] y de constitución han de quedar excluidos estados de cosas existentes ya en la

44 Ver sobre todo el *Tratado,* § 150 III 2; además «SJZ» 1950, 313. En la 6ª edición se modificó lo dicho sobre la preclusión.
45 *Tratado,* § 150 III 2.
46 *Tratado,* § 150 II 2; «SJZ» 1950, 314 III, 316 IV.
47 *Tratado,* § 150 III 2.
48 Ver *supra,* pág. 53.
49 Ver *supra,* pág. 51.
50 *Tratado,* § 150 *III* 2; «SJZ» 1950, 315 (ejemplos).

época de la última vista oral sobre los hechos del primer proceso. El ejemplo citado en la «SJZ» 1950, 316, podría dar pábulo a esta opinión. En él, el demandado del primer proceso había fundado, según piensa ROSENBEBG, SU acción en el segundo proceso en un estado de cosas nuevo. Por tal razón, la cosa juzgada no se opondría a esa acción, pero la nueva alegación del actor estaría precluida, puesto que podría haberla expuesto en el primer proceso.

Este ejemplo no deberá llevar a pensar, sin embargo, que ROSENBERG sostenga que también sean excluidos por el efecto de preclusión, ajeno a la cosa juzgada, estados de cosas que la cosa, juzgada material no excluye. Por regla general, el estado de cosas sigue siendo para ROSENBERG un elemento del objeto litigioso, equivalente a la solicitud. En contradicción con su propia teoría, ROSENBERG admite en la acumulación de acciones una acción apoyada en un nuevo estado de cosas, que tenga por objeto la misma condena que la acción ya resuelta con autoridad de cosa juzgada, porque ve que en ella se hace valer una nueva pretensión. Ya señalamos que esta concepción no condice con su nueva teoría sobre la unidad y pluralidad de pretensiones procesales fundándose una misma solicitud en varios sucesos[51]. Esa teoría autoriza a deducir, empero, que en las acciones de prestación [condena] y constitución, los estados de cosas ya existentes en la época de la última vista oral sobre los hechos del primer proceso, no son excluidos tampoco por el efecto de preclusión.

Finalmente, no está totalmente exento de dudas si la exclusión de objeciones que el demandado podría haber expuesto en el primer proceso, es efectivamente un efecto de la preclusión, independiente de la cosa juzgada, o si esa exclusión es consecuencia del efecto de exclusión ínsito en la cosa juzgada.

La relación entre cosa juzgada material y preclusión requiere-ser precisada, lo que haremos detalladamente en la segunda parte de este libro[52].

---

51 Ver *supra*, pág. 50.

52 Ver *infra*, págs. 211 y sigtes.

§ 4. LA TEORÍA DE NIKISCH

I. NIKISGH sentó el fundamento de su teoría sobre el objeto litigioso en el proceso civil en su ya a menudo citada disertación: *Der Streitgegenstand im Zivilprozess* (El objeto litigioso en el proceso civil) y últimamente también en su Tratado[1].

El objeto litigioso es, según su teoría, la afirmación de un derecho planteada por el actor, sobre la cual peticiona una resolución susceptible de autoridad de cosa juzgada[2], pero no, como sostiene ROSENBERG, la petición misma. La disputa, de íntima importancia práctica, acerca de si el objeto litigioso ha de definirse como afirmación de un derecho o como petición, ha ganado cierta significación teórica a raíz de lo expuesto por NIKISGH en su mencionado ensayo[3]. Sus argumentos más esenciales contra la designación del objeto litigioso como petición, a los que más adelante habremos de referirnos en detalle, son los siguientes:

El objeto litigioso no podría ser una petición, ya por el solo hecho de que entonces sería idéntico a la acción como acto. Esa identidad no respondería a la terminología de la ZPO, pues un giro que se encuentra en muchas disposiciones dice que una pretensión es planteada o hecha valer mediante una acción, lo que demuestra que acción y pretensión no podrían ser conceptos sinónimos. Igualmente en otros aspectos la terminología legal habitual empleada en conexión con el término pretensión no concordaría con la definición del objeto litigioso como petición. La ley habla de que una pretensión es «estimada» «desestimada» o «declarada», conceptos que serían ininteligibles si se definiera la pretensión como petición.

Tampoco se referiría a la petición el allanamiento del demandado, ya que éste no podría negar que el actor plantea esa petición. Lo mismo valdría para el desistimiento.

Finalmente, según la ZPO, la pretensión se haría valer contra la parte, en tanto que la petición estaría dirigida al tribunal[4]. El objeto litigioso no podría ser pues otra cosa que la afirmación que el actor hace de un derecho.

---

1 *Zivilprozessrecht*, 2ª edición 1952 (llamado en adelante *Lehrbuch [Tratado]*).

2 *Lehrbuch*, § 42 I 4; *Streitgegenstand*, pág. 2 y en muchos otros pasajes.

3 Cfr. por ej. BÖTTIGHER, *ZUR Lehre vom Streitgegenstand im Eheprozess*, «Festgabe für Leo Rosenberg», pág. 86; BLOMEYER, «ZZP» 65, 57.

4 Cfr. *Streitgegenstand*, págs. 49 y sigtes.

Esta concepción, combatida últimamente por BOTTICHER[5], había sido seguida por ROSENBERG en la 4ª edición de su Tratado. En el ínterin ha vuelto, sin embargo, en la edición 5ª, a su definición anterior[6].

Mayor importancia tiene para el contenido y alcance del objeto litigioso la tesis de NIKISCH sobre su individualización.

Sostiene nuestro autor que la afirmación de un derecho es determinada ante todo por la solicitud[7]. En la solicitud, el actor dice sobre qué ha de resolverse. Al peticionar una sentencia de determinado contenido, plantea una correspondiente afirmación de un derecho. Esa afirmación debe señalarla en la demanda con tanta precisión que pueda distinguírsela con certeza de todas las otras pretensiones. A tal fin se requiere, aparte de la solicitud, no en todos, pero sí en muchos de los casos, la individualización de la afirmación del derecho[8]. Eso no quiere decir que el actor esté obligado a afirmar un determinado derecho individualizado o un derecho de determinada calificación jurídica. El planteamiento de la afirmación individualizada no es lo mismo, según NIKISCH, que el planteamiento de un derecho individualizado[9]. Antes bien, corresponde distinguir:

Si el actor afirma un derecho o una relación jurídica ya individualizada, estará también individualizada su afirmación. Por eso, en las acciones de declaración de un derecho o de una relación jurídica (con excepción del derecho prendario) la afirmación del derecho es determinada únicamente por la solicitud. La fundamentación no tiene influencia sobre la delimitación del objeto litigioso y la determinación de su contenido. Únicamente en los derechos de prenda, incluidos los de prenda inmobiliaria, NIKISCH quiere que se añada la categoría o el crédito a garantizarse, porque la misma cosa podría estar gravada con varios derechos de esa índole[10].

Por el resultado a que llega esta tesis de NIKISCH: relativa a las acciones de declaración de un derecho o de una relación jurídica concuerda con las teorías de ROSENBERG y de LENT. En cuanto a la fundamentación, sin embargo, existe, al menos en lo que se refiere a la doctrina de LENT, una sutil diferencia. La concepción que tiene NIKISCH del objeto litigioso en las acciones de declaración de un derecho o de una relación jurídica es de naturaleza puramente procesal; el objeto litigioso es determinado en ellas únicamente por la solicitud. La concepción de LENT, en cambio, se apoya, en lo que al contenido se refiere, en el derecho material. El objeto litigioso es para él el derecho o la relación jurídica cuya declaración se peticiona. La solicitud misma no es parte del objeto litigioso.

---

5 BÖTTICHER, *Zur Lehre vom Streitgegenstand im Eheprozess*, «Festgabe für Leo Rosenberg» pág. 86.
6 Cfr. *supra*, pág. 39.
7 *Streitgegenstand*, pág. 9 y en muchos otros pasajes.
8 *Streitgegenstand*, pág. 29; *Lehrbuch*, § 42 III.
9 *Streitgegenstand*, pág. 31.
10 *Lehrbuch*, § 42 III 2.

Para NIKISCH, en cambio, la causa originaria de la pretensión forma parte, en la mayoría de los casos, de sus características de individualización. Esto vale ante todo para las acciones de prestación [condena] y «en cierta medida», como dice nuestro autor últimamente[11], para las de constitución. De su Tratado no puede inferirse en cuáles casos no es necesaria en las acciones de constitución la individualización por medio del estado de cosas. En las acciones de prestación [condena] y fundamentalmente también en las de constitución, el actor afirma en su solicitud únicamente una consecuencia jurídica, sin que se desprenda de la mera solicitud de qué consecuencia jurídica se trata. «En casos de esa índole, la fundamentación que el actor da a su afirmación tiene pues una doble función: no solo ha de justificar la afirmación del derecho, sino que al mismo tiempo debe individualizarla, es decir, hacerla diferenciable de otras afirmaciones de igual contenido»[12].

Conforme a esto, el objeto litigioso es determinado en estos casos por el estado de cosas y la solicitud, pero en las acciones de declaración de un derecho o de una relación jurídica por la solicitud únicamente.

II. La tesis de NIKISCH sobre la *unidad o pluralidad de pretensiones* procesales, tal como figura en su Tratado, acusa una modificación sumamente importante con respecto a la expuesta en el *Streitgegenstand.*

1. Según su teoría anterior, sostenida en el *Streitgegenstand,* el *pedido de tutela jurídica* tenía importancia decisiva para determinar la unidad o pluralidad de esas pretensiones.

El pedido de tutela jurídica, igual que la afirmación del derecho, debía inferirse de la solicitud. «En la solicitud, el pedido de tutela jurídica y la afirmación del derecho se combinan para formar una unidad...»[13].

El número de pedidos de tutela jurídica contenidos en una demanda según la antigua teoría de NIKISCH, determinaba el número dé pretensiones procesales. Había unidad de pretensión cuando el actor presentaba un solo pedido de tutela jurídica; pluralidad de pretensiones cuando presentaba varios[14].

Si había uno o más pedidos de tutela jurídica se infería, según NIKISCH, de la solicitud. Lo que interesaba era si el actor peticionaba una o más resoluciones[15]. En su opinión, el segundo caso se daba también cuando se peticionaba solo *aparentemente* una sola resolución. Así por ejemplo, si el actor accionaba por el pago de 1000 marcos, de los cuales el demandado le adeudaría 500 a causa de una compraventa y los otros 500 a causa de un préstamo, lo que en realidad peticionaba era dos resoluciones independientes entre sí. En ese caso habríamos estado en presencia, también según la opinión actual de NIKISCH y posiblemente la más generalizada, de dos pedidos de tutela y de dos pretensiones procesales.

---

11 *Lehrbuch,* § 42 III 2.
12 *Streitgegenstand,* pág. 33.
13 *Streitgegenstand,* pág. 83.
14 *Streitgegenstand,* pág. 83.
15 *Streitgegenstand,* pág. 90.

Pero si el actor accionaba por el pago de 1000 marcos, fundando su demanda en la entrega de un préstamo al demandado y al mismo tiempo en el libramiento, por parte de éste, de una letra por el importe de dicho préstamo, la opinión anterior de NIKISCH era que en tal caso había un solo objeto litigioso, por haber presentado el actor un solo pedido de tutela jurídica. Lo que quería era que el demandado le diera una sola vez la suma reclamada, bien que en virtud de distintos estados de cosas. Pese a estar-fundada la demanda tanto en el préstamo como en la letra, los mil marcos que el demandado adeudaba al actor eran los mismos.

También en los casos en que una acción de pago se fundaba-en una compraventa y en un reconocimiento; o una acción de entrega se fundaba en la posesión y en el derecho de propiedad; o una acción de divorcio en el adulterio y en el abandono malicioso, NIKISCH sostenía anteriormente que había una sola pretensión procesal, un solo objeto litigioso, porque el actor peticionaba una sola resolución[16].

Creía ver confirmada esa concepción en las siguientes consideraciones[17]:

> «Si el actor ha expuesto con fines de fundamentación varios estados de cosas, que resultan ser todos atinados y concluyentes, o si de una alegación unitaria pueden derivarse varias pretensiones de prestación o derechos de acción de constitución que apuntan a un mismo objetivo, y en consecuencia se quisiera sostener que hay una pluralidad de pretensiones; procesales, el tribunal debería resolver sobre cada una de ellas. Y, sin embargo, no podría dictar más que una vez la condena o modificación jurídica, por no haberse peticionado más. En cambio, si resultara que uno de los hechos que sirven de fundamento ha caducado, debería desestimar esa «pretensión», aun cuando deba dar lugar al pedido de tutela jurídica por ser justificada la otra pretensión. Este dilema no tiene salida».

En sus consecuencias, esta antigua opinión de NIKISCH coincide con la nueva teoría de ROSENBERG y también con la nueva teoría de LENTT, ya que estos dos autores admiten hoy que si se ha presentado una sola solicitud y peticionado una sola resolución, la pretensión procesal será una sola, aunque haya pluralidad de estados de cosas, respectivamente de derechos materiales.

Contemplada desde la base de su propia teoría del objeto litigioso, la antigua concepción de NIKISCH sobre la unidad y pluralidad de pretensiones procesales es tan inconsistente como lo es la nueva teoría de LENT con respecto a su concepción fundamental del objeto litigioso.

En las acciones de prestación [condena] y de constitución, NIKISCH había exigido ya anteriormente que se alegara un estado de cosas para individualizar el objeto litigioso. Esto quería decir que la solicitud no era en estos casos el

---

16 Cfr. *Streitgegenstand,* págs. 91, 92, 98, 108 y otros pasajes.

17 *Streitgegenstand,* pág. 92.

único factor decisivo para determinarlo. Y también según la concepción actual de nuestro autor, el objeto litigioso es caracterizado en estas acciones por ambos elementos, la solicitud y el estado de cosas, siendo éste equivalente a aquélla.

Partiendo de esta concepción, NIKISCH debería haber sostenido ya anteriormente que si el actor fundaba una solicitud en varios .estados de cosas, habría habido una acumulación de acciones, porgue consistiendo el objeto litigioso en el estado de cosas y la solicitud, la acumulación de estados de cosas, al igual que la de solicitudes, debería tener por efecto una acumulación de acciones. Como vemos, su teoría no era consecuente. Dentro de ella, la tesis de la influencia de los pedidos de tutela jurídica sobre la unidad o pluralidad de pretensiones procesales era un factor inconsistente.

2. En el ínterin, nuestro autor mismo parece haber tomado conciencia de ello. En su *Tratado,* al menos, no hay asidero para suponer que haya mantenido esa tesis.

Al enumerar los casos de pluralidad de pretensiones pone en relieve, por cierto, que no habría acumulación de acciones cuando el actor apoyara su afirmación en varios estados de cosas que no ayudan a individualizar la pretensión, y cita como ejemplo la acción de declaración de propiedad[18]. Pero no sostiene ya que no hay acumulación de acciones, tratándose de acciones de prestación [condena] y de constitución, cuando pese a la pluralidad de estados de cosas se presenta una sola solicitud y se peticiona una sola resolución.

En lo que respecta a las acciones de prestación y de constitución, sostiene actualmente que hay una acumulación alternativa de acciones cuando se exponen varios estados de cosas para fundar una misma petición. Esto se desprende claramente de los ejemplos que enumera al tratar dicha acumulación[19].

Así por ejemplo, sostiene que hay acumulación alternativa en un caso en que el actor acciona contra el demandado por el pago de 850 marcos, fundando su demanda tanto en una compraventa como en el libramiento de una letra por el crédito emergente de esa operación. Para un caso semejante habría sostenido anteriormente la existencia de un solo objeto litigioso.

Según su nueva teoría, habrá también acumulación alternativa de acciones cuando el actor emplaza al demandado por una constitución de fianza del año 1943 y otra del año 1944, ambas por la misma deuda.

Finalmente, considera que hay acumulación alternativa de acciones cuando una acción de divorcio es fundada en un adulterio y además en una enfermedad contagiosa. Para un caso de esa índole habría admitido anteriormente una sola pretensión procesal.

---

18 *Lebrhuch,* § 45 II 2.
19 *Lebrhuch,* § 45 IV.

Con esta nueva teoría que, dicho sea de paso, fue sostenida todavía por ROSENBERG en la 3ª edición de su *Tratado*[20], NIKISCH entra en pugna con la probablemente unánime opinión que admite la acumulación alternativa de acciones solamente en las obligaciones alternativas y en la llamada facultad de sustitución[21]. Pero también se contradice a sí mismo al sostener fundamentalmente[22]:

«Solo habrá pluralidad de pretensiones procesales si el actor plantea diversas afirmaciones de derechos y *peticiona una resolución susceptible de autoridad de cosa juzgada sobre cada una de ellas*».

Todos estos ejemplos recién citados tienen sin embargo la peculiaridad de que el actor no peticiona varias resoluciones, sino una sola. Solo quiere un divorcio y solo peticiona una suma de dinero, no obstante haber fundado la demanda en la compraventa y en la letra o en la fianza de 1943 y la de 1944.

Más adelante mostraremos detenidamente que la construcción de la acumulación alternativa de acciones no resulta adecuada para casos en que una solicitud es fundada en varios estados de cosas[23].

III. Mientras que su teoría sobre la acumulación de acciones ha sufrido una considerable transformación, la tesis de NIKISCH sobre la *modificación de la demanda* concuerda aún con la sostenida en el *Streitgegenstand*[24].

Por regla general, habrá modificación de la demanda, según nuestro autor, cuando se modifica la solicitud o el estado de cosas. Pero por cierto que no toda modificación de la solicitud, ni menos aún toda modificación del estado de cosas, da lugar a una modificación de la demanda.

Abstracción hecha de los casos regulados por el § 268, 2 de la ZPO, NIKISCH niega que haya modificación de la demanda, no obstante haberse modificado la solicitud, en la transición de una acción de declaración a una acción de prestación [condena], porque en ese caso permanecería inalterada la pretensión, o sea la afirmación del derecho.

La modificación del estado de cosas daría lugar a una modificación de la demanda en todos los casos en los cuales el estado de cosas individualiza la pretensión procesal. Tal ocurre en las acciones de prestación [condena] y por principio también en las de constitución.

Así, NIKISCH sostiene que hay modificación de la demanda cuando el actor apoya su pretensión, primero en una letra y luego en un préstamo, o cuando funda su demanda de pago, primero en una fianza constituida en 1943 y luego en otra, constituida en 1944 por la misma deuda.

---

20 Ver *supra*, pág. 44, nota 15.

21 ROSENBERG, *Tratado*, § 93 III 2 a, b; SCHÖNKE, *Zivilprozessrecht*, 7ª edición, § 50 2 a; STEIN-JONAS-SCHÖNKE, 17ª edición, nota II B 1 al § 289.

22 *Lehrbuch*, § 45 II.

23 Ver *infra*, págs. 118 y sigtes.

24 Cfr. *Lehrbuch*, § 48 I.

En cambio, la modificación del estado de cosas no provoca la modificación de la demanda, si el estado de cosas no contribuye en nada a individualizar el objeto litigioso. Tal es el caso de las acciones de declaración de un derecho o de una relación jurídica.

NIKISCH: niega por consiguiente que haya modificación de la demanda si el actor apoya una acción dirigida a obtener la declaración de su propiedad sobre una cosa determinada, primero en la traducción de la misma y luego alega usucapión. «Su pretensión, o sea la afirmación de que él es el propietario de la cosa litigiosa, permanece inalterada»[25].

Esta tesis sobre la modificación de la demanda, si bien armoniza con la actual teoría de NIKISCH sobre la unidad y pluralidad de pretensiones procesales, resultaba en cambio incompatible con la concepción de acumulación de acciones sostenida en el *Streitgegenstand.* La modificación de la acción consistía y también consiste, según la tesis de NIKISCH, en el planteamiento de una nueva pretensión procesal en lugar de la antigua o junto a ésta. Si el actor añadía un estado de cosas al único que hasta entonces había alegado, se habría planteado y se plantearía, por consiguiente, en las acciones de prestación [condena] y de constitución, una pretensión procesal nueva. Pero si esos dos estados de cosas alegados al efecto de fundar la demanda se hubieran expuesto, no el uno después del otro, sino conjuntamente, habría habido, conforme a la tesis primitiva, un solo objeto litigioso.

Para esa teoría, la unidad o pluralidad de objetos litigiosos habría dependido de si los varios estados de cosas se hubieran introducido en el proceso uno después del otro o conjuntamente[26]. Parece, sin embargo, irrebatible que esa circunstancia no puede tener significación para determinar la unidad o pluralidad de pretensiones procesales. Cuando varios estados de cosas expuestos conjuntamente para fundamentar una misma solicitud no producen acumulación de acciones, tampoco podrán hacerlo estados de cosas que se exponen uno después del otro con el mismo objetivo[27].

IV. Al igual que su teoría sobre la modificación de la demanda, también responde a la concepción sostenida en el *Streitgegenstmd* la actual teoría de NIKISCH sobre la *excepción de litispendencia* [28].

La excepción de litispendencia estará fundada si en una acción nueva se plantea el mismo objeto litigioso. Como éste, según la teoría de NIKISCH, es determinado por la solicitud y además, en las acciones de prestación y por principio también en las de constitución, por el estado de cosas, se tendrá el mismo objeto litigioso cuando se presenta una misma solicitud y, en las acciones mencionadas, cuando se exponga además un mismo estado de cosas.

[25] *Lehrbuch,* § 48 I 4 c.
[26] *Streitgegenstand,* pág. 125.
[27] Los mismos reparos ya fueron examinados al exponer las teorías de LENT y de ROSENBERG, ver *supra,* págs. 28 y 45.
[28] *Lehrbuch,* § 47 II.

La excepción no se opondrá pues a una acción de pago apoyada en un reconocimiento, si ya se accionó previamente por la misma suma de dinero a base de un contrato de compraventa.

Habrá en cambio identidad de pretensiones cuando en una acción de declaración de propiedad se haga valer en el segundo proceso una causa dé adquisición distinta que en el primero. Por lo tanto, estando pendiente el primer proceso, la litispendencia se opondrá a una acción nueva.

Lo que vale para las acciones de declaración de propiedad vale también, por supuesto, para todas las acciones de declaración de un derecho o de una relación jurídica.

Por el resultado a que llega, la teoría de NIKISCH concuerda con la de ROSENBEBG[29]. Por esa razón, se le oponen también las mismas objeciones. Ella posibilita que en las acciones de prestación [condena] y de constitución se desenvuelvan paralelamente varios procesos sobre una misma petición, encerrando así el peligro de resoluciones dobles, que podrían ser inejecutables o incluso contradictorias.

V. En lo que respecta al alcance objetivo de la *cosa juzgada,* el concepto de pretensión procesal que sirvió de base a lo antedicho nos permite el siguiente desarrollo:

Si la afirmación de un derecho planteada por el actor está individualizada ya por su contenido, la sentencia declarará la existencia o inexistencia del afirmado derecho o de la afirmada relación jurídica, sin que esta declaración se limite a un estado de cosas determinado. «Así ocurre sobre todo con los derechos reales y las relaciones jurídicas que están unívocamente determinadas por su objeto y por la persona de sus participantes. La sentencia no dice que el derecho o la relación jurídica se haya originado o no a consecuencia de un determinado suceso, sino que se pronuncia simplemente sobre su existencia o inexistencia»[30].

Distinto es el caso, en cambio, si se resuelve sobre una pretensión que para su individualización requiere un estado de cosas, o sea una acción de prestación [condena] o de constitución. «La sentencia declara entonces si el estado de cosas establecido en el proceso ha originado o no una pretensión del contenido descrito en la solicitud[31].

Por eso, la cosa juzgada no se opone en estos casos a una acción nueva, si ésta se halla fundada en un nuevo estado de cosas. Es indiferente, si ese estado de cosas existía ya en la época de la última vista oral sobre los hechos o si se dio después.

En el ya citado caso de una acción de exclusión dirigida contra un socio de una sociedad comercial abierta, los actores no estarán impedidos de plantear una acción nueva, luego de haberse rechazado la primera, y fundarla en

---

29 Cfr. *supra,* pág. 47. Mas esto ya no vale para la concepción que ROSENBERG sostiene en la 6ª edición.

30 *Lehrbuch,* § 106 I 2.

31 *Lehrbuch* § 106 I 3.

el desfalco de fondos sociales cometido por el demandado, aun cuando hayan conocido ese hecho durante la última vista oral del primer proceso, en el que la demanda, por razones de consideración con el demandado, se fundaba únicamente en la enfermedad de éste.

O tomando otro ejemplo: Después de rechazada con autoridad de cosa juzgada una acción apoyada exclusivamente en una compraventa, el actor podrá peticionar nuevamente la misma suma de dinero mediante una acción nueva basada en un reconocimiento del mismo crédito.

Pero si se rechaza con autoridad de cosa juzgada una acción de declaración de propiedad sobre una cosa determinada, el actor no podrá fundar ya su nueva acción en un estado de cosas que ya existía en la época de la íntima vista oral sobre los hechos del primer proceso. Claro está que la cosa juzgada no afecta hechos ocurridos después de ese acto.

La resolución del tribunal recae, según la teoría de NIKISCH, sobre la pretensión procesal y no sobre el derecho material. La cosa juzgada impide por lo tanto que se promueva una nueva acción mediante la cual se derive del mismo estado de cosas la misma pretensión *utilizando otro punto de vista jurídico*[32].

Si el tribunal ha rechazado la demanda en el caso del accidente de tranvía, sin tener en cuenta la responsabilidad fundada en la ley nacional de responsabilidad, le estará vedado al actor interponer una demanda nueva, porque lo resuelto no es la pretensión material, sino la pretensión procesal. Si se ha dejado de considerar algún criterio jurídico, la sentencia será tal vez incorrecta, pudiendo hacerse valer contra ella los correspondientes recursos, pero una vez que haya pasado en autoridad de cosa juzgada el caso estará resuelto definitivamente.

Ante esto tampoco podrá alegarse, como NIKISCH señala atinadamente[33] que la fuerza de la cosa juzgada se extiende solamente *en la medida* (ZPO, § 322) en que se ha resuelto sobre la pretensión. «Porque los criterios jurídicos que entran en cuestión para dictar la resolución —y las pretensiones de derecho material no tienen en estos casos otro significado que el de criterios jurídicos— no forman parte de la pretensión; sobre ellos no se resuelve en ningún caso, sino que sirven solamente como fundamento jurídico de la resolución».

La limitación del alcance de la cosa juzgada al alcance de la resolución sobre la pretensión procesal era una tesis de considerable importancia en la teoría anterior de nuestro autor, suponiendo que el actor fundara su demanda en varios estados de cosas pero el tribunal resolviera solamente sobre uno de ellos. En ese caso no debía estar impedido de apoyar, en una acción posterior, la misma afirmación de un derecho en un suceso distinto, aun cuando ese suceso se hubiese alegado ya en el primer proceso. *En esa medida* el tribunal no había resuelto aún sobre la pretensión[34].

---

[32] *Lehrbuch*, § 106 I 3.
[33] *Streitgegenstand*, pág. 151.
[34] *Streitgegenstand*, pág. 151.

El actor debería tener esa posibilidad no solamente en caso de ser vencido, sino también en caso de triunfar en el primer proceso. Pero en ese último supuesto le faltaría, como lo admite el mismo NIKISCH, la necesidad de tutela jurídica para una nueva acción de prestación [condena] o también de constitución[35].

Hoy NIKISCH sostiene que estando la solicitud fundada en varios estados de cosas hay una acumulación alternativa de acciones. Si el tribunal ha resuelto en un caso de esa índole sobre una de las pretensiones procesales, planteadas alternativamente, el actor no estará impedido, por supuesto, según la nueva teoría, de nuestro autor, para hacer valer nuevamente la pretensión todavía no resuelta. Ese caso se planteará en la práctica solamente si la demanda del actor ha sido rechazada, sin que el tribunal haya resuelto sobre cada una de las pretensiones hechas valer alternativamente.

Así por ejemplo, si se ha rechazado una demanda de pago fundada en una compraventa y en el reconocimiento de deuda por la misma suma de dinero, sin que el tribunal haya considerado el acto de reconocimiento, el actor podrá accionar nuevamente y fundar la demanda en el reconocimiento ya expuesto en el primer proceso.

La cosa juzgada material produce, según la teoría de NIKISCH, la exclusión de todos los hechos que ya estaban dados antes de la última vista sobre los hechos. Una nueva acción no podrá fundarse en esos motivos, aun cuando las partes no los hayan conocido ni tenido obligación de conocerlos. «La revisión del procedimiento solo ayuda aquí en ciertos casos excepcionales (cfr. § 580, N° 7)[36].

No están en cambio excluidos en las acciones de prestación [condena] y de constitución, como se desprende de lo antedicho los estados de cosas nuevos. En esas acciones un estado de cosas nuevo es siempre base de un nuevo objeto litigioso, al que no afecta la cosa juzgada de la primera sentencia.

La exclusión solo se refiere, por lo tanto, a los hechos expuestos por el actor que, sin fundar un nuevo suceso, tienen por fin dar un cuadro distinto del estado de cosas del primer proceso, y a las objeciones del demandado.

En las acciones de declaración de un derecho o de una relación jurídica, en cambio, se excluyen también los estados de cosas, porque en ellas el estado de cosas no es parte del objeto litigioso, y porque la modificación del estado de cosas no altera la identidad de la pretensión procesal si la solicitud sigue siendo la misma.

[35] *Streitgegenstand,* pág. 152.

[36] *Lehrbuch,* § 107 I 2.

§ 5. LA TEORÍA DEL COMENTARIO DE STEIN JONAS - SCHÖNKE

I. En el *Comentario* de STEIN-JONAS-SCHÖNKE el objeto litigioso es definido como «la petición del actor de que se pronuncie mediante sentencia la consecuencia jurídica de un hecho-tipo material»[1].

Por hecho-tipo *(Tatbestand)* material debe entenderse el estado de cosas con el cual el actor funda su demanda. El actor no debe contentarse, por supuesto, con alegar el estado de cosas, sino que debe presentar una solicitud de la cual resulte la consecuencia jurídica peticionada. Ambos, el estado de cosas y la solicitud son necesarios en todo caso para establecer el objeto litigioso.

También en la obra de STEIN-JONAS-SCHÖNKE, igual que en las de ROSENBERG y de NIKISCH, el objeto litigioso es determinado en cuanto a su contenido por criterios puramente procesales. No es posible definirlo, como sucede en la teoría de LENT, en términos del derecho material.

Sin embargo, su diferencia con las teorías de ROSENBERG y de NIKISCH es considerable. Estos autores exigen que la demanda se-fundamente con un estado de cosas solamente en cuanto el objeto litigioso lo requiera al efecto de su individualización. En las acciones de declaración de un derecho o de una relación jurídica el objeto litigioso es determinado, según ambos, únicamente por la solicitud, que es suficiente para individualizarlo. Según STEIN-JONAS-SCHÖNKE, el objeto litigioso consiste, también en este tipo de acciones, sean positivas o negativas, en la solicitud y el estado de cosas[2].

El estado de cosas y la solicitud serían pues siempre elementos del objeto litigioso, iguales en valor e importancia, no admitiéndose excepciones a esta regla.

II. Haciendo aplicación consecuente del arriba señalado concepto de objeto litigioso, STEIN-JONAS-SCHÖNKE suponen que siempre hay acumulación de acciones cuando de «diversos complejos de hecho deriva una misma consecuencia jurídica, o sea, cuando una misma solicitud se apoya en diversos motivos de hecho (por ejemplo la pretensión de entrega fundada en el dominio y en una obligación personal)»[3].

---

[1] 17ª edición, nota III 2 al § 253 (las citas que siguen se refieren: siempre a la edición 17ª incluyendo el suplemento 1-8); además, observación II 5, previa al § 253.

[2] Cfr. sobre todo nota IV 2 a al § 256.

[3] Nota, II A 2 al § 260.

Claro que esa acumulación también existirá cuando de un mismo complejo de hechos deriven diversas consecuencias jurídicas autónomas[4]. Sobre este punto no hay discrepancia entre los autores, pudiendo por lo tanto omitirse su estudio.

La teoría de STEIN-JONAS-SCHÖNKE difiere de todas las otras hasta aquí estudiadas en lo relativo a la cuestión de la unidad y pluralidad de pretensiones procesales. Según ROSENBEBG y LENT, peticionándose una sola condena y presentándose una sola solicitud, el objeto litigioso será uno solo, aunque los estados de cosas fueren varios. Según la nueva teoría de NIKISCH esta regla no es válida para toda clase de acciones, sino únicamente para las de declaración de un derecho o de una relación jurídica. En lo demás, este autor supone que hay una acumulación alternativa de acciones si una misma petición es fundada en varios estados de ¡cosas.

Según la concepción de STEIN-JONAS-SCHÖNKE, en cambio, fundar una demanda en varios estados de cosas, aun siendo una la solicitud, da siempre lugar a una pluralidad de pretensiones procesales, que sin embargo solo podrán estar vinculadas en forma de acumulación cumulativa o eventual de acciones, pero nunca, como sostiene NIKISCH *en forma alternativa.*

Naturalmente no habrá acumulación de acciones si la solicitud es derivada de un mismo hecho-tipo, destacándose varios criterios jurídicos, «puesto que no es tarea de las partes señalar las normas que fundan sus solicitudes... y si lo hacen, es indiferente si señalan una o varias»[5]. Del mismo modo, tampoco habrá acumulación de acciones si una consecuencia jurídica es fundada en un único complejo de hechos, destacándose diversos hechos particulares (por ejemplo, engaño malicioso, cometido mediante diversas declaraciones)[6].

La existencia de una pluralidad de pretensiones procesales en la fundamentación de una solicitud con varios estados de cosas, NO justifica, según STEIN-JONAS-SCHÖKKE, que se dicte una sentencia parcial conforme al § 301 de la ZPO, si solo una de las pretensiones está en situación procesal de ser fallada. Las razones aducidas para fundar esta tesis son difíciles de entender[7]:

> «La circunstancia de que se trate de varias pretensiones en el sentido de petición, no autoriza a concluir que si el litigio se encuentra en estado para ser resuelto con respecto a una de las peticiones, en el sentido de un rechazamiento, pueda dictarse sentencia parcial conforme al § 301; porque la procedencia de una sentencia parcial se determina únicamente por la posibilidad de que el pronunciamiento judicial pedido en la solicitud pueda efectuarse en sentido positivo o negativo, y no habrá lugar para uno en sentido negativo mientras subsista la posibilidad de uno en sentido positivo».

[4] Nota II A 1 al § 260.
[5] Nota II A 2 al § 260.
[6] Nota II A 2 al § 260.
[7] Nota II A 2 al § 260.

Esto quiere decir que no puede resolverse por separado, mediante sentencia parcial, sobre un motivo de demanda, un estado de cosas, porque existe la posibilidad de que otro estado de cosas conduzca a una resolución opuesta. Pero es precisamente en este punto donde se manifiesta la fragilidad de esta teoría, que supone la existencia de una acumulación de acciones en caso de pluralidad de estados de cosas, no obstante ser una la solicitud. De haber una verdadera pluralidad de pretensiones, deberá existir también la posibilidad de dictar una sentencia parcial, si un objeto litigioso está en estado para que sobre él se dicte sentencia definitiva.

Pero si la cuestión de la sentencia parcial origina dificultades, por poder esa sentencia adelantarse eventualmente a la sentencia plena, encerrando así el peligro de resoluciones contradictorias, elfo demuestra claramente que no estamos en presencia de una acumulación de acciones, sino de una acumulación de estados de cosas.

Más adelante habremos de ocuparnos de estas cuestiones con mayor detalle[8].

La alegación de varios estados de cosas, siendo una la solicitud, puede hacerse, según STEIN-JONAS-SCHÖNKE, también en forma de acumulación eventual de acciones[9]. Pero tampoco en este caso deberá procederse a dictar sentencia parcial si se encuentra en estado para ser resuelta la «pretensión» planteada en primer término, porque entonces cabría la posibilidad de que se dicten sobre una misma pretensión una resolución positiva y otra negativa[10].

Queda descartada, en cambio, para estos casos, la forma de la acumulación alternativa de acciones. Prescindiendo de los casos de obligación alternativa y de la llamada facultad de sustitución, ella es improcedente, según nuestros autores, por faltarle a la petición en una acumulación alternativa la necesaria determinación.

III. Una *modificación de la demanda* es causada por la modificación de la solicitud o por la modificación del estado de cosas y, desde luego, también por la modificación de ambos factores[11]. Esta regla, igual que la relativa a la acumulación de acciones, no conoce excepciones.

La modificación del estado de cosas conduciría pues en todo caso a una modificación de la demanda. También se modificaría —a diferencia de lo sostenido por ROSENBERG y NIKISCH— en las acciones de declaración de un derecho o de una relación jurídica, si se modifica el estado de cosas expuesto para su fundamentación o si se le añade uno adicional. Así por ejemplo, habría modificación de la demanda si el actor, tras haber fundamentado su acción de declaración de propiedad en la tradición, agrega un estado de cosas del que deriva la consecuencia jurídica de la usucapión.

---

8 Cfr. *infra,* pág. 106.
9 Nota II B 2 al § 260.
10 Nota II B 2 b al § 260.
11 Nota I al § 268.

Esta teoría responde consecuentemente a la concepción básica -de objeto litigioso sostenida en el Comentario.

No habría un nuevo estado de cosas, si no obstante la nueva alegación siguiera siendo el mismo en cuanto a sus hechos originarios (lugar, tiempo, etc.)[12]. Así, STEIN-JONAS-SCHÖNKE niegan que una acción de alimentos se modifique si se alteran los datos de tiempo y lugar de la cohabitación o la fecha de nacimiento de la criatura, siempre que se mantenga la identidad del estado de cosas, o sea la paternidad de una criatura determinada. Niegan también que haya modificación del estado de cosas cuando un crédito por el precio de una compraventa se funda primero en la habitualidad o justicia de ese precio y luego en un convenio «mientras se mantenga la identidad del negocio de compraventa»[13].

Habrá sin embargo modificación del estado de cosas, y por consiguiente también de la demanda, si en casos de derechos reales, por ejemplo se aduce una nueva causa de adquisición, o si en casos de derechos crediticios se aduce una fuente distintas. En los casos particulares concretos se presentan numerosas dificultades de delimitación, ineludibles para toda teoría que considere el estado de cosas como elemento equivalente del objeto litigioso.

Queda aún por destacar que también en opinión de STEIN-JONAS-SCHÖNKE la transición de un estado de cosas a otro equivale al posterior ejercicio cumulativo o eventual del segundo[14].

IV. La *excepción de litispendencia* estará fundada si el «hecho-tipo sobre el cual ha de recaer sentencia» y la consecuencia jurídica concreta de él derivada son idénticos en los dos procesos[15].

Esta tesis vale igualmente para las acciones de prestación [condena], de declaración y de constitución.

Con las teorías de ROSENBERG y de NIKISCH solamente hay diferencias en lo relativo a las acciones de declaración de un derecho o de una relación jurídica. Mientras que en opinión de dichos autores la excepción de litispendencia estaría fundada si el actor, estando pendiente una acción de declaración de propiedad sobre una cosa determinada, apoya una acción nueva, cuyo objeto es la misma declaración, en un nuevo estado de cosas, en opinión del comentario de STEIN-JONAS-SCHÖNKE el actor no estaría impedido, en ese caso, de promover una acción de esa índole.

En lo que respecta a las acciones de prestación y de constitución, sin embargo, las teorías de ROSENBERG, NIKISCH y STEIN-JONAS-SCHÖNKE son coincidentes.

---

12 Nota III 1 al § 268.

13 Nota III 1 al § 268; a.M. RG 126, 245; cfr. además ROSENBERG, «JW» 1930, 1055 y del mismo autor, *Zur Lehre vom Streitgegenstand,* «Festgabe für Richard Schmidt» (separata).

14 Nota III 2 al final del § 268.

15 Nota III 3 b al § 263.

Los reparos expuestos anteriormente contra la posibilidad de procesos paralelos tendientes a un mismo objetivo, valen pues también para este caso.

V. En lo que respecta al *alcance objetivo de la cosa juzgada,* es de decisiva importancia la cuestión de si la pretensión planteada en la nueva acción es idéntica a la resuelta en el primer proceso.

«Quien suponga que la sentencia resuelve sobre la relación! jurídica deberá fijar límites sustancialmente más amplios para la cosa juzgada que quien vea en el motivo de la demanda los hechos esenciales para la consecuencia jurídica a pronunciarse. Desde ese punto de vista, que se observa aquí y en la práctica... igual que en el caso de la modificación de la demanda... cabe preguntarse si de los mismos hechos se deduce la misma consecuencia jurídica. La cosa juzgada no excluye la alegación de otro hecho-tipo, como tampoco la posibilidad de hacer valer otra consecuencia jurídica»[16].

De ahí se sigue que en todas las clases de acciones la cosa juzgada no se opone a la interposición de una demanda» nueva, si ésta contiene la misma solicitud, pero se apoya en un nuevo estado de cosas. No viene al caso si ese estado de cosas existía ya en la época de la última vista oral sobre los hechos del primer proceso. Es también indiferente si en ese proceso el actor estaba ya en condiciones de valerse de él. Un nuevo estado de cosas funda siempre un nuevo objeto litigioso, una nueva pretensión procesal, no resuelta todavía en el primer proceso.

A diferencia de lo establecido en las teorías de ROSENBERG y de NIKISCH, la cosa juzgada no se opondría pues a una acción nueva dirigida a obtener la declaración de propiedad y fundada en usucapión, tras haberse alegado en el primer proceso solamente la tradición.

En lo referente a las acciones de prestación [condena] y do constitución, las opiniones de ROSENBERG y de NIKISCH coinciden con las de los autores del Comentario. Solo en lo que respecta al efecto del § 616 de la ZPO en las acciones de divorcio y anulación de matrimonio, ROSENBERG sostiene una opinión que discrepa de la de los demás. En contrastó con su tesis[17], tanto NIKISCH como STEIN-JONAS-SCHÖNKE califican el efecto de exclusión del § 616-como *efecto ampliado de la cosa juzgada*[18], lo que resulta comprensible en atención de la concepción básica de estos autores.

De lo dicho anteriormente ya se desprendió que para STEIN-JONAS-SCHÖNKE la pretensión procesal es el objeto de la resolución. La no consideración de determinados criterios de derecho material no justificaría pues que, una vez resuelto el primer proceso con. autoridad de cosa juzgada, se interponga una demanda nueva.

El efecto excluyente de la cosa juzgada material se extendería a todas las objeciones del demandado, como también a todos los hechos que fundan la

[16] Nota IX al § 322.

[17] Ver *supra,* pág. 53.

[18] NIKISCH, *Lehrbuch,* § 139 V; STEIN-JONAS-SCHÖNKE, nota II del § 616.

demanda del actor y que no se hubiesen alegado en el primer proceso, pero no a los estados de cosas, como se desprende de lo antedicho. «No merece atención que en el proceso «anterior el actor haya tenido la posibilidad de modificar la demanda, o la de lograr una acumulación eventual, pues esto solo es obligatorio para el actor en el caso del § 767 y en asuntos matrimoniales, § 616 I; cfr. también el § 54 del PatentG (Ley de Patentes)»[19].

Además, la preclusión no alcanza tampoco a los contraderechos autónomos «que tienen por presupuesto el derecho de la consecuencia jurídica planteada en la demanda» [20]. Éstos quedan inafectados como tales, así como tampoco son confirmados con autoridad de cosa juzgada cuando la demanda se rechaza, ni denegados con fuerza de cosa juzgada cuando, no obstante su ejercicio, se dicta una condena. Se cuenta entre ellos, por ejemplo, la pretensión redhibitoria y la *quanti minoris.* «El comprador condenado a pagar el precio de compraventa podrá hacer valer aún su pretensión redhibitoria o *quanti minoris,* pero solamente con la acción de condena; con la contrademanda de ejecución solo podrá hacerlo estando dados los presupuestos que establece el párrafo 2. Lo mismo rige para la compensación»[21].

Lo que se excluye son pues los hechos que fundan la demanda y que configuran un nuevo estado de cosas, y las objeciones del demandado que no constituyen contraderechos autónomos.

---

19 Nota IX al § 322.
20 Nota VIII 3 al § 322.
21 Nota VIII 3 al § 322.

§ 6. LA TEORÍA DE SCHÖNKE

I. En su *Tratado*[1], SCHÖNKE da una definición distinta de la que figura en el Comentario de STEIN-JONAS, que él aumentara y corrigiera. El objeto litigioso es, según lo expuesto en dicho *Tratado,* la afinación que el actor hace de su derecho, pero no su petición. Apoyándose en NIKISCH, nuestro autor rechaza la definición del objeto litigioso como petición, alegando que el tribunal no podría estimar o desestimar ésta. Ni tampoco podría el adversario reconocerla.

Anteriormente ya dijimos que la discusión referente a la definición del objeto litigioso como petición o como afirmación de un derecho no reviste mayor importancia práctica. Más adelante habremos de ocuparnos todavía detenidamente de este problema[2].

En consonancia con la opinión dominante, SCHÖNKE determina el objeto litigioso según criterios puramente procesales. Los elementos que lo caracterizan son el estado de cosas y la solicitud, determinación que vale para todas las clases de acciones con excepción de las acciones de declaración negativas[3]. Lo que quiere decir —en desacuerdo con ROSENBERG y NIKISCH, pero conforme con STEIN-JONAS- SCHÖNKE — que el estado de cosas y la solicitud determinan el objeto litigioso también en las acciones de declaración de un derecho o de una relación jurídica. SCHÖNKE no se vale de esta tesis, sin embargo, en el caso de la acumulación de acciones.

II. Ello se debe a que conforme a su teoría solamente habrá *acumulación de acciones* si se peticiona un pronunciamiento sobre diversas afirmaciones de derechos (consecuencias jurídicas). No la habría, por el contrario, si se derivara la misma consecuencia jurídica, o sea la misma solicitud, de diversos estados de cosas. Dice así[4]:

---

[1] *Zivilprozessrecht,* 7ª edición, § 47 I. y I 3 (llamado en adelante *Lehrbuch [Tratado]).* Poco antes de su muerte, SCHÖNKE abandonó esta definición, según se desprende de la nota II 5 previa al § 253, especialmente nota 56ª, del Comentario de STEIN-JONAS- SCHÖNKE, 17ª edición, 5° suplemento (marzo de 1958).

[2] Ver *infra,* págs. 241 y sigtes.

[3] Cfr. *Lehrbuch,* § 47 III 4ª; SCHÖNKE sigue allí la teoría de la individualización, apoyándose en RG 72, 145, considerando suficiente que se indique la relación jurídica cuya inexistencia el actor afirma.

[4] *Lehrbuch,* § 50 II 1 b. Esta es otra tesis abandonada por SCHÖNKE, cfr. STEIN-JONAS-SCHÖNKE, 17ª edición, 5° suplemento (marzo de 1958), nota II A 2, especialmente nota 4 al § 260. La presente monografía estaba ya concluida al aparecer el mencionado suplemento.

«Hay, por ejemplo, una misma pretensión procesal, si el propietario exige la entrega fundándose en su dominio o en un contrato de locación, o si se peticiona el pago de una suma de dinero a base de una fianza o de un acto ilícito (RGHRR 1935 N° 817)».

Al igual que ROSENBERG, LENT y NIKISCH en su antigua teoría, SCHÖNKE determina la unidad o pluralidad de pretensiones procesales por el número de solicitudes. No obstante ser varios los estados de cosas, el objeto litigioso sería uno solo si se presenta una sola solicitud y se peticiona una sola resolución.

Los razones que el autor da como fundamento de esta concepción son las mismas que diera NIKISCH para fundar su tesis antigua en el *Streitgegenstand.*

Dice por ejemplo SCHONKE[5]:

«En una acción de entrega que el propietario apoya en el dominio y en el contrato de locación, por ejemplo, debería dictarse una sentencia parcial (§ 301), que condena a la entrega, si la demanda estaba fundada en el contrato de locación. Una resolución de esta índole no es sin embargo una sentencia parcial, puesto que se ha respondido enteramente a la petición del actor; la sentencia es pues definitiva».

No resulta claro si esta teoría de SCHÖNKE sobre la unidad y pluralidad de pretensiones procesales se refiere únicamente a las acciones de prestación [condena] o también a las de declaración y constitución. Pero es de suponer que su aplicación es general.

Al igual que lo que ocurría antiguamente con la teoría de NIKISCH, la concepción de SCHÖNKE sobre la acumulación de acciones no puede conciliarse con su teoría, básica del objeto litigioso. Si se parte de la base de que el estado de cosas es siempre un elemento del objeto litigioso, equivalente a la solicitud, la única conclusión consecuente consistirá en sostener, como lo hacen STEIN-JONAS- SCHÖNKE, que hay acumulación de acciones cuando hay acumulación de estados de cosas, aunque la solicitud fuere una sola. La concepción contraria es inconsistente, por cuanto se limita a la acumulación de acciones y no se la toma en cuenta en la modificación de la demanda y en la excepción de litispendencia.

II. Según la teoría de SCHÖNKE, habrá modificación de la demanda si se modifica su motivo o la solicitud[6]. Por modificación del motivo de la demanda entiende, conforme con la opinión dominante, la modificación del suceso del cual el actor deriva su petición. Así por ejemplo sostiene que hay modificación de la acción si un crédito es fundado en alguna otra causa, por ejemplo en una cesión en lugar de una compraventa, o si se hace valer otra causa de adquisición en una acción real (por ejemplo usucapión en lugar de

5 *Lehrbuch,* § 50 II 1 b.
6 *Lehrbuch,* § 49 II.

un contrato). A diferencia de la tesis sustentada en el Comentario, SCHÖNKE sostiene en su *Tratado,* de acuerdo con la jurisprudencia del Tribunal Supremo (RG 126, 248), que hay modificación de la demanda si una acción de pago es apoyada primero en la retribución habitual o adecuada y luego en un acuerdo de voluntades[7].

Una modificación del estado de cosas, según la teoría de SCHÖNKE, produce en todos los casos una modificación de la demanda, incluso, a diferencia de lo sostenido por ROSENBERG, LENT y NIKISCH, en las acciones de declaración de un derecho o de una relación jurídica[8]. Si el actor peticiona la declaración de su propiedad, primero fundándose en una tradición y luego en una usucapión, modificará la demanda.

La concepción que nuestro autor tiene de la modificación de la demanda es inconciliable con su propia tesis sobre la acumulación. Nuevamente están dados los reparos expuestos contra la teoría de NIKISCH de la modificación de la demanda al cotejarla con su antigua concepción, sostenida en su *Streitgegenstand,* de la acumulación de las acciones[9]. Si el actor funda una solicitud en varios estados de cosas, y éstos son expuestos conjuntamente, estaremos en presencia, según la teoría de SCHÖNKE, de un solo objeto litigioso. Pero si primeramente expone uno y solo más tarde agrega el otro, en lugar del primero o junto a éste, habría una modificación de la demanda por modificación del estado de cosas. La fundamentación adicional con otro estado de cosas no crea varios objetos litigiosos. Por la unidad o pluralidad de pretensiones presentadas se determinará, según la teoría de SCHÖNKE, si los estados de cosas se han introducido en el proceso conjuntamente o uno después del otro.

Ya habíamos visto que esa circunstancia resultaba irrelevante para determinar la unidad o pluralidad de pretensiones procesales[10].

IV. La *excepción de litispendencia* estará fundada frente a una demanda nueva, según la teoría de SCHÖNKE, si «el motivo de la demanda y el objeto de la pretensión son los mismos en ambos procesos»[11]. Además, ambos procesos deben «perseguir fundamentalmente el mismo objetivo de tutela jurídica»[12].

Esto quiere decir que la excepción de litispendencia se opondrá a una demanda nueva que contenga la misma solicitud y se apoye en el mismo estado de cosas que la acción pendiente.

También esta tesis es válida para toda clase de acciones, incluso las de declaración de un derecho o de una relación jurídica. En este aspecto SCHÖNKE

---

7 *Lehrbuch,* § 49 II 1.

8 La única excepción podría regir para las acciones de declaración negativa, en cuyo caso SCHÖNKE es partidario de la teoría de la individualización (cfr. *supra,* pág. 81, nota 3).

9 Ver *supra,* pág. 67.

10 Ver *supra,* pág. 68.

11 *Lehrbuch,* § 48 IV 1 b.

12 *Lehrbuch,* § 48 IV 1 c.

está de acuerdo con el comentario de STEIN-JONAS- SCHÖNKE, pero discrepa de la concepción de ROSENBERG y de NIKISCH y también de la teoría de LENT, pues según éstos, en las acciones de declaración de un derecho o de una relación jurídica la excepción de litispendencia se opone a una acción nueva fundada en otro suceso.

Lo dicho al estudiar las teorías de ROSENBERG, de NIKISCH y del Comentario de STEIN-JONAS-SCHÖNKE, sobre los peligros del paralelismo de varios procesos con un mismo objetivo, vale asimismo para la teoría de SCHÖNKE, que también admite la posibilidad y la procedencia de tramitar paralelamente diversos procesos con una misma solicitud a base de diversos estados de cosas, lo que acarrea el peligro de resoluciones dobles y contradictorias.

V. «El objeto de la cosa juzgada material es la resolución sobre la pretensión planteada por la demanda o por la reconvención»[13].

También aquí el concepto de «pretensión» debe entenderse en sentido procesal; por consiguiente, significa la afirmación que se plantea de un derecho. Es sobre ella, y no sobre pretensiones de derecho material o derechos materiales, sobre la que se dicta la resolución. De ahí resulta que tampoco esta teoría admite que una demanda nueva pueda apoyarse en un criterio jurídico no considerado en el primer proceso, opinión sostenida hoy únicamente por LENT. Si el tribunal ha pasado por alto una pretensión de derecho material, es posible que la sentencia sea incorrecta siendo por lo tanto aplicables contra ella los recursos correspondientes; pero una vez pasada en autoridad de cosa juzgada, no habrá ya posibilidad de hacer valer por vía de una nueva demanda una pretensión material no considerada.

Por lo demás, SCHÖNKE sostiene lo siguiente con respecto al alcance objetivo de la cosa juzgada[14]:

«El efecto de cosa juzgada solo entra en vigor, cuando el proceso ulterior se refiere al mismo objeto. Habrá identidad de objeto litigioso si el mismo suceso del cual una de las partes deriva su petición, ha permanecido inalterado. Esto ocurre, por ejemplo, si después de rechazada con autoridad de cosa juzgada una pretensión apoyada en el § 249 (1) del BGB, se deriva una pretensión del § 249 (2), basada en el mismo estado de cosas (RGZ 126, 40S)».

Según esto, la identidad del objeto litigioso depende únicamente de la igualdad del suceso, del estado de cosas. No se dice si la solicitud tiene que ser también la misma. Pero del ejemplo citado debería inferirse que lo único decisivo es la identidad del suceso.

Pero la resolución del Tribunal Supremo que SCHÖNKE cita para cimentar su tesis, no es ciertamente un ejemplo modelo de la concepción de dicho tribunal sobre la identidad del objeto litigioso. ROSENBERG la ha criticado con justi-

13 *Lehrbuch*, § 73 III.
14 *Lehrbuch*, § 73 IV 1.

cia en su artículo incluido en el homenaje a RICHARD SCHMIDT[15]. El Tribunal Supremo había sostenido en dicha resolución que eran idénticas una pretensión de indemnización en especie y otra de indemnización en dinero, por tener ambas su origen en un mismo suceso. En contra, ROSENBERG sostuvo que no había identidad de objetos litigiosos, por ser distintas las solicitudes. Según su concepción, que merece aprobación, el Tribunal sostuvo erróneamente la cosa juzgada. No había identidad debido a la diversidad de solicitudes. Contrariamente a la tesis de SCHÖNKE, el objeto litigioso no es el mismo si solamente se emplea el mismo suceso para fundamentar la nueva demanda; también debe presentarse la misma solicitud. Si se acciona con una solicitud nueva, aunque sea a base del mismo suceso que en el proceso anterior, la cosa juzgada no se opondrá a. la nueva demanda.

Además de su efecto obligante, la cosa juzgada tiene, según SCHÖNKE, también un efecto excluyente[16]:

> «La parte vencida no podrá invocar contra su adversario hechos que habrían justificado una resolución distinta, si éstos ya existían al finalizar la última vista oral sobre los hechos».

La exclusión no afecta ciertamente a los sucesos nuevos, aunque hayan existido ya en la época de la última vista oral del primer proceso. SCHÖNKE no lo dice expresamente, mas puede deducírselo de su tesis de que la cosa juzgada no se opone a una acción nueva si ésta se halla fundada en otro suceso.

---

15 *Zur Lehre vom Streitgegenstand* (separata), especialmente pág. 15.
16 *Lehrbuch,* § 73 V 2.

§ 7. LA TEORÍA DEL COMENTARIO DE BAUMBACH-LAUTERBACH

I. Pocas son las observaciones que encontramos en la obra de BAUMBACH-LAUTERBACH sobre el concepto de pretensión procesal.

Apartándose de todas las otras teorías basta aquí tratadas, el Comentario define la pretensión procesal como

«el pronunciamiento del tribunal, susceptible de autoridad de cosa juzgada, peticionado por el actor o el reconviniente»[1].

La definición es del mismo BAUMBACH. El objeto litigioso no sería pues una afirmación ni tampoco una petición, sino la *resolución del tribunal* que se peticiona en la solicitud.

Por atinada que sea la idea de que el litigio de las partes gira en última instancia en torno de la resolución peticionada, la definición elegida por BAUMBACH es objetable.

La resolución del tribunal no recae sobre la resolución peticionada, como debería ser conforme a lo que dice BAUMBACH, sino sobre la *petición del actor de que se dicte la resolución.* No se tace lugar a la resolución peticionada, sino a la solicitud, a la petición de que dicte resolución, y lo que se rechaza tampoco es la resolución peticionada, sino la petición del actor.

II. El Comentario no solo niega la existencia de una *acumulación de pretensiones,* si una misma pretensión es derivada de distintos criterios jurídicos, sino también cuando se la deriva de distintos «hechos-tipo»[2]. El ejemplo elegido al efecto (fundamentación de una acción en un contrato y en un acto ilícito) no es muy feliz. El contrato y el acto ilícito son, por regla general, solamente criterios jurídicos que nacen de un estado de cosas (pluriacepcional), pero no son ellos mismos estados de cosas distintos en el sentido de sucesos. La remisión al correspondiente pasaje en el *Tratado* de SCHÖNKE (§ 50 II 1 b) denota sin embargo que BAUMBACH-LAUTERBACH tenían en vista sucesos distintos al dar este ejemplo. En consecuencia, según la doctrina del Comentario, solo habrá

1 21ª edición, nota 2 A al § 2; además Intr. III 7. En la recientemente aparecida 22ª edición, esta definición es completada por las palabras «a base de un determinado estado de cosas».
2 Nota 1 al § 260. Cfr. también *infra,* pág. 102, nota 9.

acumulación de acciones cuando se presenten varias solicitudes, y se peticionen varias resoluciones. Por cierto que esta teoría no es sostenida consecuentemente.

Contradiciendo su concepción fundamental, BAUMBACH-LAUTERBACH sostienen que hay acumulación eventual de acciones cuando *una misma solicitud* es apoyada en *distintos hechos-tipo*[3].

Los ejemplos que se dan con fines de aclaración no son, sin embargo, característicos para esta tesis.

En una resolución del Tribunal Supremo, reproducida en *Gruch.* 59, 932, el actor había fundado una deuda de 500 marcos, primero en una fianza constituida en 1910 y luego en otra constituida en 1912. El texto de la resolución no permite establecer con certeza si se trataba de una misma deuda sobre la cual se habían concertado dos contratos de fianza o si esas fianzas tenían su origen en créditos distintos. Solo en el primer caso estaríamos en presencia de una sola solicitud apoyada en hechos-tipo distintos, mientras que en el segundo habría habido *en realidad dos* solicitudes, unidas solo *aparentemente* en una.

También el segundo ejemplo citado en dicho pasaje da lugar a malentendidos. Si la acción de pago se apoya *principaliter* en la cesión de un crédito de X, y subsidiariamente en la. cesión de un crédito de Y, se trata en realidad de dos solicitudes que guardan entre sí una relación de eventualidad, por las cuales pueden exigirse, también desde el punto de vista económico, distintas prestaciones. El crédito de X es un crédito distinto que el de Y, aunque ambos sean numéricamente coincidentes. En la resolución del Tribunal Supremo publicada en RG 144, 71, se trataba efectivamente de dos créditos distintos.

En ese caso hay una acumulación eventual, por guardar distintas solicitudes entre sí una relación de eventualidad, pero no por estar una solicitud fundada en distintos estados de cosas, como sostienen BAUMBACH-LAUTERBACH.

III. Tampoco las observaciones referentes a la *modificación* de la demanda* constituyen una aplicación consecuente del concepto de objeto litigioso dado por el Comentario, que consignáramos sub I[4].

Si el objeto litigioso es el peticionado pronunciamiento del tribunal, solo podrá haber una modificación de la demanda peticionándose otro pronunciamiento, porque la modificación de la demanda es la modificación del objeto litigioso, en el sentido de cambio de pretensiones.

En contradicción con esto, BAUMBACH-LAUTERBACH definen la modificación de la demanda como modificación del motivo de demanda o de la solicitud. También el cambió de parte implicaría modificación de la demanda, aunque este caso puede omitirse por no guardar relación directa con nuestro estudio.

3 Nota 2 *De* al § 260.
4 Esta crítica ya no es válida para la definición contenida en la 22ª edición, nota 2 A al § 2.

Importante es ante todo que la modificación del estado de cosas, según el Comentario, produce en todo caso una modificación de la demanda, y, a diferencia de lo sostenido por ROSENBERG y NIKISCH, también en las acciones de declaración de un derecho o de una relación jurídica. De cualquier manera, no se sostiene que haya excepciones en su caso[5].

IV. La *excepción de litispendencia* está fundada cuando el objeto del litigio de un segundo proceso es él mismo que el de un procedimiento ya pendiente.

Como por objeto litigioso debe entenderse, según BAUMBACH-LAUTERBACH, la resolución peticionada[6], si se aplica consecuentemente el concepto de objeto litigioso, la excepción de litispendencia estará fundada si en un nuevo procedimiento se peticionara la misma resolución que en uno ya pendiente.

Pero el Comentario no se muestra consecuente tampoco en este punto. La excepción de litispendencia procedería para él en caso de igualdad de los procesos. Esta igualdad presupondría, sin embargo, igualdad de la pretensión procesal y del motivo de demanda[7]. No sería suficiente, si en un nuevo litigio se presentara la misma solicitud y se peticionara la misma resolución; debe peticionársela también a base del mismo estado de cosas que en el procedimiento pendiente. Por consiguiente, el actor no estaría impedido de exigir la misma resolución en un procedimiento nuevo, siempre que se exponga un nuevo estado de cosas para fundamentar la nueva demanda.

Por su resultado, esta teoría, igual que la de la modificación de la demanda, responde a la opinión dominante, aun cuando su concepto de objeto litigioso difiere de todas las restantes concepciones.

V. La *cosa juzgada material* impide, según BAUMBACH-LAUTERBACH el entablamiento de una nueva demanda, si el objeto litigioso es el mismo en ambos procesos[8].

Como según la opinión sostenida en el Comentario, por objeto litigioso debe entenderse la peticionada resolución del tribunal, debería considerarse improcedente toda nueva demanda por la cual se peticione la misma resolución que en el primer proceso, aunque esté fundada en un estado de cosas nuevo, pero ya existente en la época de la última vista oral del proceso anterior.

Tal parece ser efectivamente la concepción del Comentario. Al menos, la explicación que da del § 322 no permite suponer otra cosa.

Esta concepción es incompatible con la teoría de la modificación de la demanda y de la excepción de litispendencia[9]. En ambas, opinan nuestros autores, el estado de cosas tiene relevancia decisiva. La modificación del estado de cosas causa una modificación de la demanda y la excepción de

[5] Con respecto a la modificación de la acción, ver sobre todo nota 2 A. al § 264.
[6] No válida ya para la 22ª edición.
[7] Nota 3 B al § 263.
[8] Cfr. nota 3 C intr. al § 322,
[9] Esta crítica ya no es válida para la 22ª edición.

litispendencia no se opone a una demanda nueva, si el estado de cosas expuesto para fundamentarla es otro que el del proceso pendiente. No se entiende por qué el estado de cosas no ha de tener igual relevancia para el alcance objetivo de la cosa juzgada material que para la modificación de la demanda y la excepción de litispendencia.

También en la obra de BAUMBACH-LAUTERBACH la teoría sobre la cosa juzgada material está complementada por la de la preclusión de hechos ya existentes, pero no expuestos, en la época de la última vista oral sobre los hechos. Igual que ROSENBERG, nuestros autores opinan que esta exclusión afecta tanto a todas las objeciones del demandado como a todas las afirmaciones del actor[10]. También aquí resulta dudoso si esta preclusión es un efecto de la cosa juzgada material o si ha de atribuírsela a un efecto excluyente autónomo, desligado de la cosa juzgada material. La cuestión guarda una relación sumamente estrecha con el recién tratado alcance de la cosa juzgada material. Si la cosa juzgada material veda efectivamente toda demanda nueva, aun cuando esté fundada en un nuevo estado de cosas que ya existía sin embargo en la época de la última vista oral sobre los hechos del primer proceso, tanto la exclusión de las objeciones del demandado como la de las afirmaciones del actor será efecto de la cosa juzgada. Pero si su efecto no llega a tanto, y no excluye los estados de cosas nuevos, pero existentes en la época de la última, vista oral sobre los hechos del primer proceso, hay que preguntarse si la exclusión se produce en virtud del llamado efecto de preclusión.

Tampoco BAUMBACH-LAUTERBACH trazan un límite definido entre los dos efectos, el de preclusión y el efecto excluyente de la cosa juzgada material.

---

[10] Cfr. nota 3 B a E. intr. al § 322.

§ 8. LA TEORÍA DE BÖTTICHER

I. De las teorías elucubradas sobre el tema del objeto litigioso por autores modernos, resta aún hacer un estudio detenido de la de BÖTTICHER. En el homenaje a LEO ROSENBERG, dicho autor expuso interesantes conceptos sobre el objeto litigioso en el proceso matrimonial[1], que son tanto más significativos por cuanto no se limitan únicamente a esa clase de proceso, sino que tocan también problemas del objeto litigioso en general.

El objeto litigioso en el proceso matrimonial es, como dice el autor en la pág. 84, el divorcio o la anulación del matrimonio o, como define con algo mayor exactitud en las págs. 85/86, la petición de divorcio o de anulación, no por su causal, sino por su objetivo[2]. Las causales de divorcio y de anulación no son necesarias para individualizar esa petición, porque el pedido de divorcio o de anulación es suficiente por sí solo para hacerlo, «pues se la plantea con relación a un matrimonio determinado» (pág. 90).

En otro pasaje (págs. 92 y 95), apartándose de la recién citada definición, el autor dice que el objeto litigioso es la «disolubilidad del matrimonio *in toto*», y no el divorcio o la anulación.

La definición del objeto litigioso como «petición» de un objetivo de tutela jurídica no debe quedar, limitada, según BÖTTICHER, al proceso matrimonial; nuestro autor aplica esta determinación de concepto también al objeto litigioso de todas las demás acciones (pág. 86).

Sin embargo, no extiende su tesis de que los estados de cosas no contribuyen en nada a individualizar la petición de divorcio *o* anulación, al concepto general de objeto litigioso. Antes bien, es de opinión de que en caso de haber pluralidad de estados de cosas también habrá fundamentalmente pluralidad de objetos litigiosos (pág. 94).

II. En la *acumulación de acciones,* la teoría de BÖTTICHER lleva a la conclusión de que en caso de fundarse una acción de divorcio o anulación en varios estados de cosas, no habrá varios objetos litigiosos, sino uno solo, porque objeto litigioso sería precisamente la petición de divorcio o de anulación en sí misma, siendo irrelevan-

---

1 Cfr. KRAEMER, «ZZP» 64, 159 y sigtes., sobre todo pág. 166; SCHWAB, *Der Streitgegenstand im Eheprozess,* «*ZZP*» 65, 101 y sigtes.; HABSCHEID, *Die Präklusionswirkung des rechtskräftigen Urteils,* «Arch. Civ. Pr.» 152, 169 y sigtes.; del mismo autor, *Die Wiederholung der abgewiesenen Heimtrennungsklage,* sobre todo págs. 10-43.

2 En contra, STEIN-JONAS-SCHÖNKE, nota I 2 al § 614.

tes para la determinación del concepto los distintos sucesos en que se apoya. En tal sentido, la teoría de BÖTTICHER, que por cierto vale únicamente para el proceso matrimonial, coincide con las de ROSENBERG y de SCHÖNKE y también —en lo que respecta a las acciones de prestación [condena]y declaración— con la de LENT, que niegan la acumulación de acciones si se ha presentado una sola solicitud fundada en varios estados de cosas. NIKISCH solo comparte este criterio en lo que atañe a las acciones de declaración de un derecho o de una relación jurídica.

No resulta del todo claro si para BÖTTICHER hay también un solo objeto litigioso si se acumulan una acción de divorcio y otra de anulación de matrimonio. La respuesta dependerá de si considera objeto litigioso a la petición de divorcio o de anulación o simplemente a la petición de disolución de matrimonio, opinión esta última por la cual parece inclinarse.

III. El § 614 de la ZPO permite que se hagan valer otros, motivos, aparte de los alegados en la demanda, hasta el final de la vista oral previa a la sentencia. Según la opinión dominante esta disposición relativa a la alegación de nuevos motivos y hechos autoriza además para hacer valer nuevas pretensiones y reconvenciones. Considerase pues procedente la transición de la acción de nulidad o declaración a la de divorcio o anulación y viceversa[3].

En general, pues, el § 614 de *la* ZPO se considera como una disposición especial, que permite la modificación de la acción más allá de lo dispuesto por el § 264.

Según la teoría de BÖTTICHER, en cambio, el § 614 no tiene, en general, carácter de norma especial amplificadora, sino que únicamente declara algo que ya se entiende por sí solo.

Que la modificación del estado de cosas expuesto para fundamentar una acción de divorcio no afecta el objeto litigioso y en consecuencia tampoco produce una modificación de la demanda, ya resulta, según BÖTTICHER, del hecho de que en una acción de divorcio el objeto litigioso es lisa y llanamente la petición de divorcio. El estado de cosas expuesto para fines de fundamentación no es un elemento de la pretensión procesal equivalente a la solicitud. Lo mismo vale también para la modificación del estado de cosas con el cual se fundamenta una acción de anulación de matrimonio. Incluso para declarar la procedencia de la transición de una acción de divorcio a una acción de anulación de matrimonio no es necesario invocar el carácter de norma especial ampliada del § 614 de la ZPO, si se considera objeto litigioso del proceso matrimonial a la petición lisa y llana de *disolución del matrimonio,* como lo hace BÖTTICHER en distintos pasajes de su colaboración.

Cierto es que el § 614 de la ZPO vale como norma especial aun sentando como base el referido concepto de objeto litigioso, si, por ejemplo, se pasa de una acción de declaración de matrimonio a una de divorcio o anulación.

IV. Otra consecuencia del concepto «global» de objeto litigioso que propugna nuestro autor, es que, estando pendiente una acción de divorcio, la

---

3 BAUMBACH-LAUTERBACH, nota I A al § 614; STEIN-JONAS-SCHÖNKE, nota II 4 al § 614.

excepción de litispendencia se opondrá al entablamiento de una acción de divorcio nueva fundada en otro estado de cosas. «Si en un segundo proceso se pide el divorcio del mismo matrimonio, es indiscutible que la litispendencia le cerrará el paso» (pág. 90).

La misma regla vale, por supuesto, si en el segundo proceso se peticiona la anulación de un matrimonio la cual ya se tramita en otro procedimiento.

Si aplicando la definición de BÖTTICHER se considera objeto litigioso en el proceso matrimonial la disolución del matrimonio, el concepto mismo de objeto litigioso basta para explicar que, estando pendiente una acción de divorcio, la litispendencia esté fundada frente a una nueva acción de anulación, o viceversa, sin que sea necesario invocar el carácter excepcional de los §§ 614 y 616 de la ZFO.

La práctica y la doctrina explican la ampliación de la litispendencia en el proceso matrimonial con el carácter de excepción de dichas disposiciones. Se habla de una «litispendencia global» en el proceso matrimonial, tomada del principio unitario de los § 614 y 616[4].

V. Son especialmente significativas las explicaciones que BÖTTICHER da respecto del efecto de la cosa juzgada en las acciones de divorcio y anulación. Dice[5]:

> «El objeto litigioso y el alcance objetivo de la cosa juzgada deben estar en consonancia. Hasta donde llegue el alcance de la cosa juzgada, el objeto litigioso estará liquidado y cerrada la vía a uno nuevo. Pero también a la inversa: la medida en que el nuevo litigio está vedado, indicará el alcance de la cosa juzgada de la sentencia anterior y también el de su objeto. Partiendo de esta concepción básica, resulta del § 616 de la ZPO que el objeto litigioso no es el derecho constitutivo particular ni tampoco el motivo particular de anulación o divorcio, sino la disolubilidad del matrimonio *in toto*».

Según el § 616, el actor cuya acción de divorcio o anulación de matrimonio ha sido rechazada, no podrá fundar una nueva acción de esa índole en motivos que hizo valer en el litigio anterior o que pudo hacer valer en éste o por medio de acumulación. Lo mismo vale, en caso de rechazarse la acción de divorcio, para el demandado con respecto a los hechos en que podría haber fundado una reconvención.

De esa disposición infiere BÖTTICHER el alcance de la cosa juzgada de una sentencia de divorcio o anulación. Como la coincidencia del alcance de su concepto de objeto litigioso y del alcance de la cosa juzgada material de que habla el § 616 no es perfecta, ya que dicho parágrafo no se opone a una demanda nueva si se la apoya en motivos que una de las partes no pudo alegar por haberlos ignorado o por no haber podido demostrarlos, nuestro autor habla del «efecto limitado de la cosa juzgada» del § 616.

---

[4] Cfr. BÖTTICHER, *ob. cit.*, pág. 90, nota 15; «RC» 104, 156; STEIN-JONAS-SCHÖNKE, nota II 4 al § 614.

[5] *Ob. cit.*, pág. 92.

«Debe admitirse que nuestro principio sufre una ruptura por detenerse el efecto de cosa juzgada normado por el § 616 ante hechos que el cónyuge con derecho de accionar no pudo alegar en el proceso anterior. Se trata de un caso extraordinario, pero no único, de limitación de la cosa juzgada»[6].

Fundamentalmente, la tesis de BÖTTICHER es que el objeto litigioso y el alcance objetivo de la cosa juzgada deben guardar consonancia, concepción que coincide, en cuanto a sus consecuencias, con las teorías de ROSENBERG, NIKISCH y LENT sobre el alcance objetivo de la cosa juzgada en las acciones de declaración de un derecho o de una relación jurídica. Estos autores suponen también que en este caso el efecto de la cosa juzgada es amplio y que corresponde al alcance del concepto de objeto litigioso en las acciones de declaración de un derecho o de una relación jurídica.

ROSENBERG ha analizado ya la teoría de BÖTTICHER sobre la cosa juzgada en el proceso matrimonial en la 5ª edición de su Tratado y en el citado artículo: *Die Präklusionpirkung von Urteilen* (El efecto de preclusión de las sentencias) «SJZ» 1950, 313, sin adherirse enteramente a las tesis de este autor. Partiendo de la base de que el objeto litigioso es la petición de divorcio o anulación, pero no la petición de disolución del matrimonio considerada en sí misma, ROSENBERG también es de opinión que el efecto de cosa juzgada se produce cuando se ha resuelto sobre una acción de divorcio y se busca apoyar otra en un estado de cosas ya conocido a la parte en la época de la última vista oral del primer proceso. Lo mismo vale para, las acciones de anulación.

Pero si estando una acción de divorcio resuelta con autoridad de cosa juzgada, una acción de anulación es fundada en causales ya conocidas durante la litispendencia de la acción de divorcio, o si a la inversa una acción de divorcio se apoya en causales conocidas ya durante la pendencia de la acción de anulación de matrimonio, la exclusión de esta nueva alegación, dispuesta por el § 616 de la ZPO, sería, según entiende ROSENBERG, una preclusión ajena a la cosa juzgada[7]. Más adelante habremos de ocuparnos todavía más detalladamente de las teorías de ambos autores[8].

Según la tesis de BÖTTICHER, una acción que choque con el § 616 no tiene por qué ser rechazada por improcedente, como podría suponerse tratándose de un efecto de la cosa juzgada, sino por *infundada*. Esto es necesario, según su criterio, porque la ulterior acción de divorcio o de anulación comprende también todas las causales realizadas o cristalizadas después de la sentencia anterior. Esta regla sería válida aunque el actor se apoye en una causal «antigua». A falta de afirmación de hechos nuevos que excedan el marco de la antigua causal, faltará a la acción el fundamento, debiendo rechazársela en la sentencia de fondo[9].

---

6 *Ob. cit.*, pág. 95; ya sostenido por BÖTTICHER en «ZAkDR» 1941, 342, nota 3.
7 *Lehrbuch*, pág. 161 III 4; además «SJZ» 1950, 813 y sigtes., sobre todo col. 318.
8 Cfr. *infra*, pág. 225; además SCHWAB, «ZZP» 65, 101 y sigtes., sobre todo págs. 109 y sigtes.
9 *Ob. cit.*, págs. 97 y sigtes.

SEGUNDA PARTE

La reseña que ofrecimos en la parte primera habrá servido para demostrar la gran diversidad de opiniones que existe aún hoy, no solo en torno al concepto, sino también y ante todo en torno a las consecuencias prácticas del objeto litigioso. En muchos casos, al profundizarse el estudio, la profusión de opiniones distintas sobre un problema particular se torna desconcertante.

La experiencia justifica nuestro aserto: a más de setenta años de haber entrado en vigencia la Ordenanza Procesal, el problema del objeto litigioso en el proceso civil no ha hallado aún solución.

Un concepto unitario para todas las clases de acciones, aplicable sin variantes a todos los institutos procesales en los cuales el objeto litigioso tiene importancia sustancial, solo se encuentra de entre todos los autores estudiados en la primera parte, en el Comentario de STEIN-JONAS-SCHÖNKE. En opinión de estos autores, tanto en la acumulación de acciones, como en la modificación de la demanda, la litispendencia o la cosa juzgada, el objeto litigioso es determinado siempre por el estado de cosas y la solicitud, elementos de igual valor e importancia en todas las acciones, sean éstas de prestación [condena], de declaración o de constitución.

Para todos los demás autores, el objeto litigioso no es un concepto unitario en las distintas clases de acciones, o es aplicable de manera no uniforme en la acumulación de acciones, la modificación de la demanda, la excepción de litispendencia y la cosa juzgada.

La meta de toda teoría del objeto litigioso debe consistir en hallar un concepto unitario, válido para todas las clases de acciones y para todas las instituciones en las que el objeto litigioso tenga relevancia. No obstante la consecuente aplicación de su concepto, tampoco STEIN-JONAS-SCHÖNKE logran ese objetivo, como ya señaláramos al tratar su teoría, a la que más adelante habremos de dedicar un estudio aún más detenido.

Para resolver el problema, hay un solo camino seguro: examinar en cuanto a su aptitud las distintas posibilidades de formación del concepto, a base de las manifestaciones prácticas del objeto litigioso, o sea de la acumulación de acciones, de la modificación de la acción, de la excepción de litispendencia y del alcance objetivo de la cosa juzgada material. Del estudio de estos aspectos, piedras de toque para toda teoría, resultará si el objeto litigioso consiste en la afirmación de un derecho material o si es determinado por el estado de cosas y la solicitud o solamente por esta última.

SECCIÓN PRIMERA

§ 9. LA ACUMULACIÓN DE ACCIONES

I. La cuestión de la unidad o pluralidad de pretensiones procesales solo podrá prestarse a dudas habiendo *una demanda con una solicitud unitaria.* Es indudable que siendo varias las solicitudes presentadas en una demanda, habrá una acumulación de acciones.

El cuadro de doctrinas modernas que comprendió la primera parte de este libro reveló un hecho interesante: la gran mayoría de los autores de nuestros días es de opinión que la unidad o pluralidad de pretensiones procesales depende únicamente de la unidad o pluralidad de solicitudes.

Esta concepción fue sostenida ya anteriormente por muchos publicistas, STEIN, en su Comentario, fue el principal portavoz de esta tesis, más tarde abandonada en la refundición del Comentario hecha por JONAS. STEIN sostenía[1]:

> «Por consiguiente, solo habrá acumulación de acciones cuando se presenten varias solicitudes y se las derive de distintos hechos-tipo. No la habrá, pues, cuando una misma solicitud tenga fundamentos distintos. Esta tesis está hoy universalmente aceptada para el caso de que la solicitud derive de un hecho-tipo unitario, destacándose distintos criterios jurídicos... Pero también cuando la fundamentación de hecho se basa en distintas afirmaciones, como por ejemplo la pretensión de entrega del dominio, obligación eventualmente personal, solo habrá una acción, como se desprende del § 140, que da como posibles varios motivos de acción referentes a una misma pretensión». A STEIN *se* debió, como ya dijéramos, la redacción del § 208 del Proyecto de Ordenanza Procesal Civil de 1931, según el cual solo habría acumulación de acciones cuando se unieran en una misma demanda varias solicitudes del mismo actor contra el mismo demandado.

Además de STEIN, sostuvieron esta posición PETERSEN[2] y el Comentario de FORSTER-KANN[3], como asimismo KARL, MAYER[4].

---

1 FRIEDRICH STEIN, 11ª edición, nota II y II 1 al § 260.

2 *Kommentar,* 5ª edición, nota 8 al § 253; además «*ZZP*» 16, 493 y sigtes.

3 3ª edición, nota 1 b al § 260.

4 *Anspruch und Rechtskraft im Deutschen Zivilprozessrecht,* 1930, págs. 39/40.

Muerto STEIN, SU concepción cayó en el olvido, situación que solo cambió con la aparición del *Streitgegenstand* de NIKISCH. Sus convincentes argumentos sobre la unidad y pluralidad de pretensiones procesales han venido ganando terreno progresivamente. Primero se adhirió a ellos SCHÖNKE, en su *Tratado* [5], y también ROSENBERG sostuvo en la 4ª edición de su obra que hay un solo objeto litigioso cuando una solicitud única es fundada en varios estados de cosas[6]. Hasta para LENT la pauta para determinar si hay unidad o pluralidad de pretensiones procesales está en el hecho de si se han peticionado una o más condenas[7]. BÖTTICHER sostiene esta concepción para el proceso matrimonial, bien que únicamente para éste[8], y también el Comentario de BAUMBACH-LAUTERBACH[9] parece compartir esta opinión, aunque no es consecuente en su exposición, especialmente en lo que respecta a la acumulación eventual de acciones.

Pocos son los autores modernos que disienten de este criterio. Entre ellos se cuentan el Comentario de STEIN-JONAS-SCHÖNKE y últimamente también NIKISCH. Sorprende el cambio de parecer de este último, cuya anterior teoría influyó decisivamente sobre otros autores. En contraste con su tesis anterior, sostiene ahora que hay una acumulación eventual de acciones cuando una solicitud es fundada en muchos estados de cosas, entendidos como sucesos, mientras que STEIN-JONAS-SCHÖNKE afirman que en este caso la acumulación de acciones es cumulativa o eventual.

Cuál de estas concepciones es preferible solo podrá determinarse a la luz de las consecuencias de un caso práctico.

II. Tomemos como base de nuestro estudio el siguiente ejemplo:

El actor reclama del demandado el pago de 1000 marcos. Fundamenta su acción alegando que por ese precio el demandado le compró mercaderías, que le fueron también entregadas. Pocos meses antes de la entrega habría suscrito también un reconocimiento de esa deuda, conforme al § 781 del BGB, o sea un reconocimiento constitutivo. La demanda estaría pues fundada en dos causas.

No cabe duda que esa demanda contiene una sola solicitud, fundada en dos sucesos. En la solicitud se peticiona el pago de 1000 marcos. El actor quiere esa suma solo una vez, no dos veces, una en virtud del contrato de compraventa y la otra a base del reconocimiento. La solicitud es fundada en dos estados de cosas, dos sucesos, en la concitación del contrato de compraventa y en el otorgamiento del reconocimiento. A cada uno de estos sucesos corresponde una pretensión material, la derivada del § 433 2 del BGB y la del §781 del mismo código.

---

5 Cfr. *supra,* pág. 81.
6 Cfr. *supra,* pág. 42.
7 Cfr. *supra,* pág. 19.
8 Cfr. *supra,* pág. 93.
9 Cfr. *supra,* pág. 87; no condicen con el Comentario los argumentos que desarrolló LAUTERBACH en «NJW» 1953, 170, de donde se desprende que, siendo varios los estados de cosas, este autor sostiene que hay acumulación de acciones aunque la solicitud presentada sea una sola.

Se trata pues de un caso en el que ROSENBERG, SCHÖNKE y probablemente también BAUMBACH-LAUTERBACH negarían la existencia de una acumulación de acciones; STEIN-JONAS-SCHÖNKE, en cambio, sostienen la existencia de una acumulación cumulativa o eventual y NIKISCH de una acumulación alternativa. Según la nueva teoría de LENT, en este caso hay solamente un objeto litigioso si el actor peticiona una sola condena y le es indiferente si triunfa en virtud de la pretensión material basada en el contrato de compraventa o de la basada en el reconocimiento. Pero si reclama la condena del demandado a base de ambos criterios, habría una acumulación de acciones.

La moderna ciencia procesal civil ofrece por consiguiente cuatro soluciones distintas para este caso: acumulación cumulativa (fundada en la pluralidad de los estados de cosas o de las pretensiones materiales), acumulación eventual, acumulación alternativa y unidad de pretensión.

Sus consecuencias han de ser estudiadas seguidamente. Veremos que las teorías que sostienen una acumulación de acciones a causa de la pluralidad de estados de cosas, dan lugar a consecuencias similares a las que viéramos más arriba al estudiar la teoría de LENT[10].

1. En la *acumulación cumulativa de acciones* se presentan conjuntamente varias pretensiones. No cabe duda de que estamos en presencia de esta especie de acumulación cuando en una demanda se presentan varias solicitudes, estén fundadas en uno o en más sucesos. Estos casos son sin embargo irrelevantes para el problema que nos ocupa. La cuestión principal es si habrá también una acumulación cumulativa de acciones cuando una solicitud determinada se apoya en varios estados de cosas.

a) Varias pretensiones procesales presentadas para la resolución del tribunal, varios objetos litigiosos, exigen también varias resoluciones. La esencia de la pretensión procesal consiste en ser objeto del litigio, sobre el cual el tribunal habrá de dictar su resolución. Si en una demanda se plantean varias pretensiones procesales, el proceso tendrá varios objetos litigiosos sobre los cuales el tribunal deberá resolver, salvo que el actor sustraiga a la resolución del tribunal uno o más objetos litigiosos retirando la demanda.

La consecuencia de una hipótesis de acumulación cumulativa sería en nuestro caso que el tribunal debería dictar dos resoluciones: una sobre la pretensión basada en la compraventa y la otra sobre la basada en el reconocimiento. Según estén fundadas ambas pretensiones, o sean ambas infundadas, o esté fundada la una y sea infundada la otra, pueden imaginarse cuatro resoluciones distintas:

El tribunal considera válido el contrato de compraventa. Por la sola razón de ese estado de cosas, debe condenar al demandado al pago de los mil marcos. Pero al mismo tiempo declara también que el demandado ha reconocido válidamente su deuda. ¿Qué ha de ocurrir ahora con esta otra «pretensión»?

---

10 Cfr. *supra*, págs. 21 y sigtes.

Como al actor ya se le reconocieron mil marcos en virtud del contrato de compraventa, el tribunal no puede condenar al demandado a que pague otros mil a base del reconocimiento, porque el actor peticiona mil marcos y no dos mil. Pero tampoco hay aquí lugar para una acción de declaración y una sentencia declarativa, puesto que si el actor ya percibe los mil marcos a base del contrato de compraventa, le faltará naturalmente el interés para que se declare su crédito que resulta del reconocimiento y cuyo objeto son los mismos mil marcos. Si se parte de la hipótesis de una acumulación cumulativa de acciones, no es posible, por consiguiente, que-se resuelva sobre ambas «pretensiones».

Esto ya lo advirtió el Comentario de STEIN-JONAS-SCHÖNKE, que sostiene que el litigio estaría en condiciones de ser resuelto si la consecuencia jurídica peticionada resultara de uno de los hechos-tipo en que se funda la solicitud[11].

Esta solución de emergencia no condice sin embargo con el lógico principio de que en una acumulación cumulativa de accione debe resolverse también sobre todas las pretensiones que fueron objeto del litigio. Pero si esto no es posible en la práctica, se desprende con toda evidencia que no se trata de una acumulación cumulativa de pretensiones, no de una pluralidad de objetos litigiosos, sino simplemente de una acumulación cumulativa de estados de cosas.

Sin embargo el tribunal podría también declarar válido el contrato pero inválido el reconocimiento, por defecto de forma, o, a la inversa, sostener la validez del reconocimiento y negar la del contrato. En tal caso la acción prosperaría a base de la causa válida, pero sería rechazada por la otra.

Se trata de una solución evidentemente imposible, puesto que el actor logra que su petición prospere y que se le reconozcan los mil marcos reclamados. Semejante resolución no solo contradiría la lógica procesal, sino que sería enteramente incomprensible, sobre todo para mi lego que, como señala atinadamente LENT[12], deberá Sentirse víctima de la construcción jurídica. ¿Cómo puede un actor ser en parte vencido y en parte triunfar en un proceso, si su petición prospera y él obtiene lo peticionado?

Finalmente, es también posible que el tribunal rechace la acción por ambas causas, es decir, que deniegue ambas «pretensiones». En ese caso la resolución será unitaria, al menos en apariencia. Mas esto no deberá ocultar el hecho de que en realidad se rechazan dos «pretensiones procesales».

b) La «verdadera piedra de toque» para comprobar si existe una pluralidad de pretensiones procesales es, según NIKISCH, la cuestión de la procedencia de una sentencia parcial dictada sobre una de las «pretensiones» que se hicieron valer[13]

---

[11] Notas II B 1 al § 260.
[12] «ZZP» 63, 10.
[13] *Streitgegenstand,* pág. 116.

Si entre varias pretensiones hechas valer en una misma acción solamente una está en estado de ser resuelta definitivamente, el tribunal deberá dictar una sentencia parcial conforme al § 301 de la ZPO, sentencia que se concibe tanto en la acumulación acumulativa como en la acumulación eventual de acciones.

Si en nuestro ejemplo se optara por una acumulación cumulativa, el tribunal estaría obligado a dictar una sentencia parcial si quiere negar la «pretensión» al pago de mil marcos basada en el contrato de compraventa por no considerar aportada la prueba de que el contrato se concluyó válidamente. Tendría que rechazar la demanda mediante sentencia parcial en la medida en que ella se funde en el contrato de compraventa, aunque existe la posibilidad de que la sentencia definitiva haga lugar a la demanda, si el tribunal aprueba la pretensión fundada en el reconocimiento. Mas esta conclusión es a todas luces imposible. También en este caso la acción termina por prosperar y el actor obtiene lo que peticiona. Tío hay pues lugar para un rechazamiento mediante sentencia parcial.

Por eso, STEIN-JONAS-SCHÖNKE[14] —como también SEUFFRT-WALSMANN[15] y GOLDSCHMIDT[16]— sostienen que en tal caso no podría dictarse una sentencia parcial, lo que sin embargo no resulta compatible con la hipótesis de la acumulación de pretensiones, sino que por el contrario contradice expresamente la reglamentación legal.

En su *Streitgegenstand,* NIKISCH señaló acertadamente la poca seguridad con que los partidarios de la tesis de que una pluralidad de estados de cosas con unidad de solicitud da lugar a una acumulación de acciones, niegan la procedencia de una sentencia parcial[17].

c) Si en nuestro caso las pretensiones procesales fueran varias, debería ser posible allanarse a una de ellas y no a la otra. Si el demandado se allana a la «pretensión» basada en el reconocimiento, pero se resiste a la fundada en el contrato de compraventa, pidiendo entonces el actor que se dicte sentencia de allanamiento, debería dictarse una sentencia parcial de allanamiento a la «pretensión» basada en el reconocimiento, mientras que el litigio continuaría pendiente sobre el otro punto.

Sobre la «pretensión» aún pendiente, el tribunal puede resolver de dos maneras: sosteniendo o negando la pretensión basada en el contrato de compraventa. En este último caso la demanda debería ser rechazada por sentencia definitiva, aunque la sentencia parcial reconoció al actor la pretensión a los mil marcos.

---

[14] Cfr. *supra,* pág. 75.
[15] Nota 2 d al § 260.
[16] *Zivilprozessrecht* (trad. castellana: Derecho Procesal Civil, trad. Prieto Castro, 1936), 2ª edición, pág. 173.
[17] *Streitgegenstand,* pág. 117, nota 5.

En el primer caso, sin embargo, se nos presenta nuevamente el problema de una condena doble. Cuando al actor ya se le han reconocido mil marcos en virtud del allanamiento, en la sentencia definitiva el tribunal no puede condenar nuevamente al demandado al pago de esa suma. Faltando el interés para que se dicte una sentencia declarativa sobre la «pretensión pendiente», ésta debe quedar sin resolver.

El mismo problema se presenta si el demandado se allana a las dos «pretensiones procesales» y el actor solicita sentencia de allanamiento sobre ambas «pretensiones».

d) Una situación similar se da en caso de desistimiento. Si el actor desiste de la «pretensión» basada en el reconocimiento, porque advierte que ésta, debido a defecto de forma, no tiene posibilidades de prosperar, el tribunal deberá dictar una sentencia de desistimiento parcial si el demandado así lo solicita. En tal caso se rechazará una de las «pretensiones» del actor, mientras que la otra quedará pendiente y ofrecerá las posibilidades de resolución arriba morcadas.

e) Suponiendo que en nuestro ejemplo hubiera una acumulación cumulativa de acciones, el actor tampoco estaría impedido de quitar del proceso una de las «pretensiones procesales» retirando la demanda; las costas, eso sí, quedarían en esa medida a su cargo, conforme al § 271 III (2) de la ZPO. ¿Cuáles son las costas, sin embargo, si se retira únicamente la «pretensión» basada en el reconocimiento, pero se mantiene la basada en el contrato de compraventa? Situación insoluble que tampoco supo aclarar LENT en su artículo *Die Abgrenzung der Anspruchsmehrheit von der Mehrheit der Klagegründe* (El deslinde entre la pluralidad de pretensiones y la pluralidad de motivos de demanda)[18].

f) En el procedimiento en rebeldía la hipótesis de la acumulación cumulativa de acciones lleva a las siguientes consecuencias: Si el actor compareciente solicita que se dicte sentencia en rebeldía sobre ambas «pretensiones», tenemos nuevamente el insoluble problema de la doble condena. Si la solicita solamente para una de las «pretensiones», deberá dictársela en esa medida y como sentencia parcial. Sobre la otra «pretensión», en cambio, el procedimiento quedará pendiente, pudiendo, eso sí, terminar con su rechazamiento.

Si en cambio el contumaz es el actor y el demandado solicita que se dicte sentencia en rebeldía sobre ambas pretensiones, deberán rechazarse ambas. Si la pide solamente para una de ellas, dicha «pretensión» deberá rechazarse mediante sentencia parcial, mientras que la otra quedará pendiente, pudiendo eventualmente prosperar.

Estas condiciones, ya de por sí harto complejas, pueden complicarse aún más yendo al estudio del procedimiento de oposición. Podemos sin embargo

[18] «ZZP» 57, 75.

omitirlo. Las consecuencias que de él derivan fueron vistas ya al estudiar la teoría de LENT[19]. En nuestro caso, que trata de una pluralidad de estados de cosas y de una pluralidad de pretensiones materiales, ellas son exactamente las mismas.

g) Otra consecuencia de la acumulación cumulativa de acciones consistiría en la posibilidad de que el tribunal, de acuerdo con el § 145 de la ZPO, dispusiera que las dos «pretensiones», la basada en el contrato de compraventa y la fundada en el reconocimiento, sean vistas en procesos separados. Lo que en el proceso unitario debía fracasar por su impracticabilidad, o sea la doble condena a un mismo pago, sería ahora realizable mediante procesos paralelos. Aunque el actor peticiona solo una vez los 1000 marcos, podría obtener dos sentencias favorables por el monto de mil marcos cada una, si en uno de los procesos se estableciera la validez del contrato y en el otro la del reconocimiento. ¡Solución ésta que no puede ser correcta!

Por eso, también STEIN-JONAS-SCHÖNKE consideran improcedente una división del proceso[20], si bien para su punto de vista esta solución es netamente contraria a lo dispuesto por el § 145 I de la ZPO.

h) Si se considera nuestro ejemplo como una acumulación cumulativa y el tribunal, a causa de un descuido, deja de resolver sobre la «pretensión» basada en el reconocimiento, debería dictar, a solicitud del actor, una sentencia complementaria según el § 321 de la ZPO, si la «pretensión» ha sido ejercida a base del reconocimiento conforme al «hecho-tipo originariamente declarado o posteriormente rectificado».

i) Finalmente, tampoco resulta adecuada para nuestro caso la disposición del § 5 de la ZPO, según el cual los importes del valor litigioso de todas las pretensiones ejercidas en una misma demanda han de ser sumados. Esta disposición sufre por cierto una excepción, universalmente aceptada, si las pretensiones constituyen una unidad desde el punto de vista económico[21]. Así por ejemplo, se niega aplicación al § 5 en la acumulación de una acción pignoraticia o hipotecaria con otra basada en una deuda personal, en la acumulación de la acción por el precio de una compraventa con la acción de aceptación de mercaderías, en la acción dirigida contra deudores solidarios, etc. También en nuestro caso las distintas «pretensiones», contempladas desde el ángulo económico, constituirían una unidad. Por tal razón, como acertadamente señalara NIKISCH[22], el § 5 no se presta en verdad para un análisis fundamental; junto con las demás razones, sin embargo, su inaplicabilidad es un argumento contra la hipótesis de que nuestro ejemplo representa un caso de acumulación cumulativa de acciones.

---

[19] Cfr. *supra*, págs. 23 y sigtes.

[20] Cfr., nota V al § 260; además, SEUFFERT-WALSMANN, nota 2 d al § 260; GOLDSCHMIDT, *Zivilprozessrecht*, 2ª edición, pág. 173; del mismo autor, *Prozessals Rechtslage*, pág. 480, nota 2538.

[21] STEIN-JONAS-SCHÖNKE, nota I 1 al § 5; BAUMBACH-LAUTERBACH, nota 2 A al 5 5.

[22] *Streitgegenstand*, pág. 115.

De todo esto se desprende que en nuestro ejemplo no puede haber tal acumulación. La opinión contraria solo puede obviar las consecuencias indicadas negando sin suficientes fundamentos la aplicabilidad de normas procesales que son forzosas en estos casos. Considera improcedente una sentencia parcial, que debe dictarse al estar la pretensión en estado de ser resuelta. De ese modo impide el allanamiento o el desistimiento de una «pretensión procesal», porque dándose una solicitud en tal sentido por parte del actor o del demandado, debería dictarse una sentencia parcial. Al hacer esto, entra en pugna con la unánime opinión de que el allanamiento o desistimiento pueden referirse a una de varias pretensiones procesales. Prohíbe también la separación de varias «pretensiones procesales» en distintos procesos, en contra de lo dispuesto por el § 145 I de la ZPO, que lo permite expresamente. Se resigna a que el tribunal dicte una sola sentencia sobre varias «pretensiones procesales», porque no puede obrar de otra manera, aunque las «pretensiones procesales» que se le plantearon para su resolución son varias.

2. Actualmente la regla es considerar procedente una acumulación *eventual* de acciones, si la pretensión subsidiaria persigue, jurídica o económicamente, un mismo objetivo, o un objetivo de la misma índole que la pretensión principal.

Se la admite sin discusión si se presentan una solicitud principal y otra subsidiaria basadas en varios sucesos, pero también si se las presenta a base de un solo estado de cosas. Es dudoso si habrá también acumulación eventual si se presenta una solicitud basada en varios estados de cosas. Si en nuestro caso admitiéramos una acumulación eventual de acciones, como lo sostiene el Comentario de STEIN-JONAS-SCHÖNKE para casos en que se dan distintos fundamentos en posición de eventualidad para una misma solicitud[23], las consecuencias serían las siguientes:

Si el tribunal considera que la petición del actor es fundada por la causa que se hizo valer como pretensión principal, deberá condenar al demandado a que pague a base de esa pretensión. Prosperando y pasando en autoridad de cosa juzgada la pretensión principal, queda extinguida la litispendencia de la «pretensión» que se había hecho valer subsidiariamente. ¡Conclusión plenamente aceptable, que no provoca críticas! Mas surgirán dificultades si el tribunal considera infundada la pretensión principal. En primer lugar es dudoso si en caso de una acumulación eventual de acciones puede dictarse una sentencia parcial sobre esa pretensión. Las opiniones al respecto son discrepantes. ROSENBERG[24] cree que es procedente el rechazamiento de la pretensión principal mediante sentencia parcial. BAUMBACH-LAUTERBACH [25] acepta una sentencia parcial para una pretensión principal «siempre que no se trate de una fundamentación distinta con un mismo hecho-tipo». La redacción no es muy

---

23 Nota II B 2 a ß al § 260.
24 *Lehrbuch*, § 93 IV 2 b.
25 Nota 2 B al § 301.

clara y poco es el provecho que puede sacarse de ella. Según SCHONKE[26], en cambio, la sentencia parcial no es posible en la acumulación eventual de acciones «porque el actor solo peticiona el pronunciamiento sobre una consecuencia jurídica («RGJW» 1938, pág. 891). Si el tribunal hace lugar a la pretensión eventual, deberá rechazar la principal («RGZ» 152, 296)». También para LENT[27] son improcedentes las sentencias parciales sobre una sola solicitud. «Sobre ambas se resuelve mediante sentencia unitaria». Por último, también el Comentario de STEIN-JONAS-SCHÖNKE se pronuncia por la negativa en los siguientes términos[28]: «No puede dictarse sentencia parcial sobre solicitudes distintas que están entre sí en relación de eventualidad, del mismo modo que no se lo puede hacer sobre causas aisladas, pues también en ese caso el actor pretende solamente una consecuencia jurídica».

Es muy dudoso si los reparos contra la sentencia parcial son fundados. Habiéndose reconocido que debe resolverse sobre la pretensión principal, considerada infundada, junto con la pretensión eventual, no se ve ninguna razón concluyente para que no sea procedente una sentencia parcial sobre la pretensión principal cuando no se ha resuelto aún sobre la pretensión subsidiaria[29].

La acumulación eventual de acciones solo tiene por objeto evitar que un actor cuya pretensión ha sido rechazada promueva una acción nueva con otra pretensión distinta, pero vinculada jurídica o económicamente a la primera[30]. Su finalidad no es nunca liberar al actor del riesgo de una pretensión principal infundada.

Considérese o no procedente una sentencia parcial sobre la pretensión principal infundada, lo cierto es que la hipótesis de una acumulación eventual de acciones lleva, en casos como el nuestro, a resultados inadmisibles en la práctica. Si se permite una sentencia parcial sobre la pretensión principal, que solamente podrá ser denegatoria, puesto que de lo contrario sería sentencia plena, existe la posibilidad de que se resuelva en sentido contrario sobre la pretensión subsidiaria. Así, por ejemplo, si el actor ha hecho valer la pretensión basada en el contrato de compraventa como «pretensión principal», y el tribunal no considera fundada esta «pretensión», pero sí la basada en el reconocimiento, que se ejerce subsidiariamente, debería rechazarse, mediante sentencia parcial, la pretensión al pago de mil marcos basada en el contrato de compraventa, si es que éste se halla primero en estado para ser resuelto, mientras que por sentencia definitiva debería hacerse lugar al pago de esa suma a base del reconocimiento, lo que sería una solución verdaderamente imposible.

---

26 *Lehrbuch,* § 50 II 7.

27 *Lehrbuch,* § 88 III,

28 Nota II B 2 b (al final) al § 260.

29 En cambio, es claro que no puede resolverse sobre la pretensión subsidiaria por sentencia parcial, si el tribunal no ha resuelto aún sobre la pretensión principal. La sentencia «RG JW» 1938, 891 trata este caso.

30 BEHRENDS, *Anspruchshäufung,* pág. 71.

Aun negando la procedencia de una sentencia parcial sobre la pretensión principal, la situación no varía. Si el tribunal estima infundada la «pretensión principal», y fundada la «subsidiaria», en la sentencia definitiva debería dictar dos fallos antagónicos.

Este resultado solo podría evitarse, declarando siempre improcedente una resolución sobre la pretensión principal infundada, opinión que nadie sostiene. Tampoco podrá hallarse indicio alguno de ella, probablemente, en el Comentario de STEIN-JONAS-SCHÖNKE. Además, sería incorrecta, tanto la pretensión principal como la subsidiaria han pasado al estado de litispendencia al interponerse la acción. No habiéndose reconocido la pretensión principal, continúa en estado de litispendencia la subsidiaria. Por lo tanto, el tribunal deberá resolver sobre dos pretensiones. Sobre todo no podrá decirse que la litispendencia de la pretensión principal se ha extinguido retroactivamente, si el tribunal estima infundada esta pretensión. Ello significaría que la litispendencia dependería de la resolución positiva o negativa que el tribunal dicte sobre la pretensión. Semejante condición contravendría naturalmente los principios más elementales del proceso.

Vemos pues que tampoco la hipótesis de una acumulación eventual de acciones lleva a resultados prácticos en casos como el planteado, en el que una solicitud está fundada en varios estados de cosas.

3. Y veamos una tercera posibilidad, preconizada hoy por NIKISCH[31] y sostenida antiguamente también por ROSENBERG[32]. ¿Es el nuestro un caso de *acumulación alternativa de acciones?*

La opinión predominante considera improcedente la acumulación alternativa, salvo en los casos de obligaciones alternativas (BGB, § 262), de la llamada facultad de sustitución (cfr. BGB, §§ 251 II, 528 I (2), 775 II, 1712 II, etc.) o si el actor autoriza al demandado a liberarse mediante una prestación distinta de la adeudada (un ejemplo de ello en RG 126, 215)[33].

En la deuda facultativa se deben, en virtud de una obligación, varias prestaciones, de modo que solo una de ellas debe cumplirse. Desde el punto de vista del derecho material la obligación es una sola, pero para el derecho procesal hay varias pretensiones procesales, varios objetos litigiosos, por haberse presentado varias solicitudes en relación de alternatividad. Si del estado de cosas expuesto para fundamentar la demanda resulta la existencia de una deuda facultativa fundada en causa lícita deberá condenarse en todo caso al pago de ambas prestaciones, con la reserva, eso sí, de que el deudor podrá liberarse pagando una sola de ellas. Ambas pretensiones procesales pasan al estado de litispendencia; sobre ambas recae la resolución del tribunal. Todos los textos están de acuerdo al respecto.

---

[31] Cfr. *supra,* pág. 65.
[32] Cfr. *supra,* págs. 43-65.
[33] Cfr. *supra,* pág. 65, nota 21.

En los casos en los cuales NIKISCH: se muestra últimamente partidario de una acumulación alternativa de acciones, la situación es totalmente distinta. Nuestro citado ejemplo se cuenta entre ellos. Se trata, por consiguiente, de casos en los cuales una determinada solicitud se funda en varios estados de cosas. NIKISCH niega por cierto que haya tal acumulación si la solicitud no está lo suficientemente determinada. Mas la juzga procedente si el actor presenta varias «pretensiones» dirigidas a obtener una misma prestación, o si hace valer varios derechos de constitución que persiguen un mismo objetivo. «La tutela jurídica estará cumplida si se hace lugar aunque sea a una de las pretensiones del actor, ya que la otra se liquidará entonces por sí sola. Para el actor es indiferente cuál de sus pretensiones prospera, y por eso no hay razón para obligarlo a atarse a una determinada de ellas»[34].

La última frase es de especial importancia para poner en claro la construcción de NIKISCH. Para un caso como el de nuestro ejemplo, nuestro autor sostiene que al actor le es indiferente cuál de sus «pretensiones» prospera, porque todo lo que él desea es que se condene al demandado. Por el resultado a que lleva, esta solución es acertada. Pero como, según NIKISCH, en dicho caso estamos en presencia de dos pretensiones procesales distintas, de dos objetos litigiosos, su construcción suscita reparos de mucha consideración.

Por de pronto habremos de partir de la base de que el actor debe plantear ambas pretensiones para que el tribunal resuelva sobre una de ellas. Ambas pretensiones deben estar en estado de litispendencia, ya que de lo contrario el tribunal no estaría en condiciones de dictar resolución sobre una de ellas. El tribunal debe fallar ahora sobre la pretensión con la cual el actor puede triunfar.

Supuesto el caso de que considere primero la «pretensión» basada en el contrato de compraventa, llegando a la convicción de que, a base de esa «pretensión», el actor puede exigir del demandado el pago de la suma de mil marcos, ¿qué ha de ocurrir con la otra «pretensión», fundada en el reconocimiento? También ella se encuentra en estado de litispendencia, litispendencia a la cual es preciso poner fin de algún modo. ¿Ha de depender de la condición resolutoria de que la primera «pretensión» prospere? Pero en ese caso la primera «pretensión» debió plantearse igualmente bajo condición resolutoria, pues el actor no sabe anticipadamente a cuál de las dos hará lugar el tribunal. También la primera debería ser planteada, por lo tanto, bajo la condición resolutoria de que prospere la segunda «pretensión». Pero si se da lugar a la primera, se extingue la litispendencia de la segunda. Mas como a ésta no se le hace lugar, la condición resolutoria bajo la cual se planteó la primera «pretensión», debería extinguir al mismo tiempo la litispendencia de ésta. La imposibilidad de esta solución es tan patente, que no merece que nos detengamos a considerarla.

---

[34] *Lehrbuch*, § 45 IV.

Si se quiere atribuir algún sentido razonable a la relación de dependencia recíproca de las dos pretensiones, cada una de ellas debería plantearse supeditada a la condición resolutoria de que ella misma no prospere, sea que el tribunal la considere infundada o no la considere en absoluto por estimar fundada la otra.

Naturalmente, una condición semejante sería improcedente. Igual que en la acumulación eventual de acciones, tampoco puede eliminarse aquí el riesgo de que una pretensión sea infundada haciéndola valer bajo la condición de que esté fundada. Ello contravendría, sin lugar a dudas, los principios procesales más elementales.

Aparte de ello, dicha pretensión improcedente no sería tampoco una solución si el tribunal estimara infundadas ambas pretensiones, pues entonces, por lógica consecuencia, debería extinguirse retroactivamente la litispendencia de ambas, de modo que el tribunal no podría adoptar resolución alguna, lo que sería nuevamente imposible[35].

¿Cómo llegar pues a una solución razonable si se acepta la tesis de la acumulación alternativa de acciones? No operándose con condiciones resolutorias, la acumulación no sería en verdad alternativa, sino cumulativa o eventual De cualquier manera, deberá resolverse entonces sobre ambas pretensiones, presentándose entonces en los casos como el que nos sirve de ejemplo todas las dificultades ya consideradas.

Hay también otro punto de vista que sirve para comprobar la imposibilidad de la acumulación alternativa. Suponiendo en nuestro caso que las pretensiones procesales —los objetos litigiosos— sean varias, ellas deberían poder plantearse, igual que bajo la forma de la acumulación alternativa, bajo las de acumulación cumulativa o eventual. Mas al estudiar esas formas ya habíamos llegado a la conclusión de que en nuestro caso las pretensiones procesales no podían ser varias. Por lo tanto, tampoco pueden estar dadas si se las plantea bajo la forma de la acumulación alternativa.

4. Como vemos, ninguna de las formas de acumulación de acciones resulta adecuada para nuestro caso. Solo nos resta una solución:

Hay una sola pretensión procesal, un solo objeto litigioso. Que esta solución es la única correcta, lo prueba el hecho de que salva fácilmente todas las dificultades que presentaba la hipótesis de la pluralidad.

Habiendo solamente *una* pretensión procesal, el tribunal no tendrá tampoco que dictar más que *una* resolución. Si por ejemplo la pretensión a los mil marcos está fundada solamente en uno de los estados de cosas, pero no en el

---

35 Estas consideraciones no solamente demuestran que en casos como el de nuestro modelo, en el que una solicitud está fundada en varios estados de cosas, no puede haber acumulación alternativa de acciones, sino que se dirigen sobre todo contra la procedencia de la acumulación alternativa de acciones en general, fuera de los casos ya mencionados y reconocidos por *la* doctrina y la práctica; cfr. pág. 113.

otro, se dictará una sola resolución haciendo fugar a la demanda. Esta es también la única manera para responder a las verdaderas circunstancias, ya que la petición del actor prospera. No se presenta el problema de la sentencia parcial. Toda sentencia que se dicte sobre esa única pretensión será plena. Asimismo, el demandado solo puede allanarse a la petición de los mil marcos como tal y no solamente en virtud de un determinado estado de cosas, pero no del otro, del mismo modo que el actor solo puede desistir de la petición como tal, mas no tan solo en la medida en que está fundada en uno de los estados de cosas.

No podrá plantearse la cuestión de la separación que prevé el § 145 de la ZPO, precisamente por haber una sola pretensión, y tampoco presentará dificultades la aplicación del § 5. La demanda solo podrá retirarse con respecto a toda la petición y no solamente con respecto a un estado de cosas, y no se presentará tampoco la cuestión de un complemento de la sentencia si uno de los estados de cosas no es resuelto por el tribunal.

La hipótesis de la pretensión procesal única y del objeto litigioso único, concuerda pues con las disposiciones legales que deben considerarse piedras de toque para determinar la unidad o pluralidad de esas pretensiones.

III. Corresponde ahora aplicar los recién obtenidos resultados a todas las clases de acciones, es decir, a las acciones de prestación [condena], declaración y constitución.

Los caracteres típicos de nuestro modelo eran los siguientes: El actor había fundado una solicitud en dos sucesos. Quería una sola vez los mil marcos. Los distintos sucesos servían únicamente para fundamentar la misma petición. De los distintos sucesos derivaban distintas pretensiones materiales. Había pues un concurso de pretensiones de derecho material. Llegamos a la conclusión de que, pese a la pluralidad de sucesos y de pretensiones materiales, solo podía haber un objeto litigioso, o sea una sola pretensión procesal.

Esta conclusión puede aplicarse sin inconveniente a todos los casos de situación similar, o sea a todos aquellos en los cuales el actor fundamenta una sola solicitud con varios sucesos y por supuesto que también cuando se funda una solicitud en un solo estado de cosas (pluriacepcional), del cual derivan sin embargo varias pretensiones materiales. Si la solicitud es fundada en un estado de cosas uniacepcional no habrá dificultad alguna.

Si habiendo una solicitud, el objeto litigioso es uno solo, háyase expuesto para fundamentarlo un solo suceso o varios, se impone concluir *que el suceso, o sea el estado de cosas, no puede ser parte del objeto litigioso.* En caso contrario la pluralidad de estados de cosas, igual que la de solicitudes, debería producir una acumulación de acciones, lo que no ocurre, sin embargo, al menos cuando la solicitud presentada es una sola. Hemos hallado así una regla muy importante y significativa:

La unidad o pluralidad de pretensiones procesales es determinada por la unidad o pluralidad de las solicitudes presentadas en una demanda.

Esta regla vale sin excepción para todas las acciones de prestación, declaración y constitución.

1. *Acciones de prestación* [condena]: No es siempre posible, precisamente en esta clase de acciones, determinar a base de la solicitud misma si hay una solicitud o varias. Para ello se requiere a menudo interpretarla.

Si el actor peticiona la devolución de una cosa determinada, alquilada o prestada al demandado, como ser la entrega de un reloj determinado, la abstención de una determinada afirmación, la confección de una cosa determinada, la rendición de cuentas por un determinado negocio, dicho sucintamente, una determinada prestación individual, una unidad, la solicitud misma bastará para inferir, por regla general, que se trata de una solicitud única. No interesa en este caso si se trata de una deuda de género o de especie, en el sentido civil.

No obstante la pluralidad de estados de cosas, el objeto litigioso será en estos casos uno solo.

Por ejemplo, si el actor peticiona de B, poseedor de una herencia, la entrega de un determinado reloj de oro, alegando que el mismo le fue transmitido por el causante en vida de éste por medio de un acuerdo de voluntades y de una constitución posesoria conforme al § 930 del BGB, y que además él es único heredero por testamento de dicho causante y en consecuencia propietario de ese reloj, tenemos un caso de solicitud fundada en varios estados de cosas. El objeto litigioso, no obstante esa pluralidad, es indudablemente imico[36].

La solución es más difícil si lo peticionado no es una unidad, sino una pluralidad.

En dichos casos habrá que distinguir si esa pluralidad de prestaciones que se peticionan consiste en deudas de piezas singulares o en deudas de género.

Si el actor reclama del demandado la entrega de varios objetos determinados no solamente por su género, como por ejemplo de un determinado piano y además de dos alfombras también determinadas, es indudable que hay una pluralidad de solicitudes y por consiguiente una acumulación de acciones.

Distinto es el caso si la prestación peticionada es una deuda de género o una deuda en dinero.

Si se reclaman, como en nuestro ejemplo, mil marcos o diez toneladas de carbón o veinte quintales de patatas, la solicitud no permitirá inferir por sí sola, sin una interpretación basada en los hechos expuestos como fundamento, si se han presentado varias solicitudes y peticionado por ende varias resoluciones o si se trata de una pretensión única. En tales casos, los hechos

36 Según STEIN-JONAS-SCHÖNKE y NIKISCH, en este caso habría acumulación de acciones por pluralidad de estados de cosas; ROSENBERG, LENT, SCHÖNKE y también BAUMBACH-LAUTERBACH, en cambio, negarían que la haya, por haberse presentado una sola solicitud.

expuestos como fundamento deberán revelar si se han presentado varias solicitudes y peticionado varias resoluciones.

Así por ejemplo, si el actor peticiona que se condene al demandado a pagarle la suma de veinte mil marcos, alegando que el 20 de abril de 1952 le había hecho entrega de un préstamo por dicho importe, que el plazo de devolución ha vencido y que el demandado se encuentra en mora, habrá solamente una pretensión procesal, un solo objeto litigioso. El actor peticiona solamente una resolución sobre la obligación del demandado de restituirle el importe de un préstamo de veinte mil marcos otorgado el 20 de abril de 1952.

Pero si el actor alega que el demandado recibió de él dos préstamos de diez mil marcos cada uno, el primero de ellos el 1 de abril de 1951 y el otro el 1 de abril de 1952, que ha vencido el plazo de devolución de ambos y que el demandado se halla en mora respecto, de ambas deudas, se tratará de dos pretensiones procesales, puesto que el actor peticiona en realidad dos resoluciones. En este caso, la solicitud de reintegro de veinte mil marcos era unitaria solamente *en apariencia*. En realidad, el actor peticiona una resolución del tribunal sobre la obligación del demandado de restituir el préstamo de fecha 1 de abril de 1951, y otra sobre su obligación de restituir el préstamo del 1 de abril de 1952.

En este caso, los hechos expuestos para la fundamentación indican que el actor presenta dos solicitudes y peticiona dos resoluciones.

De ahí no debe concluirse, sin embargo, que en las acciones de pago de sumas de dinero o en las dirigidas a obtener una pluralidad de prestaciones determinada por su género, el objeto litigioso consista en el estado de cosas y en la solicitud. Si así fuere, debería haber pluralidad de prestaciones procesales también cuando una solicitud está fundada en varios estados de cosas, como es el caso de nuestro modelo. En éste, aunque se trataba de una acción de pago de sumas de dinero, el objeto litigioso era uno solo, por haberse presentado una sola solicitud y peticionado una sola resolución.

El ejemplo siguiente nos muestra que el estado de cosas tampoco es parte del objeto litigioso en las acciones de pago de sumas de dinero:

El actor requiere al demandado, con referencia a una declaración por la cual éste se le constituyó en fiador en el año 1951 y a otra constitución de fianza del año siguiente, ambas por una misma deuda de mil marcos. En este caso, la solicitud es fundada en varios sucesos, o sea la celebración de sendos contratos de fianza. Pero no se exige que se pague por cada uno de ellos, pues el actor peticiona una sola prestación, una sola resolución, dado que ambos contratos fueron concentrados con respecto a la misma deuda.

Pese a la pluralidad de sucesos, la solicitud es una sola y una la pretensión procesal Si el contrato de fianza del año 1951 no resulta apto para hacer prosperar la acción, por no poderse probar su celebración, pero sí lo es el contrato del año 1952, el tribunal no puede ni debe rechazar la demanda por la falta de prueba del primer contrato, porque el resultado es que se hace lugar a la demanda del actor, quien obtiene lo que peticiona o sea el pago de los mil marcos.

Distinto habría sido si las fianzas no se hubiesen constituido por una misma deuda, sino por obligaciones distintas. Debemos distinguir dos casos:

En 1951, el demandado se constituyó en fiador por quinientos marcos y en 1952 por otros quinientos, o sea por dos obligaciones autónomas. Si en tal caso el actor acciona por el pago de mil marcos, existe la posibilidad de que el tribunal rechace la demanda, entablada por una de las fianzas, que no ha podido demostrarse, pero condene al demandado a pagar quinientos marcos en virtud de la otra. Éste sería otro caso de una solicitud unitaria en apariencia. En realidad, el actor peticionaba que se condenara dos veces al demandado al pago de quinientos marcos.

En el caso arriba estudiado, en el que el demandado había afianzado dos veces una misma deuda de mil marcos, una resolución así solo habría sido posible si la deuda por la cual se constituyeron las fianzas hubiera ascendido, no a mil marcos, sino únicamente a quinientos.

El otro caso es como sigue:

El demandado ha afianzado dos deudas, de mil marcos cada una, o sea en total dos mil marcos. Si ahora el actor le reclama el pago de mil marcos, fundando su demanda en la fianza de 1951 y en la de 1952, habrá una acumulación (eventual) de acciones. El actor peticiona, o el pago de mil marcos derivado de la fianza de 1951, o el que deriva de la de 1952. No reclama en este proceso los mil marcos exigibles al demandado a base de la otra fianza. Por el momento, solo pide mil marcos. En tal caso, será tarea del tribunal instarle a que especifique a base de cuál de esas dos fianzas él peticiona esa suma *principaliter* y a base de cuál la peticiona *eventualiter*. Si reclama primero la condena del demandado a base de la fianza de 1951 y esa fianza no puede ser probada, deberá dictarse sentencia parcial sobre esa pretensión principal, mientras que la resolución sobre la pretensión eventual se dictará mediante sentencia definitiva. Lo que hay aquí en realidad son dos solicitudes que guardan entre sí una relación de eventualidad.

La diferencia con el primer ejemplo de fianza que vimos es la siguiente:

En éste, el actor peticionaba la suma de mil marcos solamente una vez, y no obstante fundarse la demanda en varias fianzas los mil marcos eran los mismos. En el caso que acabamos de ver, en cambio, el actor exige los mil marcos a base de una o de otra fianza, con la consecuencia de que, aun después de condenarse al demandado al pago de esa suma, podrá hacer valer aún los otros mil marcos a base del contrato de fianza que no fue la causa por la cual se hizo lugar a la primera demanda[37].

[37] Cfr. con estos ejemplos la resolución del Tribunal Supremo publicada en *Gruch* 59, 932; NIKISCH, *Lehrbuch*, § 45 IV; BAUMBACH-LAUTERBACH, nota 2 D c al § 260 y *supra*, pág. 87.

Y finalmente puede citarse todavía otro ejemplo, que a los autores les gusta traer en los tratados para demostrar que también en las acciones de pago el objeto litigioso es único, pese a la pluralidad de estados de cosas, si la solicitud presentada es una sola.

El actor entabla demanda por el cobro de una letra extendida por el demandado por la suma de mil marcos, y se apoya además en el negocio causal de dicho instrumento[38]. Si el tribunal considera nula la letra por defecto de forma, pero válida la compraventa que es su causa, la demanda no podría rechazarse en cuanto se funde en dicha letra, sino que debe dictarse una sentencia, unitaria que le haga lugar.

Esta solución es enteramente satisfactoria y además la única correcta, pues el actor solamente tiene interés en obtener los mil marcos que reclama del demandado, siendo secundaria la causa por la cual esa suma le es reconocida[39].

También este ejemplo muestra claramente que para determinar la unidad o pluralidad de pretensiones procesales, lo decisivo es la unidad o pluralidad de solicitudes. Esto vale sobre todo para las acciones de pago de sumas de dinero y otras dirigidas a obtener el pago de deudas de género.

De ahí no debe seguirse, sin embargo, que el estado de cosas (o los estados de cosas) carezca de toda importancia para la determinación del objeto litigioso. Por el contrario, debe recurrirse a él cada vez que haya que interpretar acciones de pago de deudas de dinero o de género (no de la pluralidad de deudas de piezas singulares), para determinar si hay una o más solicitudes. Siendo ellas varias, por las cuales se peticionan también varias resoluciones, habrá también más de un objeto litigioso.

En muchos casos, quizá en la mayoría, cuando las acciones son por deudas de género[40] o de dinero y están fundadas en varios estados de cosas, serán también varias las pretensiones procesales. Pero no necesariamente, como lo demuestran los ejemplos citados. El objeto litigioso bien puede ser uno solo, pese a la pluralidad de estados de cosas.

La pauta está siempre en la petición de una o más resoluciones y en la correspondiente presentación de una o más solicitudes.

El estado de cosas (o los estados de cosas) sirve pues para determinar la unidad o pluralidad de objetos litigiosos tratándose de acciones de pago de

38 Este caso se presentará rara vez en la práctica. Por regla general, las demandas de pago fundadas en letras de cambio se promueven en el proceso cambiario y se apoyan solo en el libramiento de la letra, pero no en el negocio causal de ésta. Solo en caso de advertirse defectos en la letra, por ejemplo, se suele prescindir del proceso cambiario (§ 596 de la ZPO) y apoyar la demanda exclusivamente en el negocio causal. Entonces se presenta la cuestión si ha habido modificación de la demanda. Volveremos a referirnos a este punto; cfr. pág. 150.

39 En contra Nikisch, *Lehrbuch,* § 45 IV (ver *supra,* pág. 64).

40 Si se habla aquí de deuda en especie, se hace referencia únicamente a la petición de una pluralidad de cosas determinadas por su especie, pero no a la petición de una unidad así determinada, como podría ser un automóvil de determinada marca, etc.

una pluralidad determinada solo por su género[41]. No puede calificárselo, sin embargo, como elemento del objeto litigioso, equivalente a la solicitud, puesto que no lo es en ninguna de las acciones que contienen una solicitud fundada en varios estados de cosas.

En resumen, sobre el problema de la unidad o pluralidad de solicitudes puede decirse lo siguiente:

La solicitud será siempre una sola, si se peticiona una unidad, trátese de una deuda de piezas singulares o de una deuda de género o de dinero. En ese caso, la unidad de solicitud puede inferirse por principio de la solicitud misma sin necesidad de recurrir al estado de cosas. Claro que también aquí se conciben casos en que se requiere el auxilio del estado de cosas para fines de interpretación. Así por ejemplo, si el actor reclama la entrega de un reloj de oro fundándose en un legado y además en la transmisión que, por acuerdo y constitución posesoria, le habría hecho el causante, en vida» de la propiedad del mismo, en realidad no presentará una, sino dos solicitudes, porque peticiona, o que se le entregue el reloj como propietario, o, en cuanto se funda en el legado, que el heredero le haga tradición de ese reloj atendiendo su calidad de legatario. Casos como éste, en que se requiere interpretar la solicitud para determinar si hay unidad o pluralidad de solicitudes, deben ser por cierto muy raros si lo peticionado es una unidad.

Si el actor peticiona varias deudas de piezas singulares, habrá pluralidad de solicitudes y, en consecuencia, pluralidad de pretensiones procesales. Lo mismo vale si peticiona una pluralidad de distintas especies. Pero si peticiona una pluralidad de una misma especie (v. gr., 3 quintales de patatas, 10 toneladas de una determinada clase de carbón, 100 botellas de vino de Mosela de una determinada serie) o el pago de una suma de dinero, la cuestión de la unidad o pluralidad de solicitudes solo podrá plantearse a base de los hechos expuestos para fundamentar la demanda. De ellos deberá deducirse si hay efectivamente una sola solicitud o si ella es unitaria solo en apariencia, cuando en realidad se peticionan varias resoluciones.

Es también indiferente en cuántas pretensiones de derecho material se apoya la demanda. En las fundadas en la compraventa y la letra o en la compraventa y el reconocimiento había indudablemente dos pretensiones materiales, pero un solo objeto litigioso, por peticionarse solamente una prestación.

La pauta para determinar la unidad o pluralidad de pretensiones procesales está dada pues por la unidad o pluralidad de solicitudes.

2. *Acciones de declaración:* La unidad o pluralidad de solicitudes determina también la unidad o pluralidad de objetos litigiosos en las acciones de declaración.

---

[41] Se entiende por *si* solo que reclamándose una pluralidad de cosas de especies *diferentes* (20 quintales de carbón y 3 estéreos de leña) habrá pluralidad de pretensiones procesales. Hay aquí una pluralidad de solicitudes. Para comprender esto no es preciso una interpretación a través de los hechos expuestos como fundamento.

De este tipo de acciones corresponde distinguir dos grupos: Las acciones de declaración de un derecho o de una relación jurídica, y las demás acciones de declaración. Entre estas últimas se cuentan todas aquellas imaginables también como acciones de prestación [condena], o sea las dirigidas a obtener la declaración de una consecuencia jurídica[42].

En lo que respecta a las acciones de declaración de un derecho o de una relación jurídica, casi todos los autores niegan que haya una acumulación de ellas en caso de ser varios los estados de cosas. Solamente el Comentario de STEIN-JONAS-SCHÖNKE, haciendo aplicación consecuente de su concepto de objeto litigioso, se pronuncia también en este caso a favor de la existencia de una acumulación de acciones[43]. ROSENBERG, NIKISCH, LENT, SCHÖNKE y BAUMBACH-LAUTERBACH niegan que la haya si se peticiona la declaración de un determinado derecho o de una determinada relación jurídica a base de varios estados de cosas. Para el estudio de los distintos fundamentos remitimos a lo dicho sobre este problema al tratar las diferentes teorías.

Si la acción tiene por objeto la declaración del derecho sobre una cosa determinada o de una relación jurídica existente entre las partes, habrá efectivamente un solo objeto litigioso, una sola pretensión procesal, aunque se expongan varios estados de cosas para fundamentarla. El resultado no será incorrecto, desde luego, si en estos casos se justifica la unidad del objeto litigioso diciendo que el objeto del litigio es un determinado derecho o una determinada relación jurídica, como lo hace ROSENBERG y también NIKISCH. Y probablemente no es más que un desplazamiento de la tónica si se fija el centro de gravedad en la unidad de solicitud y se funda en ésta la unidad del objeto litigioso, como lo haremos aquí. Este desplazamiento es, sin embargo, necesario por razones de sistemática. Siendo el objeto litigioso un concepto puramente procesal, la unidad o pluralidad de pretensiones procesales debería, también en las acciones de declaración de un derecho o de una relación jurídica, determinarse exclusivamente por criterios procesales, sin recurrir a una fundamentación de derecho material[44].

Si la declaración de propiedad de un reloj de oro se funda tanto en la transmisión de dominio como en la usucapión, habrá solamente un objeto litigioso, una sola pretensión procesal, por haberse presentado una sola solicitud: la de declaración de propiedad de una cosa.

La hipótesis de una acumulación de acciones llevaría aquí a los mismos resultados inadmisibles que señaláramos más arriba para el caso de una acción de pago fundada en compraventa y reconocimiento.

El tribunal no puede rechazar la demanda en la medida en que se fundaba en un acuerdo de voluntades y una tradición, pero sí hacerle lugar en

---

42 Ejemplo: El demandante acciona para que se declare que él tiene contra el Fisco una pretensión para que se le entregue una cosa determinada.

43 Cfr. *supra*, pág. 74.

44 Respecto de otros efectos, cfr. *infra*, pág. 152.

cuanto se apoyaba en la usucapión. Solo puede haber una sentencia unitaria, que dé lugar o que rechace la demanda. Si resultara que la demanda estaba fundada tan solo en uno de los estados de cosas, el actor deberá triunfar sin limitaciones, y su propiedad sobre el reloj quedará establecida. No hay cabida para una sentencia que le dé un triunfo parcial, aunque uno de los fundamentos resulte ser infundado.

Distinto sería el caso, ciertamente, si con la misma fundamentación que se sostuvo para el caso recién estudiado, se accionara por la declaración de propiedad sobre varios objetos. En tal caso habrá indudablemente varias solicitudes, por exigirse varias resoluciones judiciales. Estaríamos pues en presencia de varias pretensiones procesales. Si la propiedad sobre uno de esos objetos resultara ser infundada, no habría reparo en rechazar por infundada la demanda con respecto a éste.

Lo que vale para la declaración del derecho sobre una cosa determinada, vale también para la declaración de una determinada relación jurídica que se afirma que existe entre las partes. Por ejemplo, si el actor, basándose en varios estados de cosas, peticiona que se declare una locación existente entre él y el demandado, habrá solamente una solicitud y en consecuencia una sola pretensión procesal.

Es probable que en las acciones de declaración de un derecho o de una relación jurídica, la existencia de una unidad o pluralidad de solicitudes podrá deducirse siempre a base de la solicitud misma, sin necesidad de recurrir a la interpretación basada en los hechos expuestos para fundamentar la demanda.

No ocurre lo mismo si se peticiona la declaración de una: *consecuencia jurídica*. Para determinar en estos casos la unidad o pluralidad de las solicitudes y, por consecuencia, de las pretensiones procesales, rigen las mismas reglas que indicáramos para las acciones de prestación [condena].

Por ejemplo, si el actor acciona para la declaración de un crédito de 20.000 marcos que tiene contra el Fisco, la solicitud no permitirá por sí sola deducir cuántas son las resoluciones que en realidad peticiona. Aquí, igual que en las acciones de prestación, deberá echarse mano del estado de cosas (o de los estados de cosas) para determinar si hay unidad o pluralidad de pretensiones: procesales. Pero, igual que en las acciones de prestación [condena], el estado de cosas no es un elemento del objeto litigioso equivalente a la solicitud, aun cuando en muchos casos habiendo pluralidad de estados de cosas habrá también pluralidad de pretensiones procesales.

Como en el caso de las acciones de prestación, para las de declaración solo puede decirse, por regla general, que el estado de cosas sirve para determinar la unidad o pluralidad de pretensiones procesales, pero que no es un elemento del objeto litigioso que equivalga a la solicitud. La pauta para establecer si hay unidad o pluralidad de objetos litigiosos es únicamente la unidad de pluralidad de solicitudes.

3. *Acciones de constitución:* También en las acciones de constitución es la unidad o pluralidad de solicitudes la que determina la unidad o pluralidad de pretensiones procesales.

Así por ejemplo, si se acciona por divorcio, se presentará una sola solicitud y se peticionará una sola resolución, no interesando *si* la demanda está fundada en uno o más estados de cosas. Corresponde a Bötticher el mérito de haber señalado enfáticamente esta circunstancia en su escrito que integró el homenaje a Leo Rosenberg. El actor está interesado en el divorcio; esa es la meta que quiere alcanzar. Por eso el objeto litigioso será único, cuando el actor apoya su demanda en varios estados de cosas.

Las teorías modernas discrepan sensiblemente sobre esta cuestión, como vimos al exponer las doctrinas en la primera parte de este libro. Nikisch sostiene ahora que si se exponen varios estados *de* cosas para fundamentar una demanda de divorcio, habrá una acumulación alternativa de acciones. Según Stein-Jonas-Schönke se trataría de una acumulación cumulativa o eventual y también según la teoría de Lent corresponde admitir en este caso la acumulación, porque su nueva teoría, según la cual habiendo unidad de petición habría solamente un objeto litigioso pese a la pluralidad de derechos materiales, probablemente no se extiende a las acciones de constitución. Para Rosenberg, en cambio, en consonancia con la opinión de Bötticher y posiblemente también con la de Schönke, la pretensión procesal sería en este caso una sola. Otro tanto cabe suponer de la opinión de Baumbach-Lauterbach.

La concepción según la cual el objeto litigioso es uno solo si la acción de divorcio está fundada en varios estados de cosas, es la única que proporciona soluciones consecuentes. Un ejemplo que es muy común en la práctica servirá para aclararlo:

El actor funda su acción de divorcio en primer término en el cese de la comunidad doméstica (§ 48 de la Ley de Matrimonio), y, además, en la conducta antimatrimonial de la demandada. Si hubiera en este caso una acumulación eventual de acciones, como lo sostienen por ejemplo Stein-Jonas-Schönke, entonces, si se comprueba que la comunidad doméstica no estuvo suspendida efectivamente por tres años, pero el tribunal considera probada la inconducta de la demandada, la demanda debería prosperar en parte y ser rechazada en parte, aunque la petición de divorcio prospera y el matrimonio es disuelto.

En realidad, solo puede haber una sentencia unitaria, en este caso favorable. De ahí resulta también que hay solo una pretensión, no varios objetos litigiosos.

La nueva teoría de Nikisch conduce a las mismas e insalvables dificultades que ya vimos al tratar la acumulación alternativa de acciones en el caso de nuestro modelo. Si en el estudiado caso de divorcio viéramos, como Nikisch, una acumulación alternativa de acciones, ambas «pretensiones» deberían pasar a estado de litispendencia para que el tribunal tenga la posibilidad de resolver sobre una de ellas. Si el tribunal niega que haya cesado la comunidad doméstica, pero sostiene que hubo inconducta de parte de la demandada, ¿qué será entonces de la «pretensión» fundada en el cese de la comunidad doméstica?

Esta cuestión nos lleva a la conclusión a que ya llegáramos anteriormente, y es que una acumulación alternativa dé acciones solo puede tener sentido si se plantea cada una de las «pretensiones» bajo la condición resolutoria de que sea infundada o que prospere la otra pretensión. Semejante planteo es sin embargo inadmisible, pues eximiría al actor del riesgo de que su pretensión sea eventualmente infundada.

Lógicamente tampoco conduciría a resultados útiles la hipótesis de una acumulación cumulativa. También ella encerraría la posibilidad de resoluciones contradictorias, si la acción de divorcio fuera fundada en cuanto a una causal e infundada con respecto a la otra.

La única solución correcta está en admitir una sola pretensión procesal, un solo objeto litigioso.

Este principio no sufre alteración por haberse establecido culpa del otro cónyuge en una de las causales, pero no en la otra, al decretarse el divorcio. Así por ejemplo, si el actor peticiona el divorcio, primero por adulterio y en segundo lugar alegando una separación de tres años, no pudiendo probarse el adulterio, pero sí la suspensión de la comunidad doméstica, el divorcio se decretará por esta última causal, sin declaración de culpa, salvo que se la haya solicitado conforme al § 53 de la Ley de Matrimonio. Con respecto a la solicitud, basada en el alegado adulterio, para que se decrete el divorcio por culpa de la demandada, la práctica dominante de los tribunales es resolver sobre ella en el considerando de la sentencia, pero no en la parte dispositiva. No se la rechaza formalmente. También esto prueba que hay solamente una pretensión procesal, puesto que de lo contrario debería rechazarse la «pretensión procesal» basada en el adulterio.

Pero aun si se considerara procedente un rechazamiento de la solicitud de culpa, dicho rechazamiento solo se referiría a esa solicitud y no a la «pretensión procesal» del actor fundada en el adulterio. Esto se demuestra perfectamente invirtiendo el orden de exposición de las dos causales. Si el actor peticiona el divorcio en primer término por el cese de la comunidad doméstica y en segundo lugar por adulterio, el divorcio se decretará por culpa de la demandada, pero no se rechazará la demanda fundada en el no probado cese de la comunidad doméstica.

Se trata pues solamente de una pretensión procesal, cuyo objetivo es el divorcio, aun cuando de las causales expuestas nazcan consecuencias accesorias especiales.

Pero si el actor acumula una acción de divorcio y una de anulación, a lo que estará forzado, dadas ciertas circunstancias, por el § 616 de la ZPO, para no perder las causales de anulación existentes, las solicitudes serán dos y dos las pretensiones procesales, que necesariamente deberán guardar entre sí una relación de eventualidad[45].

BÖTTICHER parece ser partidario, también en este caso, de la idea de un solo objeto litigioso, pues en distintas ocasiones dice que el objeto litigioso es la anulación del matrimonio «in toto'*, su disolución[46]. Opinión que no puede ser correcta.

Si el tribunal no considera fundada la acción de divorcio, deberá rechazarla y resolver también sobre la acción de anulación promovida *eventualiter*. Pero si la acción, de divorcio prospera, la litispendencia de la acción de anulación se extinguirá retroactivamente. La posibilidad prevista por el § 18 del Reglamento de Ejecución, n. 1, de la Ley de Matrimonio, de fecha 27 de julio de 1938 (Boletín Oficial I, pág. 923), de que el tribunal considere fundadas ambas peticiones, parte del equivocado supuesto de que esas dos acciones se acumulan cumulativamente. Tal acumulación no es posible. La relación que media entre ambas acciones requiere necesariamente su acumulación eventual.

Pero la unidad o pluralidad de objetos litigiosos es determinada por la unidad o pluralidad de solicitudes no solamente en las acciones de divorcio y de anulación de matrimonio, sino también en todas las demás acciones de constitución.

Así por ejemplo, si en una sociedad comercial abierta los socios piden la exclusión de uno de ellos, conforme al § 140 del HGB, fundando su demanda en varios estados de cosas, cada uno de los cuales constituye un motivo importante según lo previsto por el § 133 del mismo código, el objeto litigioso será uno solo por ser una sola la solicitud por la cual se reclama la exclusión de un socio determinado. Si el tribunal considera procedente uno de los motivos, pero no el otro, deberá no obstante disponer la exclusión del demandado de la sociedad. No hay lugar para una sentencia denegatoria parcial.

Solo la tesis de la unidad de la pretensión procesal, del objeto litigioso, conduce también en este caso a resultados inteligibles y útiles en la práctica.

Por lo tanto, para las acciones de constitución rige la regla:

La unidad o pluralidad de pretensiones, procesales es determinada únicamente por la unidad o pluralidad de solicitudes.

IV. En conexión con este punto se presenta un problema que es de especial importancia, ante todo en la acción de divorcio: la cuestión relativa a la *disposición de las partes* sobre los distintos sucesos o derechos materiales en el proceso.

El ejemplo de una acción de divorcio servirá para elucidar el problema:

---

45 Cfr. SCHWAB, «ZZP» 65, 109.

46 *Zur Lehre vom Streitgegenstand im Eheprozess*, «Festgabe für Leo Rosenberg», págs. 92, 95; ver *supra*, pág. 93.

La demandante peticiona el divorcio, fundándose en que el marido mantiene con otra mujer relaciones que configuran adulterio. El demandado, sin negar la existencia de esa relación, se declara dispuesto a aceptar un divorcio convencional y a comprometerse a un adecuado pago de alimentos, con la condición de que la actora funde su demanda, no en adulterio, sino en conducta antimatrimonial. Estos casos no son raros en la práctica tribunalicia. La demandante solicita entonces el divorcio fundándose simplemente en la inconducta del demandado.

¿Es posible esto y puede el tribunal, no obstante habérsele expuesto hechos que justifican el divorcio por adulterio, decretarlo simplemente a base de inconducta?

Esta cuestión dio lugar no hace mucho a una vehemente controversia, en la que la mayoría «se pronunció por la afirmativa[47], concepción que responde también a la práctica dominante en los tribunales.

Este derecho de opción de las partes no puede justificarse, sin embargo, como lo hiciera BEISLER, *ob. cit.*, sosteniendo que varios derechos de divorcio constituyen varias pretensiones procesales. Es fácil demostrar que no hay pluralidad de pretensiones procesales en el ejemplo citado. Si la actora funda su demanda exclusivamente en la conducta antimatrimonial de su marido, no obstante haber peticionado el divorcio por adulterio, si hubiera efectivamente varias pretensiones procesales, la fundada en adulterio debería eliminarse de alguna manera del proceso. Esto solo sería imaginable por vía de un desistimiento de la pretensión o del retiro de la demanda, que puede también referirse a varias pretensiones presentadas en una misma demanda. En el primer caso debería dictarse, a pedido del demandado, una sentencia de desistimiento, y en el segundo la demandante tendría que cargar al menos con las costas. Construcción inconcebible, totalmente ajena a la práctica de los tribunales[48].

Objeto litigioso es y sigue siendo únicamente la petición de divorcio de la actora. Las causales de divorcio no son pretensiones procesales; ellas sirven únicamente para fundamentar la pretensión procesal cuyo objeto consiste simplemente en obtener el divorcio.

De entre esas causales, el actor puede sin embargo elegir la que desee como fundamento de la sentencia, aun después de haber expuesto varias en el proceso.

La facultad de disposición sobre varias causales materiales de divorcio que tiene el actor, es en realidad un derecho de elección entre varios estados

---

[47] Cfr. SCSHMID, «DRZ», 1949, 7; NEBEL, «DRZ» 1949, 128; WEISNER, KLEINEWERFERS, HAMELBECK, PLASSMANN, «DRZ» 1949, 148 y sigtes.; NELL, «DRZ» 1949, 248; WÄLDE, «NJW» 1949, 374; MÜNZEL, «NJW» 1949, 572; BEISLER, «DRZ» 1950, 31.

[48] Por esas razones hay también reparos contra la concepción de HABSCHEID, quien ve como objeto litigioso del proceso matrimonial la afirmación concreta de un derecho apoyada en un determinado derecho de divorcio; cfr. *Die Wiederholung der abgewiesenen Heimtrennungsklage*, págs. 19/20.

de cosas. Porque si bien la alegación de la actora de que el demandado mantiene con otra mujer relaciones que configuran adulterio, tiene la apariencia de un estado de cosas complejo, ella consiste en realidad en varios sucesos. De ella se desprende tanto el hecho de relaciones sexuales como el estado de cosas de otra conducta antimatrimonial, siempre implícita en este género de relaciones. El actor puede determinar cuál de *esos* estados de cosas ha de servir de fundamento a la sentencia. Tiene también la posibilidad de fijar el orden en que el tribunal debe resolver sobre varios estados de cosas.

Así, podrá peticionar la condena primero por un motivo y solo subsidiariamente por otro motivo distinto, si el primero no alcanzara a justificarla[49]. En una acción de divorcio fundada en suspensión de la comunidad doméstica y en conducta antimatrimonial, el actor podrá exigir el divorcio primero por la suspensión de la comunidad doméstica y solo eventualmente por la inconducta, o también a la inversa.

Este principio de facultad de disposición del actor sobre varios estados de cosas por él expuestos vale no solo para las acciones de divorcio y anulación, sino también para todos los demás casos. El actor debe tener la posibilidad de determinar la forma de acumulación de varios estados de cosas o la limitación a uno de ellos, siempre que la misma naturaleza de los estados de cosas expuestos no imponga de por sí una forma determinada. Tenemos, por ejemplo, el caso en que la declaración de propiedad sobre una cosa determinada es peticionada en virtud de un acuerdo de voluntades y una tradición, y luego en virtud de usucapión. Un estado de cosas excluye al otro. Si el actor ha adquirido ya la propiedad por acuerdo de voluntades y tradición, no es ya posible el otro suceso, la usucapión, y a la inversa: la adquisición de la propiedad por usucapión presupone que no se la adquirió por acuerdo y tradición. La naturaleza de ambos sucesos obliga a que la condena solo pueda justificarse por el uno o por el otro. Trátase de una fundamentación *alternativa* de la misma pretensión.

Pero también es imaginable el ejercicio cumulativo de varios estados de cosas. Si el actor pide por ejemplo la entrega de una cosa determinada fundada en el dominio y también en una relación obligacional, como puede ser el arrendamiento, no le interesará si el tribunal examina esos estados de cosas en un orden determinado, o sea, si considera primero el uno o el otro. Los sucesos tampoco son recíprocamente excluyentes, sino que cada uno faculta para reclamar por sí solo y junto al otro la entrega de la cosa.

Hasta ahora prevaleció el criterio de negar al actor la facultad de disposición sobre los distintos estados de cosas[50]. Esta concepción es sin embargo insostenible a la luz de las nuevas teorías sobre unidad y pluralidad de la pretensión, para las cuales la pauta está en la unidad o pluralidad de solicitudes. Los motivos de la acción son también los sucesos expuestos para fundamentar la demanda. El actor debe poder disponer de ellos.

---

[49] Cfr. también NIKISCH, *Streitgegenstand,* págs. 163 y sigtes.

[50] *Cfr.* ROSEINBERG, *Tratado,* § 93 IV 3 e. La 6ª edición no contiene ya este pasaje.

Distinto es el caso, en cambio, si hay solamente un estado de cosas unitario que da origen a varias pretensiones de derecho material. Sobre éstas el actor carece de facultad de disposición. A él le corresponde exponer el estado de cosas, los hechos en los cuales funda su petición. Pero la aplicación del derecho a esos hechos es tarea exclusiva del tribunal. En el mencionado caso del accidente de tranvía, el actor no puede disponer que se condene al demandado por acto ilícito, y no en virtud de la ley nacional de responsabilidad ni de un contrato. De hacerlo se arrogaría facultades que son de competencia exclusiva del tribunal. Esta fue también la opinión del Tribunal Supremo. En la resolución «RG HRR» 1935 Nº 817, declaró primeramente, de acuerdo con nuestra concepción, que el actor tiene el derecho de disposición exclusiva sobre los distintos estados de cosas en que se funda una misma solicitud. Continúa diciendo:

> «En cambio, si el hecho-tipo puede apreciarse por varios criterios jurídicos, entra a regir el principio de que es al tribunal a quien corresponde dictar la sentencia definitiva cuando el litigio se encuentra en estado de resolución».

Si entre las pretensiones de derecho material nacidas de un estado de cosas único hay alguna que presente determinadas ventajas, es deber del tribunal hacer lugar a la demanda por ese motivo. Es sin embargo muy difícil que casos tales se presenten en la práctica.

V. Como resultado de la precedente investigación podemos dejar sentado:

> Habrá acumulación de acciones si se presentan varias solicitudes. Si se presenta una sola, el objeto litigioso será también único, sean uno o más los estados de cosas expuestos como fundamento de esa solicitud, siendo asimismo indiferente si ese estado de cosas o esos estados de cosas dieron origen a una o más pretensiones de derecho material. Este principio es válido para acciones de prestación [condena], declaración y constitución. Sin embargo, en una serie de casos, sobre todo en las acciones de pago de sumas de dinero y de deudas en especie, solo podrá determinarse si hay una o más solicitudes a base del estado o de los estados de cosas expuestos para su fundamentación. El estado de cosas no es, empero, un elemento del objeto litigioso equivalente a la solicitud, sino que solo sirve para establecer, al efecto de determinar si hay unidad o pluralidad de pretensiones procesales, si hay una o más solicitudes.

Esta concepción responde, al menos en su resultado, a las teorías de ROSENBERG y de SCHÖNKE y probablemente también a la del Comentario de BAUMBACH-LAUTERBACH . También concuerda con ella en cuanto a su resultado, y en lo que respecta a las acciones de prestación y declaración, la teoría de LENT. NO condice, en cambio, con las enseñanzas del Comentario de STEIN-JONAS-SCHÖNKE y con la nueva tesis de NIKISCH.

La jurisprudencia del antiguo Tribunal Supremo no era uniforme con respecto a la cuestión de la unidad o pluralidad de pretensiones procesales, como no lo era en general en lo que se refería al problema del objeto litigioso. Especial importancia tuvo el conocido fallo plenario de las Salas Civiles que figura en «RG» 27, 885. Allí se discutió si el tribunal competente para el lugar en que se cometió el hecho ilícito estaba también facultado para resolver sobre algún otro motivo que (eventualmente) se expusiera. El tribunal se pronunció por la negativa, manifestando (pág. 388):

> «La uniformidad de la petición no puede fundar la competencia, porque, aun prescindiendo de ella, hay una acumulación de distintas acciones (llamada acumulación eventual) si la petición es fundada en distintos motivos de hecho y de derecho, cada uno de los cuales bastaría por sí solo para justificarla. Esto se advierte claramente en la acumulación de fundamentos sustancialmente independientes entre sí, autónomos de hecho y de derecho, si se exige, por ejemplo, una misma suma de dinero a base de un acto ilícito y a base de un contrato».

Como resulta de la copiosa jurisprudencia existente sobre el tema de la modificación de la acción, esta concepción siguió siendo también más adelante la fundamental del Tribunal Supremo, en la inteligencia que lo que en opinión del organismo daba lugar a la acumulación de acciones no eran varias pretensiones de derecho material con un estado de cosas único, sino distintos fundamentos de hecho. Esta concepción no surge aún indubitadamente del citado fallo plenario de las Salas Civiles,

En la jurisprudencia del Tribunal Supremo de los últimos tiempos se encuentran también casos que están más próximos a la opinión aquí sustentada y que incluso la autorizan expresamente.

En el caso tratado en «RG» 165, 374 el actor había solicitado que se declarara improcedente la ejecución forzosa de la sentencia recaída entre las partes. Había presentado la demanda como contrademanda de ejecución, conforme al § 767 de la ZPO, apoyándola además en el § 826 del BGB. El Tribunal Supremo sostuvo (pág. 378):

> «... Se trata pues de una acumulación de motivos autónomos, siendo una la solicitud. Puede quedar abierta la cuestión de si las disposiciones del § 260 de la ZPO son aplicables a este hecho-tipo procedimental, como también si era procedente permitir la acumulación de esos dos fundamentos de demanda en el procedimiento de apelación... Por consiguiente, puede dejarse sin contestar si la acumulación de varios fundamentos autónomos de hecho y de derecho para una única solicitud constituye una auténtica acumulación de acciones en el sentido establecido por el § 260 de la ZPO...»

La concepción aquí sostenida es aprobada expresamente, entre otras, por las resoluciones S.A. 77 N° 157 y HRR 1935 N° 817.

La primera es una sentencia de la 7ª Sala del Tribunal Supremo, del año 1922.

El actor había solicitado la revocación de un laudo por no-haberse oído a la parte conforme a lo establecido por el § 1041 de la ZPO, y al contestar el demandado que no se trataba de un laudo sino de una determinación confiada a un tercero (BGB, § 317), peticionó la anulación de esa determinación por evidente inequidad. El tribunal de apelación vio en la petición del actor de anular lo resuelto por los «árbitros», fuera como laudo o como determinación confiada a tercero, una acumulación objetiva de acciones. Ante esta solución, el Tribunal Supremo sostuvo:

> «Solamente habrá acumulación de acciones, cuando se presenten varias pretensiones fundadas en distintos hechos-tipo (cfr. STEIN, 11ª ed., nota II, § 260 de la ZPO). Pero el actor ha hecho valer una sola pretensión, al solicitar la revocación del laudo y la declaración de que el demandado no puede derivar de éste derecho alguno. Dos son los fundamentos que dio para esa pretensión. En la demanda se ha censurado la negativa de oír a la parte en el procedimiento arbitral... Luego, en el curso de la primera instancia, el actor se apoyó también en el § 319 del BGB, manifestando que el pronunciamiento del árbitro como tercero llamado a determinar la prestación del demandado era evidentemente inequitativo. En este caso hay, como sostuvo acertadamente el juez de primera instancia, una modificación de la demanda, y no una acumulación condicionada de acciones».

Esta hipótesis es, cuando menos, dudosa y, según nuestra concepción, debe ser rechazada. Es en cambio acertada la comprobación del Tribunal Supremo de que solamente puede hablarse de acumulación de acciones si se presentan varias pretensiones sobre la base de distintos hechos-tipo.

La misma concepción es sostenida también en la resolución HRR 1935 N° 817. Allí se declara expresamente que si se hacen valer dos pretensiones materiales apoyadas en sucesos de hecho distintos (fianza y acto ilícito), habrá una sola pretensión procesal[51].

En lo referente a la acción de declaración negativa, la jurisprudencia del Tribunal Supremo mantiene una posición peculiar. En este punto, el alto organismo, como veremos más adelante al tratar la modificación de la demanda, en la mayoría de los casos no asignó importancia, a los fines de la determinación de la pretensión procesal, al estado de cosas expuesto como fundamento de la demanda. Si se atribuye esta conclusión a la teoría de la unidad o pluralidad de pretensiones procesales, sería lo consecuente considerar a la solicitud como único factor decisivo para determinar la unidad o pluralidad de objetos litigiosos. Sin embargo, el Tribunal Supremo no llegó expresamente a esa conclusión en ninguna de sus resoluciones.

La BGH (Corte Federal de Justicia) se ha ocupado hasta ahora, en dos resoluciones referentes a un mismo asunto, de la cuestión de si habría una

---

51 Cfr. sobre esta resolución *supra*, pág. 135.

acumulación de acciones en la petición unitaria fundada en varios motivos de hecho y de derecho (BGH S, 47 y 9, 22). En dicha causa el actor había exigido al demandado, invocando el § 985 del BGB, la restitución de una sala de cinematógrafo, alegando que el contrato de uso celebrado entre el demandado y su antecesor era inválido. Subsidiariamente, los actores solicitaron, fundándose en los §§ 2 y 4 de la MSchG (Ley de Alquileres) la rescisión del arrendamiento de dicha sala y la condena del demandado al desalojo y a la entrega.

La Corte supuso en estas resoluciones (cfr. BGH 8, 50 y 9, 26 y sigtes.) que la petición era unitaria, aun cuando aparentemente se la hiciera bajo la forma de dos sohcitudes[52]. Sin embargo, ambas resoluciones demuestran también que, atendiendo a la unidad de petición la BGH negó que hubiera acumulación de acciones, no obstante ser varios los estados de cosas y las pretensiones. Al hacerlo, mencionó especialmente las teorías de ROSENBERG y de BÖTTICHER (cfr. BGH 9, 27)[53].

La concepción de que la unidad o pluralidad de solicitudes es la que determina la unidad o pluralidad de pretensiones procesales, también cuenta, como se ve, con la aprobación de la Corte.

---

52 Hay reparos contra esta concepción. Es de suponer que la rescisión del arrendamiento y el desalojo son dos objetivos distintos de tutela jurídica.

53 Cfr. la nota de ROSENBERG en «JZ» 1953, 113 y de LAUTERBACH en «NJW» 1953, 170 sobre la primera resolución de la BGH.

§ 10. LA MODIFICACIÓN DE LA DEMANDA

I. Si en la acumulación de acciones el problema residía en la determinación de la unidad o pluralidad de pretensiones procesales, en la modificación de la demanda, igual que en la litispendencia, consiste en la comprobación de la identidad, o sea de la igualdad o desigualdad, de esas pretensiones.

La identidad del objeto litigioso, de la pretensión procesal, cambia al modificarse el objeto litigioso mismo, cuando pasa a ser otro. No obstante la gran discrepancia de opiniones en las cuestiones de detalle, los autores están contestes en que la modificación de la demanda se opera al modificarse el objeto litigioso o sea, en otras palabras, cuando se plantea una nueva pretensión procesal en lugar de la antigua[1]. No la habrá, pues, si el objeto litigioso no pierde su identidad.

Está asimismo universalmente admitido que también el planteo ulterior de una nueva pretensión procesal junto a la antigua constituye una modificación de la demanda, en la forma de acumulación objetiva ulterior. También en este caso es decisivo el papel de la cuestión de la identidad de la pretensión procesal nueva y la antigua. Si la «pretensión» nueva que se plantea es idéntica a la antigua, no habrá ni una acumulación objetiva ni una modificación de la demanda.

En la modificación de la demanda, la cuestión decisiva reza:

¿Cuándo pasa a ser otra la pretensión procesal?

¿Cuándo pierde su identidad el objeto litigioso?

Al estudiar la acumulación de acciones vimos que la unidad o pluralidad de pretensiones procesales dependía de la unidad o pluralidad de solicitudes o, dicho de otra manera, de la unidad o pluralidad de resoluciones peticionadas.

¿Qué mejor solución, pues, que resolver también la cuestión de la identidad del objeto litigioso sobre la base de la identidad de la solicitud, de la resolución peticionada?

Al plantear esta cuestión pisamos terreno nuevo.

---

[1] Cfr. ROSENBERG, *Lehrhuch*, § 8 II 3 b ß, § 93 I 2 b y II, § 100; RICHARD SCHMIDT, *Die Klagänderung*, 1880, págs. 162, 166, 172; LENT, *Lehrbuch*, § 38 I, «ZZP» 65, 315.

Un ejemplo servirá para aclarar las reflexiones que se harán a continuación:

En una sociedad comercial abierta de dos personas uno de los socios acciona contra el otro, solicitando al tribunal que lo autorice para hacerse cargo de todo el negocio, sin previa liquidación, con todo el activo y pasivo (§§ 142, 133 del HGB). Fundamenta su demanda alegando que el demandado habría desfalcado fondos sociales. Al no estimarse concluyente este fundamento en la recepción de la prueba, el actor cambia de fundamento, sosteniendo que su socio está además enfermo desde hace más de medio año e impedido de colaborar en la sociedad, no permitiendo la índole de su dolencia abrigar esperanzas de que alguna vez pueda volver a prestar su plena colaboración[2].

¿Ha cambiado el actor su demanda?

Según la teoría del Comentario de STEIN-JONAS-SCHÖNKE, la respuesta solo puede ser afirmativa, pues quien considera el estado de cosas como un elemento del objeto litigioso equivalente a la solicitud, deberá sostener también, si el estado de cosas se modifica, que hay un nuevo objeto litigioso, una nueva pretensión procesal, y por ende una modificación de la demanda. También la habría según la nueva teoría de NIKISCH, porque en opinión de este autor el objeto litigioso necesitaría probablemente también en este caso ser individualizado por el estado de cosas.

Pero también ROSENBERG, SCHÖNKE y BAUMBACH-LAUTERBACH, quienes en la acumulación de acciones se basan exclusivamente en la unidad o pluralidad de solicitudes para determinar si hay una o más pretensiones procesales, admitirían para este caso una modificación de la demanda. Porque es tesis de ROSENBERG que la demanda se modifica también por la modificación del estado de cosas si la solicitud requiere un fundamento[3], salvo en las acciones de declaración de un derecho o de una relación jurídica. Y SCHÖNKE y BAUMBACH-LAUTERBACH sostienen incluso sin excepción que hay modificación de la demanda al modificarse el estado de cosas[4].

Es dudoso si cabe admitirla conforme a la teoría de LENT. La cuestión depende de si varios motivos importantes en el sentido en que se lo entiende en el § 133 del HGB originan varias o una sola pretensión de derecho material.

La opinión dominante es pues que en nuestro caso hay una modificación de la demanda.

¡Sin embargo, esta opinión no puede ser correcta! Y ello se demuestra fácilmente:

Si para fundar la demanda el actor hubiera presentado ambos estados de cosas simultánea y conjuntamente, habríamos tenido, tanto en opinión de

[2] Cfr. «RG» 101, 245 y KARL MAYER, *Anspruch und Recshtskraft im Deutschen Zivilprozessrecht*, pág. 51.

[3] *Cfr. supra*, pág. 44. En la 6ª edición esta tesis ha sido modificada.

[4] Cfr. *supra*, págs. 83 y 89.

ROSENBERG y SCHÖNKE como de BAUMBACH-LAUTERBACH, no varias, sino una sola pretensión procesal, por haberse presentado una sola solicitud.

Pero si el actor alega primero el desfalco cometido por su socio y solo después agrega el hecho de su larga enfermedad, BOSENBERG, SCHÖNKE y BAUMBACH-LAUTERBACH nos dirían que hay una modificación de la demanda. En opinión de esos autores, se plantearía una pretensión procesal nueva junto a la primera.

Si esta opinión fuera acertada, la unidad o pluralidad de pretensiones procesales dependería, habiendo varios estados de cosas del momento en que los estados de cosas son alegados. Expuestos conjunta y simultáneamente, habría una sola pretensión procesal. Pero alegado primero el uno y luego, adicionalmente, el otro, estaríamos en presencia de una acumulación objetiva ulterior y por ende de una modificación de la demanda.

Esto demuestra que la alegación adicional de un nuevo estado de cosas, quedando inalterada la solicitud, no puede considerarse introducción de un nuevo objeto litigioso al lado del antiguo. Por lo tanto, tampoco en este caso hay moderación de la demanda.

Lo que vale para la ulterior alegación *adicional* de un estado de cosas nuevo, debe ser válido igualmente si el estado de cosas se alega ulteriormente para reemplazar a uno antiguo. Es inconcebible que la alegación de un estado de cosas nuevo en lugar del antiguo constituya una modificación de la demanda, no así su alegación junto al estado de cosas antiguo. La conclusión a que acabamos de llegar, de que si se alegan sucesivamente en el tiempo varios estados de cosas, el número de objetos litigiosos no podrá ser otro que si se los alega conjuntamente, es una necesidad lógica.

Si sobre la base de esta conclusión se quisiera describir la relación entre acumulación de acciones y modificación de la demanda, se podría decir lo siguiente:

Habrá modificación de la demanda siempre que de haberse expuesto la alegación nueva junto a la antigua, se habría producido una acumulación de acciones. O a la inversa: Habrá acumulación de acciones siempre que los varios estados de cosas, de habérselos expuesto sucesivamente, habrían dado lugar a una modificación de la demanda. Pero ambos supuestos se dan únicamente presentándose varias o distintas solicitudes.

La cuestión de la identidad de la pretensión procesal depende de la identidad de la solicitud. Si pese a haberse modificado la alegación se peticiona todavía la misma resolución, si se presenta aún la misma solicitud, no habrá modificación de la demanda. Pero si se peticiona algo distinto de lo peticionado anteriormente, tendremos otro objeto litigioso y la demanda se habrá modificado.

II. Estas consecuencias no pueden soslayarse cambiando el punto de partida de la teoría de la modificación de la demanda, tal como se lo intentó últimamente en una tesis presentada en Múnich[5]. La modificación de la demanda fue y sigue siendo, por opinión unánime, la modificación del objeto litigioso por el hecho de hacer valer un objeto litigioso nuevo en lugar del antiguo o junto a éste. Pero ella no está dada ya con la modificación del fundamento del objeto litigioso, si éste no se transforma en otro.

Si también se considerara modificación de la demanda la modificación del fundamento del objeto litigioso, que no le hace perder a éste su identidad, se rompería la homogeneidad de la teoría del objeto litigioso, sobre todo teniendo en cuenta la relación entre modificación de la demanda y excepción de litispendencia.

Si estando pendiente su demanda fundada en desfalco, el actor entablara contra el mismo demandado una demanda nueva con la misma solicitud y la fundara en la enfermedad del demandado, a dicha demanda, como habremos de demostrar detenidamente más adelante y como tampoco lo niega GERICKE, se le opondría la excepción de litispendencia, porque el nuevo proceso está dirigido a obtener la misma resolución que el ya pendiente. Pero si la excepción de litispendencia se opone a una segunda demanda con fundamento nuevo, el actor debe tener todavía la posibilidad de emplear la alegación nueva en el proceso pendiente, sin que esa nueva alegación esté sujeta a limitación alguna. En el supuesto de que hubiera una modificación de la demanda, empero, se le podría negar esa posibilidad si la parte contraria se opone y el juez no acepta esa modificación.

No se objete que en tal caso se sostendría la pertinencia y se admitiría la modificación de la demanda. Es claro que puede ser así. Mas en nuestro caso esto no constituye una prueba a favor, sino precisamente en contra de la tesis de la modificación de la demanda. Siempre que se suponga que la admisión de una «modificación de la demanda» se entiende por sí sola, ello aboga a favor de que en realidad no hubo ninguna modificación del objeto litigioso.

También en atención a lo dispuesto por el § 268 1 de la ZPO, no parece indicado este fundamental cambio del punto de partida de la teoría de la modificación de la demanda.

Dicha disposición no establece, por cierto, que haya de considerarse modificación de la demanda el complemento o la rectificación de argumentos de hecho o de derecho, sin que se modifique la razón de la acción. Pero de ahí no se sigue que una modificación de esa razón produzca siempre una modificación de la demanda[6], Claro que la ciencia y la práctica, por *argumentum a contrario,* llegaron a la conclusión de que modificándose la razón de la acción, la demanda en general también se modificaría. Pocos han sido, sin embargo, quienes sostuvieran hasta ahora esta opinión consecuentemente. Así por ejemplo, ROSENBERG, NIKISCH y también LENT niegan que la demanda se modifique en las acciones de declaración de un derecho o de una relación jurídica si la

[5] GERICKE, *Der Umfang des Streitgegenstands,* tesis inédita, Múnich, 1952, págs. 82 y sigtes.
[6] Cfr. Nikisch, *Streitgegenstand,* pág. 123.

demanda se funda en un estado de cosas nuevo. Según LENT, también en los demás casos la modificación de la demanda, solo se operaría modificándose el derecho material. ¡Pero no toda modificación del derecho material es debida a una modificación del estado de cosas! ROSENBERG también niega la modificación de la demanda en las acciones que se apoyan en el § 985 del BGB, si la propiedad es fundada primero en una y luego en otra causa de adquisición[7]. Todas estas excepciones serían insostenibles si el *argumentum a contrario* del § 268 1 de la ZPO se considerara precepto obligatorio. Mas esto no ha sucedido hasta ahora ni tampoco se lo considerará indicado en el futuro.

Aun si la identidad del objeto litigioso se juzga exclusivamente por la identidad de la solicitud, de la resolución peticionada, queda no obstante establecido que en muchos casos, especialmente en las acciones de pago de sumas de dinero y de deudas en especie, solo es posible determinar la identidad de la solicitud a base del estado de cosas, del mismo modo que su unidad o pluralidad solo puede determinarse, en las citadas clases de acciones, echando mano de los hechos expuestos como fundamento. En muchos de esos casos la modificación del estado de cosas implica efectivamente una modificación de la demanda. Así como en la acumulación de acciones nos encontramos con una solicitud *aparentemente* unitaria, en la modificación dé la demanda existe una solicitud *aparentemente* idéntica. Si una solicitud es efectivamente idéntica a otra o si se trata de una distinta, solo podrá inferirse, sobre todo en las acciones de pago de sumas de dinero y otras deudas en especie, de los hechos expuestos como fundamento.

El significado del *argumentum a contrario* basado en el § 268 1 de la ZPO no queda desvirtuado si se sostiene la modificación de la demanda únicamente cuando se presenta una nueva solicitud, porque precisamente hay muchos casos en los cuales una solicitud nueva presupone un nuevo estado de cosas.

El § 268 1 de la ZPO no se opone pues a esta nueva teoría sobre la modificación de la demanda.

III. Esta teoría responde igualmente a las exigencias de las acciones de prestación [condena], de declaración y de constitución.

1. *Acciones de prestación [condena]:* El actor acciona contra B, poseedor de una herencia, por entrega de un determinado reloj de oro. Sustenta su demanda alegando que en vida del causante, éste le transfirió dicho reloj por constitución posesoria (BGB, § 930). El demandado niega el hecho de esa transferencia, ante lo cual el actor modifica el fundamento de su demanda, manifestando que la transferencia es irrelevante, por ser él el único heredero de X, lo que lo convierte en propietario de ese reloj.

Casi todos los autores sostienen que en este caso hay una modificación de la demanda. Quienes afirman que la hay siempre cuando se modifica el estado de cosas, deben admitirla necesariamente, por haberse introducido un

---

[7] *Tratado,* § 88 II 1 c. La 6ª edición ya no contiene este pasaje.

estado de cosas nuevo en lugar del antiguo, o junto a éste. Pero también según la concepción de LENT (quien considera que hay modificación de la demanda al cambiar la consecuencia jurídica peticionada o el derecho material) cabría suponer que hay aquí una modificación de la demanda puesto que el actor presentó primero una pretensión de entrega de propiedad conforme al § 985 del BGB, en tanto que ahora solo hace valer una pretensión de herencia con arreglo al § 2018 del mismo código.

En realidad no hay tal modificación. No cambia el objeto litigioso, que sigue siendo el mismo. Antes como después, el actor reclama la entrega de un determinado reloj de oro. Tenemos un mismo objetó litigioso, una misma pretensión procesal. Así como la alegación conjunta de los dos estados de cosas no podía dar origen a una acumulación de acciones, tampoco puede modificar la demanda el cambio de un estado de cosas por otro, por quedar inalterada la solicitud, la resolución peticionada.

¡Conclusión enteramente satisfactoria!

¿Por qué habría de tener aquí el demandado la posibilidad de oponerse a esa nueva alegación? Ningún juez rechazaría en este caso por no pertinente la «modificación de la demanda». Si lo hiciera, violaría de la manera más cruda todos los principios de economía procesal.

O tomemos otro caso, en el que también todos los autores, incluso LENT, sostienen que la demanda se modifica, pero que tampoco constituye una modificación del objeto litigioso.

El actor exige del demandado la entrega de un piano, fundando su demanda en su derecho de propiedad sobre el mismo. El demandado contesta diciendo que el actor no es propietario del piano y que, además, él, el demandado, habría alquilado del actor ese piano, lo que le daría derecho a conservarlo. El actor cambia entonces el fundamento de su demanda, admitiendo haber alquilado el piano al demandado, pero alegando que el contrato de locación está rescindido y el demandado por ende obligado a la restitución.

Desde el punto de vista del derecho material, el actor pasa aquí de la pretensión de entrega de propiedad del § 985 del BGB a la pretensión obligacional de restitución de la cosa locada. Según la teoría de LENT, éste sería un caso claro de modificación de la demanda. Pero el actor modifica al mismo tiempo el estado de cosas expuesto para fundar la demanda e introduce en el proceso un suceso nuevo.

Sin embargo, no hay modificación de la demanda porque el actor no cambia el objeto litigioso, su petición de entrega del piano. El demandado no puede oponerse a la nueva alegación. Al menos, su oposición carecería de eficacia y la cuestión de la pertinencia ni siquiera se presenta. Por lo demás, incluso de estarse al criterio de la opinión dominante sobre la modificación de la demanda, el papel de la pertinencia sería de muy poca importancia. Prueba también ello de lo acertado de la tesis de que solo puede haber modificación de la demanda habiendo una nueva solicitud, peticionándose otra resolución.

En cada uno de nuestros dos ejemplos había una solicitud determinada: la entrega de un cierto reloj de oro y la restitución de un piano, también determinado, que se había entregado al demandado. Para identificar esas solicitudes no se precisaba recurrir a los estados de cosas. En ambos casos la solicitud siguió siendo la misma y su identidad podía deducirse de la propia solicitud aún después de modificado el estado de cosas; la pretensión procesal continuaba siendo idéntica.

Distinto es en cambio el caso siguiente:

El demandante acciona contra el demandado por la restitución de un préstamo que le diera en 1951, pero resulta que el plazo de devolución no ha vencido todavía o que el préstamo ya fue restituido. El actor «cambia» entonces su demanda y reclama la devolución de otro préstamo que diera al mismo demandado en el año 1950. La suma prestada ascendía en ambos casos a 10.000 marcos.

Aunque aparentemente la misma, la solicitud que el demandante presenta es en realidad una solicitud nueva. Peticiona ahora la devolución de 10.000 marcos que no son los mismos que peticionara la primera vez.

Aquí estamos en presencia de una verdadera modificación de la demanda. La solicitud era solo aparentemente idéntica a la anterior, pero en realidad era otra, pues se peticionaba una resolución sobre otra obligación del demandado.

El caso siguiente es parecido:

El actor reclama del demandado el pago de mil marcos, fundándose en que X le cedió un crédito que tenía contra el demandado por esa suma. Al responder el demandado que él ya canceló esa deuda que tenía con X, el actor pasa a apoyarse en la cesión de un crédito, por el mismo importe, que le hiciera Y. También éste es un caso de verdadera modificación de la demanda. Los mil marcos que el actor reclama ahora no son los mismos que pidiera en primer término[8]. La solicitud es idéntica a la anterior solo en apariencia; en realidad, es distinta.

En casos tales como los que acabamos de tratar, la solicitud por sí sola no permite inferir si la acción ha cambiado. Debe recurrirse a los hechos expuestos para la fundamentación, a fin de comprobar si la solicitud es idéntica.

Esto vale también para los casos que hemos de exponer a continuación. La diferencia entre ellos y los recién tratados radica, empero, en que en ellos no cabe admitir la modificación de la demanda, por seguir siendo la misma la solicitud y no modificarse por ende el objeto litigioso.

---

[8] Cfr. respecto de este ejemplo el caso «RG» 144, 71, que no cuestionaba por cierto el problema de la modificación de la demanda, sino el de la acumulación eventual de acciones; ver *supra,* pág. 88.

Forman parte de esta categoría los tan discutidos casos en los cuales el actor reclama una misma suma primero a base de una letra y luego de una compraventa, o primero a base de una compraventa y luego de un reconocimiento, o primero a base de un reconocimiento y luego de un préstamo.

Si el demandante acciona contra el demandado por el pago de 1000 marcos, primero a base de una letra, y fuego, al comprobarse que dicha letra no es válida, desiste del proceso cambiario, conforme a lo dispuesto por el § 596 de la ZPO, pasando a apoyarse en el crédito fundado en el negocio causal, su petición sigue siendo la misma: la condena del demandado al pago de 1000 marcos. A diferencia de lo que sucedía en los casos anteriores, se trata esta vez de la misma suma, que se peticiona a base de dos distintas causas de hecho y de derecho. Desde el punto de vista económico, el crédito es el mismo. La situación es la misma que en el arriba tratado caso de una acción por entrega de un piano determinado, fundada primero en el derecho de propiedad y luego en la pretensión obligacional de restitución. También allí había dos estados de cosas y dos pretensiones materiales. El demandado pudo estar obligado a la entrega del piano en virtud de cada estado de cosas y de cada pretensión material. Mas siendo la solicitud la misma, no obstante la modificación del estado de cosas, no había una modificación del objeto litigioso y por ende tampoco de la demanda.

Lo mismo ocurre en nuestro caso. A despecho de la opinión probablemente unánime de todos los autores modernos, tampoco estamos aquí en presencia de una modificación de la demanda[9].

Que esta solución es la correcta lo demuestra el examen de las consecuencias que nacerían de la hipótesis contraria.

Si la transición de una acción por pago de una letra a una acción por pago de un precio de compraventa configurara una modificación de la demanda, también debería serlo la ulterior alegación adicional del fundamento basado en la compraventa[10], pues es opinión unánime que la modificación de la demanda consiste en el planteamiento de una nueva pretensión procesal en lugar de la antigua o junto a ésta. Por esa nueva alegación se haría valer un nuevo objeto litigioso, de modo que el proceso tendría dos objetos litigiosos, resultado imposible, pues solo se peticionan una vez 1000 marcos, y no 2000.

El objeto litigioso no cambia si la demanda se apoya ahora, no ya en la letra, sino en el crédito por el precio de compraventa, porque la solicitud sigue siendo la misma. Se peticiona la misma resolución.

No es otra la situación en la transición de la compraventa al reconocimiento o del reconocimiento al préstamo, siempre que se trate de un mismo crédito fundado en distintos motivos de derecho o también de hecho.

---

9 Cfr. por ejemplo STEIN-JONAS-SCHÖNKE, nota V (al final) al § 596, nota III 2 (al comienzo) al § 288 de la *ZPO*.

10 En este caso debe presuponerse que se accionó por el procedimiento ordinario, y no por el cambiario, porque de lo contrario habría estado excluida una fundamentación adicional por la compraventa.

Así como alegar simultáneamente estos distintos estados de cosas no implica que haya acumulación de acciones, pues hay solamente una pretensión procesal, tampoco habrá modificación de la demanda si se pasa de un estado de cosas a otro o se introduce adicionalmente en el proceso un estado de cosas nuevo, porque también entonces la solicitud sigue siendo la misma y no se peticiona una resolución distinta.

Tampoco habrá modificación de la demanda, en nuestra opinión, en el caso que trata LENT[11] y que ya expusiéramos más arriba[12], en el que el actor acciona por pago de una remesa de vino y luego, tras comprobarse que el contrato no se había celebrado válidamente, pero que el vino ya se había consumido, reclama la misma suma de dinero alegando enriquecimiento injustificado.

Es sumamente dudoso, como ya vimos, que en este caso haya habido una sustitución de un estado de cosas por otro. Por las razones ya expuestas, la respuesta debe ser negativa. De cualquier manera, no puede haber una modificación de la demanda, porque la suma peticionada en la solicitud sigue siendo la misma y por la nueva alegación no se peticiona nada nuevo ni distinto. Antes como después, el actor reclama la contraprestación en dinero por el vino entregado. Es indiferente si funda su petición en la celebración del contrato de compraventa o en el enriquecimiento injustificado. Según la teoría de LENT, en cambio, éste sería un caso de modificación de la demanda, por plantear ahora el actor una pretensión material distinta de la sostenida hasta entonces[13].

2. *Acciones de declaración:* En las acciones de declaración, nuestra concepción concuerda con las teorías de ROSENBERG, NIKISCH y LENT, en lo que respecta a las de declaración de un derecho o una relación jurídica, no así las de declaración de una consecuencia jurídica.

Con respecto a la acción de declaración negativa, nuestra concepción podría coincidir además con la de SCHÖNKE[14], quien en las acciones de declaración negativa sigue la teoría de la individualización y considera suficiente que se indique la relación jurídica cuya inexistencia afirma el actor.

Los citados autores no concuerdan sin embargo, para ser exactos, en el fundamento, sino en el resultado. La razón por la cual no hay en este caso una modificación de la demanda no está en que un derecho individualizado o una relación jurídica individualizada sea objeto del litigio y ese litigio no cambie ni alegándose un nuevo estado de cosas, sino en que se presenta una misma solicitud, se peticiona una misma resolución.

Esta diferencia surge clara tan pronto como se compara una acción de declaración de un derecho o de una relación jurídica con una acción de

---

11 «ZZP» 63, 17 y sigtes.

12 Ver *supra*, pág. 41.

13 Cfr. también «ZZP» 65, 356; además SCHÖNKE, *Lehrbuch*, § 49 II 1.

14 Cfr. *supra*, pág. 81, nota 3 y pág. 83, nota 8.

declaración de una consecuencia jurídica, como es una acción de declaración de un crédito en dinero. Si una acción de declaración de un determinado crédito del actor contra el demandado es fundada primero en un contrato de obra y luego en un reconocimiento de deuda respecto del mismo crédito, es opinión de todos los autores, incluso ROSENBERG, NIKISCH y LENT, que la demanda sufre una modificación. Los nombrados autores-, niegan en cambio que ello ocurra si una acción de declaración de propiedad sobre una cosa determinada es fundada primero en la transmisión de dominio y luego en usucapión, porque en ese caso se afirma un derecho individualizado y la identidad de ese derecho, o sea la propiedad, no es afectada por la modificación del estado de cosas.

Según nuestra concepción, en ninguno de estos dos casos hay una modificación de la demanda porque en ninguno de ellos se modifica la solicitud. Por consiguiente, no hay modificación de la identidad de la pretensión procesal. Falta toda razón interna para tratar los recién estudiados casos de diferente manera.

Las teorías de ROSENBERG y de NIKISCH constituyen un resabio de la teoría material del objeto litigioso. La tesis de LENT, en; cambio, es una aplicación consecuente de su teoría, que por su contenido es de derecho material.

También para las acciones de declaración rige pues la regla, de que la demanda solo se modifica presentándose otra solicitud, peticionándose otra resolución. Esa regla es universal e indistintamente válida para las acciones de declaración, ya se peticione la declaración de la existencia o de la inexistencia de un derecho individualizado o de una relación jurídica también individualizada, o la declaración de la existencia o inexistencia de una consecuencia jurídica. Si se acciona para que se declare una consecuencia jurídica determinada únicamente por su especie, regirá lo que ya hemos dicho sobre las correspondientes acciones de prestación en la acumulación de acciones y la modificación de la demanda: el estado de cosas deberá determinar entonces si la solicitud sigue siendo idéntica o si es modificada por la modificación del estado de cosas.

Con esta concepción se logra en la teoría de la modificación: de la demanda en las acciones de declaración una uniformidad como solo la sostiene el Comentario de STEIN-JONAS-SCHÖNKE, que llega sin embargo a conclusiones distintas.

3. *Acciones de constitución:* La misma regla se aplica también a las acciones de constitución, como lo demuestra el ejemplo que dimos al comienzo del capítulo.

El problema merece empero especial mención en las acciones de divorcio y de anulación de matrimonio. Hemos visto que la acumulación de causales no produce una acumulación de acciones, porque se peticiona solamente la disolución de un matrimonio determinado y ese divorcio se pide una sola vez. Lo mismo valía para la acumulación de causales de anulación de matrimonio en las acciones de anulación. La acumulación de una acción de divorcio y una de anulación, empero, constituye una acumulación eventual de acciones, pues se plantean varias pretensiones y se presentan varias solicitudes, con la reserva de que se resuelva primero sobre la una y solo después, si ésta resultare infundada, sobre la otra.

Si el actor ha fundado su acción de divorcio en la conducta antimatrimonial de la demandada y solo luego, tras no haber ofrecido la recepción de la prueba asidero para esa afirmación, la funda en el cese de la comunidad doméstica, la demanda no cambia, por no haberse modificado la solicitud. Lo que el actor peticiona es, antes como después, la disolución del matrimonio. En ese sentido, el precepto del § 614 de la ZPO no tiene más que importancia declaratoria. Declara solamente lo que se entendería por sí solo no mediando disposición expresa[15]. En lo que respecta al resultado, ésta es también la concepción de BÖTTICHER, con la diferencia de que ese autor llega a esta solución por otro camino. Para él, la naturaleza compleja del objeto litigioso en el proceso matrimonial está establecida legalmente por los §§ 614-616 de la ZPO, *a diferencia* de lo que ocurre con el alcance del objeto litigioso de todas las demás acciones. Lo que vale para el objeto litigioso en las acciones de divorcio y anulación, no valdría igualmente para las otras clases de acciones, especialmente para el concepto de objeto litigioso en general. Nuestra solución, en cambio, está *en* consonancia con la reglamentación de las demás acciones. Para nosotros, la reglamentación legal del § 614 de la ZPO no es una reglamentación de excepción para el proceso matrimonial, al menos en lo referente a la alegación de nuevos estados de cosas en la misma clase de acción, sino simplemente una expresión legal en un campo parcial para lo que tiene validez general.

Pero si el actor pasa de la acción de divorcio a la de anulación o viceversa, modifica su solicitud y peticiona otra resolución. Entonces cambia el objeto litigioso y con él la demanda. Pero en virtud del § 614 de la ZPO, esta modificación de la demanda no debe ser tratada como tal. *En ese sentida, el § 614 tiene verdaderamente carácter excepcional.*

Lo mismo vale naturalmente para el caso de que el actor pase de la acción de nulidad de matrimonio a la de divorcio o anulación o para la transición de la acción de restablecimiento de la vida conyugal a la de divorcio o anulación, etc.

Por el contrario, el cambio del estado de cosas dentro de una determinada clase de acción no es nunca, ya por su sola naturaleza, modificación de la demanda. En tal sentido, el § 614 de la ZPO solo tiene significado declarativo.

IV. Para las acciones de prestación [condena], declaración y constitución rige pues la regla común:

---

15 Cfr. SCHWAB, «ZZP» 65, 109 y 111.

Solo habrá modificación de la demanda, si el actor modifica su solicitud o agrega una nueva a la ya existente, si peticiona algo distinto o algo nuevo junto a lo antiguo.

Con frecuencia, la solicitud misma permite discernir con certeza si el actor la modifica. En muchos otros casos, sin embargo —especialmente en las acciones de pago de sumas de dinero o de otras deudas en especie—, deberá echarse mano del estado de cosas para determinar si la solicitud es idéntica a la presentada anteriormente.

La modificación del estado de cosas no motiva siempre una modificación de la demanda; solamente lo hará si tiene por consecuencia una modificación de la solicitud, si a base del estado de cosas modificado se peticiona algo distinto de lo que se reclamó basta ese momento.

Lo decisivo es pues siempre la modificación de la petición, no la del estado de cosas. Nuevamente se comprueba, como ya viéramos al tratar la acumulación de acciones, que el estado de cosas no puede considerarse fundamentalmente como un elemento del objeto litigioso equivalente a la solicitud. Por lo tanto, el estado de cosas es irrelevante para una definición del objeto litigioso aplicable por igual a todas las clases de acciones y en todos los institutos procesales para los cuales el objeto litigioso tiene importancia sustancial.

Mediante su solicitud y la petición derivada de ésta, el actor fija los límites del litigio. En ese proceso puede y debe alegar todo lo que sirva de fundamento a esa petición, a fin de posibilitar un tratamiento exhaustivo del «caso litigioso» y de evitar procesos ulteriores sobre la misma petición.

No puede dudarse que éste es un objetivo deseable, a lograr el cual debe aspirarse en el derecho procesal.

Nuestra teoría termina también con los reparos formulados por LENT contra la concepción que asigna importancia decisiva al suceso, tanto en la modificación de la demanda como en la cosa juzgada[16]. Las dudas que pueda haber en la delimitación de los sucesos, no tienen a nuestro juicio mayor peso, porque lo decisivo no es la identidad del suceso mismo, sino únicamente la de la petición tal como se la formula en la solicitud.

En la práctica, hoy se llega a los mismos resultados. Si el actor alega otro estado de cosas, pero continúa peticionando la misma condena, el demandado frecuentemente ni siquiera se opondrá a esa nueva alegación, porque tendrá la sensación de que se trata del mismo objeto litigioso, de la misma pretensión procesal. Pero si se opone, la regla es que se admita como pertinente esa «modificación de la demanda». Este uso en la práctica tribuna-licia tiene buenas razones. El litigio debe ser tratado exhaustivamente dentro de los límites fijados por el actor en su solicitud. Toda otra solución atentaría contra el fundamental requisito de «lógica procesal».

---

[16] «*ZZP*» 63, 20 y sigtes.; además «ZZP» 65, 350 y sigtes.

Sin embargo, nuestra opinión está en pugna con la opinión netamente dominante y con la jurisprudencia que prevaleció en el antiguo Tribunal Supremo.

La discrepancia del Comentario de STEIN-JONAS-SCHÖNKE[17] es secuela consecuente de su concepto de objeto litigioso, según el cual el estado de cosas y la solicitud son siempre elementos de igual valor e importancia de la pretensión procesal. También se baila bajo la influencia de la fundamental equiparación del estado de cosas con la solicitud de la teoría que tiene ROSENBERG[18] sobre la modificación de la demanda, aunque baya abandonado en parte esa posición. Su teoría sobre las acciones de declaración de un desecho individualizado o de una relación jurídica individualizada sufre todavía el influjo del derecho material, y otro tanto puede decirse de la correspondiente teoría de NIKISCH[19]. En lo que respecta a las acciones de prestación [condena] y de constitución, nuestra opinión es diametralmente opuesta a la de este último autor, según la cual modificándose el estado de cosas habrá también siempre modificación de la demanda, si el estado de cosas es necesario a los efectos de la individualización. También discrepamos con la teoría de SCHÖNKE[20]. Su teoría sobre la modificación de la demanda es inconsistente frente a su tesis sobre la acumulación de acciones. Si se sostiene la unidad de la pretensión procesal aunque los estados de cosas sean varios, por ser una la solicitud, deberá seguirse, ineludiblemente, que la acción se modificará aunque no cambie más que la solicitud. Lo mismo puede decirse del tratamiento que dan BAUMBACH-LAUTERBACH al tema de la modificación de la demanda[21].

Nuestra discrepancia con LENT ya parte del hecho de que para ese autor la demanda cambia no solo al modificarse la consecuencia jurídica peticionada, sino también al cambiar el derecho material[22].

Tampoco está en consonancia nuestra concepción con la jurisprudencia predominante del antiguo Tribunal Supremo[23].

El cambio del estado de cosas, el hacer valer nuevas causas de origen y de adquisición, es considerado modificación de la demanda en una plétora de fallos. De la copiosa jurisprudencia citaremos solamente algunas resoluciones.

Así por ejemplo se lee en el RG 118, 210:

> «El carácter propio de toda demanda es determinado por la causa y el objeto de la pretensión planteada. Si se modifica el motivo de la deman-

17 Cfr. *supra,* págs. 76 y sigtes.
18 Cfr. *supra,* pág. 45. Esto no vale sin embargo para la tesis sostenida en la 6ª edición.
19 Cfr. *supra,* págs. 66 y sigtes.
20 Cfr. *supra,* págs. 83 y sigtes.
21 Cfr. *supra,* pág. 89. La necesaria conexión interna entre la acumulación de las acciones y la modificación de la demanda fue señalada por LAUTERBACH en «NJW» 1953, 170 (columna derecha a, al final).
22 Cfr. *supra,* págs. 28 y sigtes.
23 Cfr. la extensa reseña que trae ROBINOW, *Zvr Lehre vom Streitgegenstand,* págs. 158 y sigtes.

da, habrá siempre una modificación de ésta, como resulta del § 253 II N° 2 en combinación con el § 268 de la ZKT.

Conforme a este principio, el Tribunal Supremo sostuvo en la misma resolución, que había una modificación de la demanda, porque el actor había apoyado su demanda, primero en su propio crédito por el precio de compraventa y luego, al comprobarse que había actuado por mandato de un tercero, en la cesión que dicho tercero le habría hecho de ese crédito.

La tesis de que en este caso había modificación de la demanda respondía a la constante jurisprudencia del Tribunal Supremo[24].

En el caso HRR 130 N° 1156, la parte actora había accionado contra un marido, representado por un curador de ausentes, para que se declarara la validez de un contrato de compraventa de un inmueble que éste había celebrado con su esposa. En primera instancia había alegado, como fundamento de su demanda, que el inmueble formaba parte de los bienes propios de la mujer. En segunda instancia, agregó subsidiariamente que el contrato era también válido si el inmueble formaba parte de los bienes gananciales de la mujer, porque el marido no tendría derecho a objeciones basadas en él régimen legal de los bienes.

El Tribunal Supremo sostuvo en este caso la existencia de una modificación de la demanda y remitió a la resolución RG 29, 364 y RG 98, 22.

En el caso HRR 1928 N° 469 el Tribunal Supremo sostuvo que había una modificación de la demanda por haberse fundado en 2ª instancia la acción por indemnización promovida contra la propietaria de una empresa de transportes, en el hecho de que en el momento del accidente el propietario de la empresa era el hijo de la demandada, a quien ella había heredado (Remisión al RG 90, 433; 60, 418; 98, 24).

Finalmente, lo sostuvo también en el tan discutido caso (RG 126, 249)» en el que el actor había fundado su pretensión de retribución, primero en la costumbre y después en un convenio[25]. En; este caso sostuvo que había una modificación de los hechos de la demanda.

En todos estos casos, nuestra concepción llevaría a conclusiones distintas. En todos ellos, no cambia la identidad de la solicitud. El actor no peticiona a base de su nueva alegación algo distinto de lo peticionado anteriormente. Del mismo modo que no podía haber una acumulación de acciones si varios estados de cosas, eran expuestos conjunta y simultáneamente, tampoco podía considerarse modificación de la demanda la transición de un estado de cosas a otro.

---

24 Cfr. entre otros, Warn., 1937, 7; RG 120, 192; 90, 433; 77, 141.

25 Cfr. ROSENBERG, «JW» 30, 1055, y del mismo autor, *Zur Lehre vom Streitgegenstand,* «Festgabe für Richard Schmidt» (separata); además, STEIN-JONAS-SCHÖNKE, nota III 1 al § 268 de la ZPO; BAUMBACH-LAUTERBACH, nota 3 al § 268, que a diferencia de ROSENBERG y de STEIN-JONAS-SCHÖNKE, sostienen que hay modificación de la demanda; ver asimismo *supra,* pág. 77, nota 13.

Hay sin embargo otras resoluciones que están más próximas a nuestra concepción.

En el caso HRR 1931 N° 981, una acción de desalojo se había fundado primero en la nulidad del contrato de arrendamiento, y en segunda instancia, en la terminación de dicho contrato por rescisión y expiración del plazo.

El Tribunal Supremo *negó* que hubiera modificación de la demanda, manifestando:

> «La exigencia básica de la demanda era el desalojo, fundada en el hecho de que el demandado ocupaba el inmueble sin tener derecho a ello...
>
> La pretensión de desalojo... sigue siendo la misma»[26].

En este caso, el fallo del Tribunal concuerda enteramente con nuestra concepción. Pero responde también a la teoría de LENT, quien en este caso también se pronunciaría por la negativa, por permanecer inalterada tanto la consecuencia jurídica peticionada como la pretensión material de desalojo en que se funda. De cualquier manera, no concuerda con aquellas teorías que sostienen que la modificación del estado de cosas causa la modificación de la demanda.

En las resoluciones RG 113, 53 y S.A 81 N° 175 recaídas en la misma causa, se había fundado una acción de revaluación en la mora del deudor. Según el Tribunal Supremo (RG 113, 53), el fundamento jurídico de esta demanda eran dos sentencias de un proceso anterior, pasadas en autoridad de cosa juzgada y combinadas con la afirmación de que los deudores estaban en mora judicial desde 1915. El Tribunal Supremo no consideró fundada esta alegación y remitió los autos al inferior, por no ser imposible que se pudiera obtener aún la necesaria fundamentación «retomando el estado de cosas en que se funda el proceso anterior».

Al seguir la actora este consejo, el Tribunal de Apelación sostuvo que había una modificación de la demanda. Pasó entonces a ocuparse nuevamente del asunto el Tribunal Supremo, que negó que hubiese tal modificación, fundándose en que la actora solo pedía una compensación por la desvalorización de la moneda. La nueva alegación sería simplemente un complemento conforme a lo establecido por el § 268 I de la ZPO[27].

Aquí también se advierte claramente el desplazamiento del centro de gravedad a la solicitud, a la petición. Como el actor peticionaba en el fondo lo mismo, o sea una compensación en atención a la desvalorización de la moneda, el Tribunal Supremo negó que la demanda hubiera cambiado y consideró la nueva alegación como un simple complemento o rectificación del motivo de demanda.

---

[26] ROSENBERG; aprueba esta resolución en la 6ª edición de su *Tratado*, 100 I 1 a, 2° párrafo al comienzo.

[27] Cfr. S.A. 81 N° 175. En esta resolución el Tribunal Supremo señala su intención de estrechar en lo posible la esfera de la modificación de la demanda.

Con respecto a las *acciones de declaración negativas* el Tribunal Supremo se pronunció más claramente que sobre las positivas, estableciendo que la modificación del estado de cosas no provocaba una modificación de la demanda. A diferencia de su jurisprudencia básica sobre las demás acciones, estimó que en ellas solo la modificación de la solicitud modificaba la demanda. Lo mismo quiere decir en el fondo la afirmación de PAGENSTECHER[28], de que en las acciones de declaración negativas el Tribunal Supremo habría aplicado la pura teoría de la individualización.

Una de las resoluciones más conocidas sobre la acción de declaración negativa es la RG 72, 143. La actora había reclamado por vía de acción incidental que se declarara que el demandado no tenía contra ella un crédito de 6500 marcos, especialmente a base de la hipoteca del mismo monto constituida a su favor sobre un inmueble de la actora. La acción estaba apoyada en la afirmación, negada por el demandado, de que la hipoteca se había constituido solo simuladamente, para sustraer el inmueble a los acreedores del marido, siendo por ende nula. El juez de primera instancia rechazó la demanda, considerando sobre la base de la recepción de prueba que la mencionada hipoteca existía conforme a derecho.

En segunda instancia la actora, manteniendo lo alegado en la primera, añadió que esa hipoteca de todos modos ya no existía, por haberla cancelado su marido por medio de dos pagos. El juez desestimó esta nueva afirmación ante la oposición del demandado, por considerarla una modificación improcedente de la demanda. El Tribunal Supremo, en cambio, sostuvo:

> «La solicitud, clara en su redacción y contenido, tenía por objeto que se declarara que al demandado no le correspondía un crédito de 6500 marcos contra la actora...
>
> Ella (la acción de declaración negativa) no recibe de sí misma la individualización que es necesaria en toda acción en atención a los preceptos sobre litispendencia y efecto de la *cosa,* juzgada, sino de las pretensiones planteadas por el demandado, que mueven al actor, puesto que las niega, a peticionar una declaración... En consecuencia, constituye ciertamente una modificación improcedente si en lugar de la concreta pretensión o relación jurídica cuya no existencia debía declararse conforme a la solicitud primitiva, se plantea en el curso del litigio una pretensión nueva con la exigencia de fundar en ella la sentencia de declaración negativa. La acción de declaración negativa conserva su individualidad, sin embargo, si la pretensión litigiosa o la relación jurídica litigiosa queda inalterada, y solo se cambia respecto de las afirmaciones de hechos a base de las cuales habría de resultar la inexistencia de la pretensión o de la relación jurídica».

---

[28] «Rhein Zeitschrift», tomo 12, 485 y sigtes.

Las razones que se dan para esta resolución responden enteramente a nuestro concepto de modificación de la demanda, con la salvedad, ciertamente, de que en nuestra opinión, si se peticiona otra resolución, la modificación se da en todas las demandas, y no solamente en la acción de declaración negativa, mientras que el Tribunal Supremo limita su concepción a esta última, fundándose en la naturaleza de la acción de declaración negativa, que diferiría esencialmente de la acción de prestación [condena] en cuanto sería individualizada no por sí misma sino por las pretensiones planteadas por el demandado. Para nosotros, la acción de declaración negativa no tiene ese carácter propio. En ella, igual que en todas las demás acciones, la pauta para determinar el objeto litigioso está en la solicitud, en la resolución peticionada. Si el actor, habiendo hecho valer ya una relación jurídica, peticiona que se declare la *no* existencia de otra, modifica su acción del mismo modo que si peticionara la declaración positiva de una relación jurídica distinta. En ambos casos, la modificación de los hechos indicados para fundamentar la demanda no modifica la demanda. Según nuestra concepción, la opinión expresada en el citado fallo del Tribunal Supremo tiene cabida perfectamente en la reglamentación general. No existen para nosotros las dificultades con que tropiezan los partidarios de la llamada teoría de la sustanciación, que opinan, en vista del «carácter peculiar» de la acción de declaración negativa[29], que el estado de cosas es un elemento del objeto litigioso equivalente a la solicitud.

Coinciden también con la resolución RG 72, 143 las razones dadas en la RG 78, 389. Allí se lee (pág. 396):

> «La acción de declaración negativa recibe su carácter y contenido jurídicos de las pretensiones de la parte contraria que con ella se combaten; sigue siendo la misma aunque cambien las afirmaciones de hecho tendientes a probar la inexistencia del derecho pretendido».

Pero la jurisprudencia del Tribunal Supremo tampoco es consecuente en lo que respecta a esta acción.

En el caso RG 108, 167 la actora había pedido que se declarara su no obligación de autorizar la entrada a su establecimiento al demandado, especialmente para cumplir sus funciones en el consejo directivo. En segunda instancia, agregó que el demandado se arrogaba un derecho de entrada al establecimiento aun con independencia de su calidad de consejero de la empresa. Esa alegación nueva fue considerada por el Tribunal Supremo como una modificación de la demanda, aunque la actora había solicitado ya originariamente que se declarara la inexistencia del derecho de acceso del demandado. Prácticamente, el Tribunal trató esta demanda, entablada

---

[29] Cfr. respecto de este problema, STEIN-JONAS-SCHÖNKE, nota IV 2 a al § 256; PAGENSTECHER, «Rhein Zeitschrift», tomo 12, 466; GOLDSCHMIDT, *Zivilprozessrecht*, 2ª edición, § 541 c; SEUFFRT-WALSMANN, nota 4 A al § 253 y 1 a al § 268; ROBINOW, *Zur Lehre vom Streitgegenstand*, pág. 93.

como acción de declaración negativa, como una acción positiva, sosteniendo (pág. 169):

> «Para fundamentar una demanda a base del § 1004 pueden alegarse adicionalmente nuevas turbaciones de la propiedad que no estén contenidas aún en la demanda misma, pero solamente si son equivalentes a las afirmadas al comienzo. Si los nuevos hechos salen del marco de la exposición originaria se les opondrá la excepción de modificación de la demanda (RGZ, tomo 199, pág. 177)».

Este ejemplo demuestra que una acción de declaración negativa tendiente a que se declare la inexistencia de un derecho del demandado no difiere en nada de una tendiente a una declaración positiva del derecho del actor de impedir el acceso al demandado. Este caso arroja luz sobre el problema del tratamiento diferenciado de acciones de declaración positiva o negativa[30]. Ese problema no existe, en nuestra opinión, porque el objeto es determinado exclusivamente por la solicitud en todas las acciones.

---

30 Acertadamente, Rosenberg equipara las acciones de declaración positiva con las de declaración negativa; cfr. *Tratado,* § 88 II 1 c.

§ 11. LA LITISPENDENCIA

I. Igual que para la modificación de la demanda, la cuestión de la identidad del objeto litigioso tiene un papel decisivo en la excepción de litispendencia. Si durante la litispendencia una de las partes plantea nuevamente la «cuestión litigiosa» *(Streitsache)*, como dice el § 263 I de la ZPO, ante otro tribunal, el adversario podrá oponerle esa excepción. Hay actualmente consenso unánime de que por «cuestión litigiosa» debe entenderse el objeto litigioso, la pretensión procesal[1]. NIKISCH, antes contrario a esta opinión, Ira cambiado en el ínterin de parecer[2]. Una misma pretensión procesal no puede hacerse valer en un nuevo proceso, si ya es objeto de un proceso todavía pendiente.

Vimos que en la modificación de la demanda la identidad del objeto litigioso dependía de si se había presentado la misma solicitud, peticionándose de ese modo una misma resolución. En la excepción de litispendencia no son aplicables otros criterios para determinar la identidad del objeto litigioso. Lo que interesa aquí es también la identidad de la petición, que se manifiesta en la solicitud.

Si en un proceso nuevo el actor plantea la misma solicitud que ya presentará en un proceso pendiente, a esa nueva acción se le opondrá la excepción de litispendencia. Según la opinión hoy netamente predominante, ello significa que el tribunal deberá rechazar esa nueva acción de oficio por improcedente[3].

También en ese punto disentimos de la opinión hoy dominante.

Que, no obstante ello, nuestra concepción es la acertada lo demostrará el ejemplo práctico que ya expusiéramos antes de tratar la modificación de la demanda.

En una sociedad comercial abierta compuesta de dos personas, uno de los socios acciona contra el otro solicitando que el tribunal lo faculte para hacerse cargo del negocio con todos los activos y pasivos (HGB, §§ 133 y 142),

---

1 Cfr. por ejemplo ROSENBERG, *Tratado*, § 98 I; STEIN-JONAS-SCHÖNKE, nota III al § 263; de esa base parte también BETTEHMANN, *Rechtshängigkeit und Rechtsschutzform*, 1949 («Prozessrechtliche Abhandlungen», fase. 16), cfr. págs. 15 y sigtes.

2 Sobre su opinión anterior cfr. *Streitgegenstand*, pág. 54 y BÖTTICHER, *Der Streitgegenstand im Eheprozess*, «Festgabe für Leo Rosenberg». pág. 87; sobre la opinión actual de NIKISCH, ver *Lehrbuch*, § 47 II.

3 Cfr. RG 160, 338 = DR 1939, 1464.

demanda que funda alegando que el demandado desfalcó fondos sociales. Estando pendiente ese proceso, presenta al tribunal una nueva demanda con la misma petición, pero fundándola en el hecho de que el demandado se halla enfermo desde hace medio año, siendo la índole de su dolencia tal que no permite esperar que pueda cumplir en el futuro sus obligaciones de socio.

A esa nueva acción deberá oponerse la excepción de litispendencia. De sostenerse lo contrario, como lo hace la opinión dominante, prácticamente unánime[4], el tribunal tendría la posibilidad, y seguramente se valdría de ella, de acumular los dos procesos conforme a lo dispuesto por el § 147 de la ZPO.

¿Cuáles serían, sin embargo, las consecuencias?

Las dos pretensiones procesales, los dos objetos litigiosos, habrían devenido una pretensión sola, un solo objeto litigioso, ya que no obstante ser varios los estados de cosas, habiendo una sola solicitud, el objeto litigioso solo puede ser único, criterio no solamente nuestro, sino que comparten ROSENBERG, SCHÖNKE y el Comentario de BAUMBACH-LAUTERBACH. ¡Solución inconcebible!

Varios objetos litigiosos hechos valer en distintos procesos no pueden fundirse en uno si se los reúne en un proceso único. La consecuencia de la acumulación debe ser, por el contrario, una ulterior acumulación objetiva de acciones. Pero si de la acumulación resulta que, por ser una la solicitud, solo hay y puede haber un objeto litigioso, no obstante la pluralidad de estados de cosas, ello constituye la prueba más acabada de que tampoco hubo dos pretensiones procesales autónomas con anterioridad a la acumulación, sino que en el proceso nuevo se planteó la misma pretensión procesal que en el pendiente.

Se ve, pues, que de las conclusiones sacadas al estudiar la acumulación de acciones derivan también consecuencias de gran alcance, no advertidas basta ahora, sobre la modificación de la demanda y la litispendencia.

Para la excepción de litispendencia rige, por lo tanto, la regla siguiente:

> La excepción de litispendencia estará fundada frente a una acción nueva, si la «pretensión procesal» hecha valer en ésta *se* fundiría en una con la pretensión hecha valer en la acción pendiente, al acumulárselas conforme al § 147 de la ZPO. También esta regla da buen resultado en todas las clases de acciones y conduce a una sin duda laudable concentración de los procedimientos.

II. 1. *Acciones de prestación* [condena]: Si el actor peticiona de B, poseedor de una herencia, que le entregue un determinado reloj de oro, fundándose en que X, el causante, le transfirió en vida dicho reloj con arreglo al § 930 del BGB, y estando pendiente ese proceso presenta una demanda nueva, que funda sin embargo en el hecho de ser único heredero testamentario de X y por

[4] Cfr. por ejemplo también BETTERMANN, *ob. cit.*, pág. 17 y lo que dice ese autor sobre la excepción de litispendencia al tratar las diferentes doctrinas en la parte I de dicho trabajo.

consiguiente propietario del reloj, esa demanda deberá rechazarse por improcedente, por hallarse la pretensión procesal ya hecha valer en estado de litispendencia.

La solicitud de la demanda nueva es idéntica a la de la, demanda ya pendiente. En ambas, el actor peticiona la entrega de un mismo reloj de oro. El objeto litigioso es, pues, el mismo. Para evitar resoluciones contradictorias, deberá dictarse sentencia unitaria en un solo proceso sobre la petición de entrega. Esta solución es equitativa y responde a una natural exigencia de economía procesal. Si el actor puede hacer prosperar su petición de tutela jurídica en el proceso pendiente, deberá valerse de su nueva alegación en ese proceso y no entablar un pleito nuevo. Su nuevo alegato no tropezará con ningún obstáculo en el proceso pendiente, porque no modifica la demanda. Con alegar un nuevo estado de cosas tampoco altera el número de pretensiones procesales. Aunque los estados de cosas alegados para fundar la demanda sean varios, habrá solamente un objeto litigioso, una sola pretensión procesal.

Nuestra teoría permite pues regular en forma netamente homogénea la relación entre acumulación de acciones, modificación de la demanda y excepción de litispendencia, como hasta ahora solo se había hecho de manera similar, aunque impugnable, en el Comentario de STEIN-JONAS-SCHÖNKE.

Con solo pensar en las costas que implicaría una demanda nueva, el actor se abstendrá de promoverla, del mismo modo que el demandado, en atención a las dobles costas procesales, podrá confiar en que el actor satisfará su petición de tutela judicial en el proceso pendiente, lo que prueba que la excepción de litispendencia está fundada en el caso recién citado.

Mientras que en dicho caso la identidad del objeto litigioso podía inferirse con certeza de la sola solicitud, sin necesidad de recurrir a los hechos alegados como fundamento, en el que veremos ahora la identidad de la solicitud solo puede comprobarse a base del estado de cosas en que se funda.

En el primer proceso, el actor acciona contra el demandado por pago de 1000 marcos, apoyando su demanda en un contrato de compraventa y en la entrega de las mercaderías compradas. En un nuevo proceso exige igualmente 1000 marcos, fundándose en un reconocimiento que el demandado habría otorgado por esa suma. Desde el punto de vista económico, la deuda del demandado es en ambos procesos la misma, buscando el actor su cobro a base de dos estados de cosas y dos pretensiones materiales.

También en este caso hay identidad de objeto litigioso, por ser una la solicitud. La identidad de la solicitud del proceso nuevo con la del pendiente solo puede inferirse de los hechos alegados como fundamento. La solicitud por sí sola no permite comprobar si esa identidad es real o solo aparente.

También en este caso la pretensión procesal sería una sola, si los dos estados de cosas se hubiesen expuesto juntos en un mismo proceso como fundamento de una misma solicitud, criterio que comparten con nosotros ROSENBERG, SCHÖNKE y el Comentario de BAUMBACH-LAUTTERBACH[5]. De ahí se sigue que no puede haber dos pretensiones procesales si se las expone separadamente en dos procesos distintos para fundamentar la misma petición, del mismo modo que tampoco habrá modificación de la acción si en un proceso se acciona primero a base de un contrato de compraventa y se introduce solo más tarde el hecho del reconocimiento.

Nuevamente bastará una simple ojeada a las costas resultantes: para comprender que la concepción contraria es insostenible. Si ambos estados de cosas se exponen en un mismo proceso, el valor del litigio será solamente de 1000 marcos, en lo que concuerdan aun quienes sostienen que en ese caso hay pluralidad de pretensiones procesales[6]. Pero si se los empleara por separado para fundar demandas distintas, sería inevitable que esa misma petición hecha, valer en procesos distintos genere costas dobles, como deberán admitir también quienes rechacen la suma de los valores litigiosos, fundándose en la unidad económica de la petición, en el caso de alegarse conjuntamente varias «pretensiones procesales» en un mismo proceso.

Otra vez la teoría dominante nos lleva a resultados imposibles de cumplir en la práctica.

Fundamentalmente, la situación no es distinta, aunque diga le contrario la jurisprudencia del Tribunal Supremo, si se promueven distintas acciones con una misma solicitud, fundándose la una en el libramiento de una letra y la otra en el negocio causal. Solo varía en el sentido de que en el proceso cambiario el único fundamento posible y procedente es la letra, mientras que la fundamentación por compraventa, préstamo, etc. o sea por el negocio causal, solo puede hacerse en el procedimiento ordinario.

Es sin duda correcta la explicación dada por el Tribunal Supremo en la RG 160, 347, de que la letra contiene una promesa de pago que obliga por sí sola, independientemente de la existencia del negocio causal. Pero esta reflexión solo tiene significancia desde el punto de vista del derecho material. Para el procesal lo decisivo es que el crédito basado en el negocio causal y el basado en la letra facultan ambos para el cobro de un mismo y único importe. Hay un concurso de pretensiones con la particularidad de que las dos pretensiones materiales tienen su origen en sucesos distintos. Mas esto no tiene nada de extraordinario. La situación no es distinta si se acciona por la entrega de una cosa fundándose a la vez en el dominio y en una locación, en cuyo caso habrá también dos sucesos, cada uno de los cuales genera una pretensión material; pero ambas apuntan a un mismo objetivo, la entrega de la cosa. Así pues, el objetivo es también el mismo en el caso de una acción por precio de una compraventa y de una acción cambiaría: el pago de una suma adeudada a base de un contrato de compraventa. De ahí deriva la siguiente consecuencia:

---

5 Cfr. *supra*, pág. 102 y otros pasajes.

6 Cfr. *supra*, pág. 109, especialmente nota 21.

Si el actor acciona por una letra en un proceso ordinario, la litispendencia se opondrá a una acción nueva por la cual el actor peticione del demandado la misma suma de dinero a base del negocio causal de esa letra. Distinto es el caso, en cambio, debido a los preceptos especiales que rigen el proceso documental, si el pago de la letra se reclama, como ocurre generalmente, por vía del proceso cambiario. En este procedimiento el actor no puede exponer hechos no demostrables por documentos. Por eso, en tal caso, deberá admitirse una demanda especial fundada en el negocio caudal, lo que sin embargo se dará difícilmente en la práctica, porque al comprobarse defectos en la letra, el actor no iniciará el proceso documental, sino que fundará su acción, en un proceso ordinario en el negocio causal.

En el caso RG 160, 347, el actor había accionado primero a base del negocio causal y, habiendo dicha acción pasado a estado de litispendencia, promovió también la acción cambiaría. El Tribunal Supremo consideró infundada la excepción de litispendencia, alegando:

> «La acción fundada en el negocio causal y la fundada en la letra, se basan en causas distintas; la excepción de litispendencia exige que la causa sea la misma».

No es éste un argumento válido para refutar la excepción de litispendencia. Antes bien, es preciso observar que al actor no debe impedírsele que haga valer su crédito mediante la presentación de la letra en el proceso documental, procedimiento especialmente rápido y favorable para él. Pero si el actor no hubiera reclamado el pago de la letra por vía del proceso cambiario, sino del proceso ordinario, la excepción de litispendencia habría podido oponerse a esa acción.

Rige aquí también el principio de que la excepción de litispendencia estará fundada frente a una acción nueva si, dándose una acumulación conforme a lo establecido por el § 147 de la ZPO, las dos pretensiones procesales pudieran fundirse en un solo objeto litigioso. Mas esto ocurriría si se accionara por la vía ordinaria tanto a base de la letra como del negocio causal.

2. *Acciones de declaración:* En las acciones de declaración de un derecho o de una relación jurídica concordamos con las teorías de ROSENBERG, NIKISCH y LENT, y en lo que respecta a las de declaración negativa, cabe decir otro tanto de la de SCHÖNKE.

Estos autores también sostienen que la excepción de litispendencia se da si se promueve una acción nueva para que se declare la existencia o inexistencia de un derecho o de una relación jurídica, cuya existencia o inexistencia es ya objeto de litigio en un proceso pendiente.

Si el actor peticiona, por ejemplo, que se declare su derecho de propiedad sobre una cosa determinada, estando pendiente ese proceso no podrá promover ninguna acción nueva con la misma solicitud, aunque se apoye en un nuevo estado de cosas. Por el «contrario, estará obligado a exponer esos estados de cosas en el proceso pendiente, no pudiendo impedírsele que lo haga, porque la modificación del estado de cosas o la alegación adicional de uno nuevo no produce una modificación de la acción.

La petición de declaración de propiedad pasa a estado de litispendencia ya en el primer proceso; por eso, mientras ese proceso esté pendiente, no podrá planteársela nuevamente. El motivo para que la excepción prospere no radica, empero, en que se peticione la declaración de un mismo derecho individualizado, sino en que se presente una misma y única solicitud y se pida una misma *y* única resolución.

La diferencia se pone de manifiesto si tomamos como ejemplo una acción de declaración de una consecuencia jurídica.

Si el actor acciona por declaración de un determinado crédito en dinero y estando pendiente ese proceso promueve una nueva acción de declaración de ese mismo crédito, pero fundándola en otro estado de cosas, creemos que la excepción de litispendencia se opondrá a esa acción, porque la solicitud, y por consiguiente también el objeto litigioso, serán los mismos que en el procedimiento pendiente. Según las teorías de ROSENBERG[7], NIKISCH y LENT, en cambio, la excepción no estaría fundada, porque, según la teoría de los dos primeros, la nueva acción se basa en un nuevo estado de cosas y según LENT, lógicamente, porque la nueva acción tendría apoyo en otro derecho material.

No existe, sin embargo, como ya vimos más arriba[8], razón alguna para dar un tratamiento diferenciado a las acciones dirigidas a obtener la declaración de un derecho individualizado o de una relación jurídica individualizada y a las dirigidas a obtener la declaración de una consecuencia jurídica.

Aunque el objetivo principal de esta monografía consiste en demostrar que el objeto litigioso es determinado únicamente por la solicitud, a cuyo lado no tiene cabida como elemento equivalente el estado de cosas, para completar el trabajo habremos de analizar aún las diferentes opiniones existentes en torno a la exclusión de la acción de prestación [condena] hallándose en estado de litispendencia una acción de declaración y viceversa. Se trata de un problema de diferencia de solicitudes, cuya característica especial está en que las solicitudes pueden ser indudablemente distintas en su apariencia, pero existiendo la posibilidad de que en realidad coincidan, respectivamente se superpongan.

BETTERMANN, probablemente el último autor que se ocupara de este problema, sostiene[9] que la excepción de litispendencia se opone a una acción de prestación [condena] estando pendiente una acción de declaración sobre la misma obligación de prestar. A la inversa quiere excluir también una acción

---

7 Esto no vale ya para la nueva teoría de ROSENBERG, tal como figura: en la 6ª edición del *Tratado*.

8 Cfr. *supra*, pág. 152.

9 *Ob. cit.*, págs. 26/27.

de declaración si sobre esa misma obligación ya se ha promovido una acción de prestación. Su primera tesis está en pugna con la doctrina dominante y con la jurisprudencia del Tribunal Supremo. ROSENBERG[10] y también STEIN-JONAS-SCHÖNKE[11] consideran procedente una acción de prestación, aunque esté pendiente una acción de declaración sobre la misma obligación porque debido a la diversidad de solicitudes no habría identidad de objeto litigioso y la simple declaración de existencia de una obligación no tornaría superflua la condena.

BETTERMANN funda su disidencia exclusivamente en el peligro de sentencias contradictorias.

En contra de la opinión de BETTERMANN y de acuerdo con la prevaleciente en doctrina y con la jurisprudencia del Tribunal Supremo[12], sostenemos que una acción de prestación [condena] debe ser procedente aunque respecto de esa obligación esté ya pendiente una acción de declaración. No puede privarse al actor de la posibilidad de imponer la obligación que según él pesa sobre el demandado por vía de la acción de prestación, aunque ya hubiere promovido la acción de declaración. De estarse a la opinión de BETTERMANN, el actor, al promover la acción de declaración, se cerraría a sí mismo el camino de la acción de prestación. Aunque en ambas se afirme el mismo derecho, el objeto litigioso no es el mismo, porque éste es la petición de la resolución señalada en la solicitud y no solamente la afirmación de un derecho[13].

Distinto es el caso, en cambio, si el actor promueve primero la acción de prestación [condena] y luego, estando pendiente ese proceso, interpone también una acción de declaración de la misma obligación (¡no de la existencia de la relación causal!). En este punto debe darse la razón a BETTERMANN, Concuerda también con la teoría de ROSENBERG, quien considera fundada la excepción de litispendencia e improcedente la acción de declaración, porque tanto el reconocimiento judicial como la desestimación de la pretensión de prestación incluyen la declaración de existencia o inexistencia de la obligación, y el objeto litigioso de la acción de prestación comprende también el de la acción de declaración.

STEIN-JONAS-SCHÖNKE tampoco sostienen en este caso la identidad del objeto litigioso, aunque en su opinión a la acción de declaración le faltará probablemente el interés[14].

Por supuesto que la excepción de litispendencia no se opondrá a la acción de prestación [condena] si con ella se pide el desalojo de un local arrendado, habiendo la parte demandada promovido ya acción de declaración de invalidez de la rescisión del contrato de arrendamiento, o sea en términos positivos, de declaración de vigencia de dicho contrato (cfr. el caso RG 40,

10 *Tratado*, § 98 II 3.
11 Nota III 3 c al § 263.
12 RG JW 1903, 151.
13 Cfr. *infra*, págs. 245 y sigtes.
14 Nota III 3 **c** α al § 263.

362). En tal caso, difieren no solamente las peticiones, sino incluso las afirmaciones de derechos. Mediante la acción dé declaración se pide que se declare la existencia de la relación causal, mientras que en la acción de prestación [condena] se hace valer una consecuencia jurídica del cese de esa relación. Del mismo modo que haciéndose lugar a la acción de desalojo, la cosa juzgada no alcanzaría a dejar inexistente el contrato de arrendamiento, así tampoco la, acción de declaración de existencia del contrato de arrendamiento impedirá una acción de desalojo por cese de ese contrato.

BETTERMANN dedica especial atención a la concurrencia de la acción de prestación [condena] y la acción de declaración negativa[15]. No nos podemos adherir a su tesis de que una acción de prestación del acreedor sería improcedente hallándose en estado de litispendencia una acción de declaración de inexistencia de la pretendida obligación, promovida por el deudor. Su celo por evitar sentencias contradictorias es infundado, porque por el otro lado está dispuesto a admitir que el acreedor promueva una acción de prestación [condena] aun después de haber pasado en autoridad de cosa juzgada la resolución sobre la acción de declaración negativa que estuvo pendiente primero[16], aunque entonces también habría peligro de sentencias contradictorias.

La litispendencia no se opone a la acción de prestación [condena], ya por el solo hecho de que el objeto litigioso de la acción, de prestación no es el de la acción de declaración negativa. En un caso el actor peticiona la condena del demandado al pago de una determinada suma de dinero, al desalojo de una casa, etc., etc., mientras que en el otro se peticiona la declaración de inexistencia de una pretensión. Si la acción de declaración negativa pasa primero a estado de litispendencia, la litispendencia no se opondrá a. la subsiguiente acción de prestación porque el objeto litigioso de la acción de prestación es más amplio que el de la acción de declaración negativa.

Mas si se promueve primero la acción de prestación [condena] y el deudor pide luego que se declare la inexistencia de la pretensión hecha valer por el acreedor, estará pendiente primero el objeto litigioso más amplio. El objeto litigioso de la posteriormente interpuesta acción de declaración negativa es abarcado por el de la acción de prestación[17].

Efectivamente, lo que decide si la excepción de litispendencia es fundada es el orden de interposición de las acciones. Es pues errada la idea de BETTERMANN de que el orden de entablamiento de los dos procesos no determina ninguna diferencia.

No se discute que al concurrir una acción de declaración positiva y otra negativa sobre un mismo derecho, una misma relación o una misma consecuencia jurídica, la excepción de litispendencia estará fundada contra la que se haya promovido en último término, opinión que BETTERMANN comparte[18].

---

[15] *Ob. cit.*, págs. 28 y sigtes.

[16] *Ob. cit.*, pág. 32.

[17] Cfr. ROSENBERG, *Tratado*, § 98 II 3; STEIN-JONAS-SCHÖNKE, nota III 3 *y* al § 263.

[18] *Ob. cit.*, pág. 27.

3. *Acciones de constitución:* También en las acciones de constitución la identidad de petición es el único factor determinante de la identidad del objeto litigioso y por ende del fundamento de la excepción de litispendencia, como ya lo demostrara, el ejemplo que tomáramos como modelo al comenzar a tratar este tema.

Especial mención requiere, como en el caso de la modificación de la demanda, el proceso matrimonial.

Habíamos visto que no hay modificación de la demanda si el divorcio se funda en varios sucesos o cuando se pasa de un suceso a otro, porque el objeto litigioso sigue siendo el mismo. Vimos que el § 614 de la ZPO, en cuanto se refiere a la modificación de la acción en las acciones de divorcio y anulación de matrimonio *u* otros procesos matrimoniales, tiene significado tan solo declarativo, y que solo expresa algo que, para nuestro concepto de objeto litigioso, se entiende por sí mismo.

En las acciones de divorcio, el objeto litigioso es el divorcio de un determinado matrimonio, y, en las acciones de anulación, la petición de anulación del matrimonio. Pero ese objeto litigioso sigue también siendo el mismo si el actor promueve una nueva acción de anulación estando pendiente otra o una acción de divorcio nueva estando pendiente otra acción de divorcio. Con cada acción se peticiona lo mismo, el divorcio o la anulación de un matrimonio determinado. La nueva acción es improcedente, en nuestra opinión, aun sin recurrirse al llamado principio de unidad del proceso matrimonial, por haber identidad de objeto litigioso.

Distinto es el caso, en cambio, si el actor, estando pendiente una acción de divorcio, interpone una acción de anulación del mismo matrimonio.

La acción de divorcio y la de anulación de matrimonio tienen por objeto resoluciones judiciales distintas; no son, pues, idénticas. Por lo tanto, la interposición de una acción de anulación estando pendiente una acción de divorcio sería inobjetable si los §§ 614-616 de la ZPO no dieran pie a una normación especial.

Según STEIN-JONAS-SCHÖNKE[19], la pendencia de cualquier acción (de restablecimiento, de divorcio, de anulación de matrimonio, etc.), funda al mismo tiempo excepción de litispendencia contra las demás, sea cual fuere la parte que promueve la segunda acción; o sea, también si la promueve el adversario «porque pese a la diversidad de los objetivos de tutela jurídica existe la certeza de que la resolución del primer proceso torna innecesaria la del segundo... O se rechaza la primera acción, y entonces quedará precluida la segunda en virtud de lo dispuesto por el § 616, o triunfa, y entonces la segunda carecerá de objeto».

---

[19] Nota n 1 al § 615 de la ZPO.

Por la misma razón, el Tribunal Supremo concluye que hay litispendencia global de todo el material litigioso referente a la existencia del matrimonio al entablarse una acción[20].

En contra de esa opinión, el Comentario de FÖRSTER-KANN rechaza la construcción de la litispendencia global[21], pero considera improcedente la interposición de una acción nueva estando pendiente un proceso dirigido contra la subsistencia del matrimonio, a causa del principio de concentración que a su juicio se desprende de los §§ 614-616 de la ZPO, incompatible con la conducción de una pluralidad de procesos de divorcio y anulación.

Los fundamentos de estas opiniones requieren un estudio más detenido, pues nos llevan a tratar un problema importante derivado precisamente de nuestro concepto de objeto litigioso.

En contra de la opinión del Tribunal Supremo de que con la interposición de una acción o reconvención dirigida a obtener el divorcio o la anulación de un matrimonio pasan a estado de litis-pendencia todas las causales de divorcio y de anulación (y también la acción de restablecimiento de la vida conyugal) que pudieran exponerse hasta la última vista oral, el Comentario de FÖRSTER-KANN objeta que ello no puede ser correcto, porque en tal caso sobraría el precepto del § 1572 del BGB (ahora § 51 I de la Ley de Matrimonio), que establece que una causal de divorcio puede hacerse valer todavía en un pleito de divorcio ya pendiente, aunque haya transcurrido el plazo indicado en el § 50 de la mencionada Ley, si dicho plazo no había vencido aún en el momento de entablarse la acción. Si todas las causales de divorcio pasaran a estado de litispendencia, ese precepto sería innecesario. Además, la observación del plazo para una acción de impugnación (ahora, acción de anulación), hecha valer posteriormente, para la cual no había vencido el plazo al promoverse una acción de divorcio, debería derivar de la litispendencia de toda la relación del pleito matrimonial, pero el Tribunal Supremo deduciría la observación del plazo de una correspondiente aplicación del § 1572 del BGB. Y finalmente, por el ejercicio de una acción de divorcio deberían pasar a estado de litispendencia también los derechos de divorcio e impugnación que competen al demandado, sin necesidad de una reconvención. El Tribunal Supremo tampoco deduciría esta consecuencia de la construcción de la litispendencia global.

Es innegable que estos argumentos son valederos. Tampoco pueden desvirtuarlos las explicaciones dadas por el Tribunal Supremo en la resolución RG 104, 156.

Nuestra concepción concuerda, en lo que respecta al resultado, con la opinión de FÖRSTER-KANN Promovida por el actor una acción de divorcio, toda acción de divorcio nueva chocará con la excepción de litispendencia. Lo mis-

[20] Cfr. RG 104, 156 y la copiosa jurisprudencia allí indicada.
[21] 3ª edición, nota 4 al § 615.

mo vale para una acción de anulación o de restablecimiento. Sin embargo, lo que a nuestro juicio se encuentra en estado de litispendencia es la pretensión procesal, o sea la petición de divorcio, de anulación o de restablecimiento de un matrimonio determinado. En estado de litispendencia se halla el objeto litigioso, no una causal material de divorcio. Partiendo de esa base, el § 51 de la Ley de Matrimonio cobra el significado que FÖRSTER-KANN ya asignaban al § 1572 del BGR. No se trata de un parágrafo superfluo, pues al entablarse la acción de divorcio no pueden pasar a estado de litispendencia causales de divorcio que no fundan esa acción ni se desprenden de los hechos, alegados. En el sentido procesal, los derechos materiales nunca pasan a estado de litispendencia. La litispendencia solo abarca la pretensión procesal, el objeto litigioso. Nuestro derecho civil conoce sin embargo el concepto de litispendencia de un derecho material o de una pretensión material, punto que habremos de tratar seguidamente con detenimiento. Aunque desde el punto de vista procesal no es posible hablar de litispendencia de un derecho material, desde el punto de vista civil es preciso aceptarla. Esa litispendencia de una pretensión de derecho material o, como en nuestro caso, de una causal material de divorcio, presupone sin embargo que se expongan hechos de los cuales resulte esa causal. De no ser así, una causal de divorcio de esa índole no puede pasar civilmente a estado de litispendencia. Sin un precepto expreso, sería perfectamente posible la extinción de esos derechos de divorcio por vencimiento del plazo. Por eso el § 511 de la Ley de Matrimonio tiene su buena razón de ser.

Si el actor promueve una acción de divorcio, y luego, estando pendiente ese proceso, interpone una de anulación, la improcedencia de esta última no derivará del hecho de estar pendiente. Una construcción semejante carecería de fundamento de hecho. Su improcedencia se funda, por el contrario, en la concentración en un solo procedimiento dispuesta por los §§ 614-616 de la ZPO. También en este punto estamos de acuerdo con FÖRSTER-KANN.

Si el actor, estando pendiente una acción de divorcio, promueve una acción de anulación, para la cual ya había vencido, al ser interpuesta, el plazo del § 35 de la Ley de Matrimonio, pero no al entablarse la acción de divorcio, el plazo se considera observado interpretando extensivamente el § 51 I de la Ley de Matrimonio[22]. Pero la observación del plazo no es consecuencia de que la acción de anulación se haya encontrado en estado de litispendencia al entablarse la acción de divorcio. Nuevamente estamos de acuerdo con FÖRSTER-KANN, en contra de la construcción de una llamada litispendencia global.

Finalmente, de aplicarse consecuentemente esa construcción, deberían estar pendientes también los derechos de divorcio y anulación del demandado y observarse así el plazo para una eventual reconvención. Pero el Tribunal Supremo tampoco dedujo esa consecuencia (cfr. RG 104, 156).

---

[22] Cfr. también VON GODIN, *Ehegesetz*, 2ª edición, nota 1 a al § 51.

Por consiguiente, la idea jurídica contenida en los §§ 614-616 de la ZPO, podrá calificarse acertadamente, siguiendo a FÖRSTER-KANN, como principio de concentración en el proceso matrimonial.

III. El problema que acabamos de tocar exige sin embargo un examen más detenido.

La litispendencia tiene una serie de efectos de derecho privado[23], que se dividen en efectos que conservan, acrecientan o fortifican el derecho[24].

Así, por ejemplo, su efecto es conservador con respecto a la interrupción de la prescripción (BGB, §§ 209, 210), la usucapión (BGB, § 941) y muchos otros plazos de exclusión (BGB, §§ 801, 804, 864, 977, 1002). Acrecienta el derecho en lo relativo al nacimiento de la pretensión a los réditos en los asuntos en litigio (BGB, § 291), el aumento de la responsabilidad del demandado y la reducción de las oblaciones del actor (BGB, §§ 292, 347, 818 IV, 987, 989, 991, etc.). Y lo fortifica con respecto a la transmisibilidad de la pretensión a los daños inmateriales (BGB, §§ 847 I [2], 1300 II).

Todos estos efectos presuponen la litispendencia de una pretensión de derecho material. Así, el § 209 del BGB dice que la prescripción se interrumpe si el titular del derecho interpone acción por satisfacción o declaración de la pretensión... con lo que alude naturalmente a la pretensión jurídica civil. Según el § 941 del BGB la usucapión se interrumpe si se hace valer contra el poseedor la pretensión reivindicatoria basada en el § 985 del BGB. El derecho civil parte siempre de la litispendencia de la pretensión de derecho material.

Esa litispendencia de una pretensión o de un derecho civil no existe, empero, como vimos, desde el punto de vista del derecho procesal. Lo que pasa a estado de litispendencia es la pretensión procesal, no la material. Para LENT y otros partidarios de la teoría de la individualización, esta diferencia no es sustancial. Tampoco para LENT la pretensión procesal es lo mismo que la material, pero en su teoría aquélla se apoya en gran medida en ésta en lo que respecta al contenido. Para todos aquellos que no determinan el concepto de pretensión procesal según criterios de derecho material, existe sin embargo una importante diferencia entre la litispendencia de una pretensión procesal y la litispendencia de una pretensión material de que habla nuestro código civil.

Aunque una pretensión material o un derecho material no pasan a estado de litispendencia en el sentido procesal, los preceptos que contiene el BGB sobre la «litispendencia» de pretensiones materiales exigen que se examine cuándo se da esa «litispendencia» de derechos materiales.

Según el § 267 (2) de la ZPO, los efectos de la litispendencia según los preceptos del derecho civil, así como todos los efectos que «por derecho civil, dependan en cuanto a su originación de la presentación, traslado o comunica-

[23] Cfr. KUSSI, *Die privatrechtlichen Wirkungen des Prozessbeginns,* «Leipziger Rechtswissenchaftliche Studien», fasc. 13, 1925.

[24] Cfr. ROSENBERG, *Tratado,* § 97 III 2; NIKISCH, *Lehrbuch,* § 46 II 4.

ción judicial de la demanda o de la citación o comparecencia del demandado», empezarán a producirse, sin perjuicio de lo dispuesto por el § 207 de la ZPO, desde la interposición de la demanda.

Así pues, si el actor acciona por daños y perjuicios emergentes de un accidente de tranvía, la prescripción establecida en el § 209 del BGB para la pretensión derivada de un acto ilícito, para la nacida de una violación positiva de un contrato y para la originada en la ley nacional de responsabilidad, quedará interrumpida al interponerse la demanda, aun cuando esas pretensiones materiales no pasan a estado de litispendencia en el sentido procesal. Lo que pasa a estado de litispendencia es la petición del actor de que se le pague una suma determinada de dinero en concepto de daños y perjuicios.

Pero en cuanto las citadas pretensiones de derecho material nacen de los hechos ya expuestos en el escrito de demanda, no hay reparos contra la conclusión de que en el sentido de los preceptos del derecho civil ellas pasan a estado de litispendencia con la interposición de la acción.

La situación solo se torna dudosa al preguntarse en qué momento se produjo la litispendencia» de esas pretensiones materiales nacidas de un estado de cosas no expuesto aún en el escrito, sino introducido en el proceso estando éste ya en curso, quizá meses después de entablada la demanda.

Si por ejemplo el actor acciona contra el demandado por el pago de 1000 marcos, fundándose en un contrato de arrendamiento, y durante el proceso resulta que no se llegó a celebrar un contrato válido, ante lo cual el actor pasa a fundar su acción en el enriquecimiento injustificado, no hay, a nuestro juicio, modificación de la demanda. La solicitud permanece inalterada. Puede incluso sostenerse que no se modifica el estado de cosas, de modo que la demanda no se modificaría ni siquiera para aquellos que sostienen que la modificación del estado de cosas la modifica. ¿Cuándo se produce en este caso la litispendencia» de la pretensión de enriquecimiento y con ello la interrupción de la prescripción? ¿Es que la pretensión de enriquecimiento ya pasa a estado de litispendencia, de acuerdo con el § 267 (2) de la ZPO, con la interposición de la acción, aunque en el escrito no se expusieron hechos que permitieran inferir la fundamentación de la pretensión actora a base del enriquecimiento injustificado?

O demos un ejemplo aún más sugestivo, en el que solamente nuestra concepción de la modificación de la demanda da actualidad al indicado problema, porque según la opinión dominante una nueva alegación produce esa modificación y es valorada como interposición de una nueva pretensión procesal, de modo que la aplicación del § 267 (2) de la ZPO está fuera de cuestión.

El actor acciona por el pago de 1000 marcos a base de un contrato de compraventa. En la vista oral, meses después de interpuesta la demanda, agrega que el demandado le había otorgado además un reconocimiento por ese crédito.

La prescripción de la pretensión material nacida del contrato de reconocimiento ¿se interrumpe al alegarse el correspondiente estado de cosas o ya al entablarse la acción?

La solución deberá ser que, los derechos materiales que no resultan de los hechos expuestos en el escrito, solo pasan civilmente a estado de litispendencia en el momento en que se introduce en el proceso el estado de cosas que les da origen.

En esos casos, que no son muchos, la concepción procesal del objeto litigioso exige una enmienda del § 267 (2) de la ZPO. La razón está en la diferencia entre derecho material y derecho procesal. El hecho de que en derecho civil se hable de la «litispendencia» de pretensiones materiales, no debe tentarnos a identificar la pretensión procesal con la material. Hay aquí diferencias entre derecho civil y derecho procesal que volveremos a encontrar al tratar la cosa juzgada y que están condicionadas por la evolución histórica del concepto de pretensión procesal.

IV. La identidad del objeto litigioso, como vemos, es determinante también para la excepción de litispendencia. Se la determina por la identidad de la solicitud y de la resolución peticionada en ésta.

Nuestra concepción lleva a la misma conclusión que propugnara FISCHER[25]:

La excepción de litispendencia estará fundada siempre que el actor del segundo proceso pueda lograr la tutela jurídica en el primero.

Solamente hay reparos contra la redacción que FISCHER propusiera para el § 219 del Proyecto de ZPO del año 1931[26]. Lo que corresponde establecer no es la caducidad de la instancia, sino el rechazamiento de la nueva acción por improcedente, lo que deberá hacerse de oficio y no solo ante la excepción interpuesta por el demandado[27].

El actor debe y puede valerse de su nueva alegación en el primer proceso. No debe temer oposición, ya que la nueva alegación no modifica la acción.

Solamente esta carga, y no la caducidad de la instancia, como propone FISCHER, lleva a una verdadera concentración del procedimiento.

Una vez más estamos en desacuerdo con la opinión netamente predominante en la doctrina y con la jurisprudencia del Tribunal Supremo, al menos partiendo de los conceptos fundamentales y dejando de lado las condiciones especiales de la acción de declaración y del proceso matrimonial.

---

25 *Dar Streitgegenstand*, «*ZZP*» 57, 382.

26 La versión propuesta reza:
«Si durante la litispendencia una de las partes presenta ante otro tribunal una petición de tutela jurídica que puede ser satisfecha en el primer pleito, el segundo litigio se suspenderá hasta que esa petición sea resuelta con autoridad de cosa juzgada en el primer proceso».

27 Esta solución estaba prevista por el § 219 del Proyecto.

Conforme a la opinión de todos los autores cuyas teorías expusiéramos en la primera parte de este libro (excepto LENT), la excepción de litispendencia estará fundada solamente si el estado de cosas y la solicitud de la acción nueva coinciden con los de la antigua[28]. Para LENT, la excepción de litispendencia prevalece frente a una acción nueva, si en ésta se afirma el mismo derecho material que en el procedimiento anterior. Ninguno ve la pauta para determinar la identidad del objeto litigioso únicamente en la solicitud.

La concepción básica del Tribunal Supremo sobre la cuestión de la excepción de litispendencia se pone de manifiesto en el ya a menudo citado fallo de RG 104, 155, en el que el Tribunal se ocupó sobre todo del problema de la litispendencia global en el proceso matrimonial. Dice allí con respecto al fundamento de la excepción de la litispendencia en general (pág. 156):

> «Habrá litispendencia cuando la misma cuestión litigiosa sea objeto de varios procesos. Ella exige coincidencia, no solo de la pretensión planteada, sino también del motivo de la demanda, es decir, de aquellos hechos que han de fundar jurídicamente la pretensión».

Ya hemos dicho que según la jurisprudencia del alto organismo, el proceso matrimonial está regido por reglas especiales. También para las acciones de declaración negativas habrá que sostener, en vista de la ya estudiada jurisprudencia sobre la modificación de la demanda, que el estado de cosas debería ser irrelevante para la cuestión del fundamento de la excepción de litispendencia.

Fundamentalmente, sin embargo, el Tribunal Supremo exigía también que el motivo de la demanda nueva coincidiera con el de la antigua.

[28] Esto ya no es válido para la nueva teoría de ROSENBERG; crf. *Lehrbuch (Tratado)*, 6ª edición, § 98 II 3.

SECCIÓN SEGUNDA

LA COSA JUZGADA

En la sección anterior vimos qué es lo que determina la unidad y pluralidad, así como la identidad de las pretensiones procesales.

Siempre es la solicitud, la petición actora, la que constituye el objeto del litigio. Con la solicitud el actor determina el programa litigioso. Todo lo que sirve como fundamento de la solicitud, que puede llevar a la condena peticionada, puede y debe ser expuesto por el actor en un mismo proceso. Mientras se litigue en un procedimiento pendiente sobre una solicitud determinada, no podrá iniciarse un proceso nuevo sobre la misma petición actora.

La petición que el actor expresa en la solicitud es lo constante en el fluctuante acontecer del proceso hasta que se dicte la resolución con autoridad de cosa juzgada.

Mas una vez dictada ésta, la situación cambia. Desde ese momento el centro de interés ya no está en el objeto del litigio, sino en la resolución del tribunal recaída sobre ese objeto. Dicha resolución pasa en autoridad de cosa juzgada, y en la medida del alcance de la cosa juzgada, el litigio habrá terminado para siempre.

Las sentencias solo son susceptibles de autoridad de cosa juzgada en la medida en que se haya resuelto sobre la pretensión planteada en la demanda o reconvención (ZPO, § 322 I).

Debemos ahora ocuparnos de esa disposición y de los numerosos problemas que trae aparejada. Por empezar, pueden comprobarse sin esfuerzo estos tres principios:

Lo que pasa en autoridad de cosa juzgada es la resolución del tribunal.

La resolución del tribunal recae sobre la pretensión planteada en la demanda o reconvención.

La resolución del tribunal solo pasa en autoridad de cosa juzgada en la medida en que el tribunal ha resuelto sobre esa pretensión.

Estos principios encierran una serie de problemas sumamente difíciles.

§ 12. EL OBJETO DE LA RESOLUCIÓN

La resolución recae sobre el objeto del litigio. AI tribunal le corresponde resolver sobre qué objeto litigan las partes en el proceso. Por lo tanto, la resolución recae sobre la *pretensión procesal* planteada en la demanda o reconvención. Esta pretensión es el objeto de la resolución del tribunal. Su contenido y esencia imprimen su sello al contenido y a la esencia de la resolución, la cual, por consiguiente, toma su contenido necesariamente de su objeto.

Para quien vea en el objeto litigioso simplemente la consecuencia jurídica derivada de un derecho material, la resolución solo podrá recaer sobre el derecho material. Varias pretensiones materiales hechas valer en una demanda requieren por lo tanto varias resoluciones.

Si se sostiene que el objeto litigioso es determinado por el estado de cosas y la solicitud, habrá pluralidad de objetos litigiosos si para fundar una misma solicitud se han expuesto varios estados de cosas. Esa pluralidad de objetos litigiosos exige a su vez una pluralidad de resoluciones. Ya hemos analizado detenidamente las dificultades que se presentan en uno y otro caso e impiden que se dicten varias resoluciones.

Pero si el objeto litigioso es determinado únicamente, como es nuestra opinión, por la solicitud presentada por el actor, de la cual se desprende su petición, entonces la resolución del tribunal deberá recaer sobre la petición descrita en la solicitud.

Por lo tanto, el objeto del litigio determina necesariamente la esencia de la resolución.

Por regla general, esta inalterable consecuencia es también admitida[1], aunque a veces no observada. Así por ejemplo, para LENT, el objeto de la resolución no es la pretensión procesal, o petición del actor o también afirmación de un derecho, como la parafrasea LENT; la resolución recaería sobre la pretensión material, el derecho material[2]. A juicio de ese autor, el derecho material es el objeto de la resolución aun cuando el único interés del actor está en la condena del demandado, sea cual fuere el criterio jurídico a base del cual se la dicta. Para dicho caso LENT sostiene últimamente, como vimos, que hay tam-

1 Cfr. por ejemplo STEIN-JONAS-SCHÖNKE, nota IX al § 322; ROSENBERG, *Tratado,* § 150 I 1, aunque el pasaje pertinente ofrece lugar a dudas; NIKISCH, *Lehrbrch,* § 106.

2 Cfr. *Lehrbuch,* § 60 III 6; además, lo que el mismo autor dice en «ZZP» 63, 20; y sobre todo «ZZP» 65, 343 y *supra,* págs. 34 y sigtes

bién una sola pretensión procesal cuando del estado de cosas expuesto como fundamento de la acción derivan varias pretensiones materiales.

Su teoría es, pues, que en este caso el objeto litigioso y el objeto de la resolución no coinciden.

Más adelante habremos de ocuparnos de los efectos relativos al alcance de la cosa juzgada. Por ahora baste constatar que esa diversificación de objeto litigioso y objeto de la resolución es inconsecuente.

Corresponde al tribunal resolver sobre el objeto del litigio. Pero ese objeto es la pretensión procesal. Es a ella a la que se hace lugar o se rechaza.

Esta regla es uno de los pilares básicos de la doctrina de la cosa juzgada material. Su importancia es suprema en lo atinente al alcance, de esa cosa juzgada, como habremos de ver más adelante.

Los motivos que indujeron a LENT a señalar el derecho material como objeto de la resolución[3], no alcanzan a mi juicio a conmover nuestra concepción. Es cierto que el derecho civil, en el § 218 del BGB, conoce la declaración con autoridad de cosa juzgada de una pretensión material. Mas esto no impide que la resolución recaiga, no sobre la pretensión material, sino sobre la pretensión procesal Hay aquí una divergencia entre derecho civil y derecho procesal que debemos aceptar y que difícilmente podrá superarse. El derecho civil se ocupa necesariamente solo de derechos y pretensiones materiales. La pretensión procesal no tiene cabida en él.

Para el proceso, en cambio, el derecho material no resulta adecuado como objeto del litigio. Lo dicho anteriormente sobre la acumulación de acciones, a la que se daba como fundamento la pretensión material en calidad de objeto litigioso, habrá bastado para demostrarlo[4].

En el proceso, el centro del litigio lo constituye la pretensión procesal, determinada por la solicitud actora y la resolución peticionada. Es lógico que entre la pretensión procesal y el derecho material existan vínculos estrechos y recíprocos.

La pretensión procesal es la forma en que se hace valer el derecho material en el proceso. Es el medio de asistencia procesal para imponer el derecho material.

Advertir estas relaciones entre la pretensión material y la procesal y la fundamental diferencia entre los derechos civil y procesal[5], es la condición previa para llegar a una teoría unitaria y consecuente del objeto litigioso. Quien haya comprendido esa diferencia ya no se molestará en usar preceptos civiles, como el § 218 del BGB, como pauta para los problemas procesales. Sería un

---

[3] Cfr. *supra,* pág. 85 y «ZZP» 65, 348.

[4] Cfr. *supra,* págs. 21 y sigtes.

[5] Cfr. también KARL MAYER, *Anspruch und Rechtskraft im Deutschen Zivilprozessrecht,* págs. 14 y sigtes.

esfuerzo estéril, que conduciría únicamente a resultados inconsecuentes o inútiles en la práctica.

Lo que interesa es entender debidamente tanto el derecho civil como los requisitos del derecho procesal.

En el caso de la cosa juzgada no se presentan aquí dificultades. Basta con no considerar el derecho material o la pretensión material como objeto de la resolución. No hay en cambio reparos en calificar como «declarada con autoridad de cosa juzgada» en el sentido del § 218 I (1) del BGB, una pretensión material de la que el tribunal se ha servido como criterio jurídico material. Más ella no es el objeto de la resolución. Como consecuencia, una sentencia que no ha considerado otros criterios de derecho material, es sin embargo una sentencia definitiva por haber resuelto sobre la pretensión procesal.

Esta reflexión sirve también para acabar con todas las demás razones que LENT aduce en apoyo de su opinión.

En primer lugar, esto vale para su observación sobre el § 393 del BGB. Es cierto que el actor puede estar interesado en que se le reconozca una pretensión precisamente a base del acto ilícito, a fin de trabar una inminente compensación que podría alegar su adversario. Estos casos son sin embargo extremadamente raros y puede decirse que carecen de importancia práctica. Puede incluso llegarse a una solución satisfactoria de este caso prácticamente teórico por vía de nuestra concepción. Si el tribunal ha hecho lugar a una demanda a base de un acto ilícito, no habrá reparos, por las razones arriba expuestas, para considerar la pretensión material como declarada con autoridad de cosa juzgada en el sentido del § 218 I (1) del BGB.

Yendo más lejos todavía, el actor puede incluso lograr la condena del demandado precisamente a base de ese criterio. Le basta con alegar todos los hechos que permiten aplicar precisamente esa pretensión, omitiendo todos los demás que pudieran servir de base a la aplicación de criterios distintos. Los casos en los cuales los hechos ineludiblemente necesarios para fundar la petición en un acto ilícito fundan también otras pretensiones, han de ser sumamente raros. En la práctica, el actor estará siempre en condiciones de lograr la condena justamente a base del criterio que le interesa que se aplique. Por lo demás, no ocurre prácticamente nunca que el actor tenga interés en una condena fundada en uno o varios criterios determinados.

La idea de LENT, de que la recepción, por parte del oficial de justicia, del producto de la ejecución (§ 819 de la ZPO) vale como pago, y que el pago solo puede satisfacer una pretensión material determinada, tampoco justifica la hipótesis de que el derecho material es el objeto de la resolución.

La sentencia declara que, a base del material procesal presentado al tribunal y de la aplicación del derecho material al estado de cosas relevante, el actor tiene contra el demandado una pretensión al pago de, por ejemplo, 1000 marcos. Pagando el deudor en el acto de ejecución, se extingue por supuesto la pretensión material a base de la cual el tribunal había hecho lugar a la demanda. Pero al mismo tiempo se extingue también la pretensión procesal resuelta con autoridad de cosa juzgada, pues la pretensión no era más que el medio de asistencia procesal para imponer el derecho material en el proceso.

Por la misma razón, tampoco logra cimentar su hipótesis por el § 767 de la ZPO. Es claro que las objeciones de que habla dicho parágrafo son por regla general objeciones dirigidas contra una pretensión de dicho material, que provocan su extinción. De ahí no debe seguirse, sin embargo, que la resolución recae sóbrela pretensión material y no sobre la procesal. Las objeciones dirigidas contra la pretensión material que funda la resolución también surten efecto, necesariamente, sobre la pretensión procesal sobre la cual esa resolución recayó. Por eso, dichas objeciones se dirigen también, a fin de cuentas, contra la pretensión procesal declarada, en la sentencia.

Por último, tampoco gravita mucho la observación de LENT de que el aprovechamiento de la cosa juzgada en procesos ulteriores requeriría la declaración con autoridad de cosa juzgada de una pretensión material. La resolución con fuerza de cosa juzgada en que se basa el fundamento de la acción en procesos ulteriores, serán con frecuencia resoluciones por las cuales se declaró la existencia o inexistencia de un derecho o de una relación jurídica absolutos. No puede negarse ni se discute tampoco que en esos casos se declara un derecho o relación jurídica material. Pero si las resoluciones sobre acciones de prestación [condena] o de constitución sirven para fundar acciones nuevas, no se ve la razón por la cual la pretensión procesal declarada con autoridad de cosa juzgada no pueda servir de fundamento al nuevo proceso. Si una mujer divorciada, por ejemplo acciona por alimentos contra su marido, culpable del divorcio, la acción por alimentos se fundará en la sentencia de divorcio pasada en autoridad de cosa juzgada. No interesa en este caso el criterio material por el cual se decretó el divorcio.

Todas las razones que movieron a LENT a calificar como objeto de la resolución el derecho material no pueden por lo tanto desvirtuar la constatación de que la resolución del tribunal recae sobre el objeto litigioso y por ello sobre la pretensión procesal. Lo que fue objeto del litigio debe serlo también de la resolución.

Antes de pasar al decisivo problema del alcance de la cosa juzgada material, será necesario estudiar detenidamente la esencia de la resolución judicial que recae sobre la pretensión procesal. De ese estudio obtendremos nuevos e interesantes puntos de vista para apreciar el alcance objetivo de la cosa juzgada material.

§ 13. LA ESENCIA DE LA RESOLUCIÓN

I. La resolución del tribunal plasma sobre todo en la parte dispositiva, de la fórmula de la sentencia, que contiene el elemento de la resolución que es más importante para las partes. En ella se condena al demandado a pagar al actor una suma determinada de dinero, o a entregarle una determinada cosa, se declara la existencia o inexistencia de un derecho o de una relación jurídi ca, *y*, en las sentencias constitutivas, encontramos la oración decisiva: «Se decreta el divorcio de las partes», «Se declara disuelta la sociedad», etc.

En cambio, si el actor es vencido, contendrá el rechazamiento de la demanda.

Pero la fórmula dice solamente que el demandado es condenado a pagar una suma de dinero o a entregar una cosa, pero no explica, el porqué, las razones que motivaron esa decisión. La fórmula es solo la parte última, bien que la más decisiva e importante, de la resolución del tribunal. Necesita ser complementada por los resultandos y los considerandos.

No es la fórmula sola la que pasa en autoridad de cosa juzgada, sino la resolución judicial *en su totalidad*. La cosa juzgada material significa la fuerza regulatoria del contenido de la resolución[1].

¿Qué contenido regulatorio tendría una resolución que rechaza una demanda, si se la reputara consistente únicamente en la fórmula?

El pronunciamiento: «La demanda es rechazada» es de naturaleza puramente formal, carece de contenido material que pudiera ser regulatorio para las partes. Por eso, debe complementárselo con los resultandos y los considerandos de la sentencia.

No corresponde tratar aquí la teoría de los resultandos y considerandos[2]. Bastará estudiar su esencia en la medida necesaria para comprender la esencia de la resolución.

El § 313, 3 de la ZPO dispone que los resultandos deben contener una exposición sumaria y ordenada del estado de la causa y del litigio al tiempo

---

1 ROSENBERG, *Tratado*, § 146 I 2.

2 CfT. por ejemplo KARL BLOMEYER, *ZUR Lehre vom Tatbestand im Zivilurteil*, «Festgabe der jur. Fakultäten für das Reichsgericht», tomo VI, pág. 309; SATTELMACHER, *Bericht, Gutachten und Urteil*, 20ª edición, 1951; SCHULIN, Der *Aufbau von Tatbestand, Gutachten und Enstcheidungsgründen*, 3ª edición, 1951.

de la última vista oral, según resulte de los informes orales de las partes, con especial mención de las solicitudes formuladas por las mismas.

Tienen por objeto dejar constancia de las alegaciones de las partes, prueba que solo podrá desvirtuarse por el acta de sesiones (ZPO, § 314). Debe contener todas las afirmaciones de las partes, incluso las que el tribunal considere irrelevantes, ya que podría suceder que el tribunal superior fuera de opinión distinta al respecto. Dichas afirmaciones deben figurar, sin embargo, en forma apretada y ordenada. A tal fin, deben separarse las alegaciones litigiosas de las no litigiosas, relegar a segundo plano aspectos no esenciales y destacar los esenciales. También deberá dejarse constancia en los resultandos de las pruebas ofrecidas y recibidas. La apreciación de las pruebas debe hacerse en los considerandos.

Ante todo, los resultandos deben contener, por ley, las solicitudes de las partes.

De tal modo, los resultandos ofrecen un panorama de la totalidad de las alegaciones de hecho y del estado del litigio hasta la terminación de la última vista oral.

El fundamento para aplicar el derecho objetivo generalmente es solo un fragmento de los hechos consignados en los resultandos. Solamente el estado de cosas que el tribunal estima relevante, no litigioso o considerado probado, unido a las solicitudes de las partes, constituye la base para la aplicación del derecho material. Ese estado de cosas relevante se desprende sin embargo de los considerandos, que, aparte de ello, contienen sobre todo la aplicación del derecho a ese estado de cosas establecido por el tribunal. Mientras que los resultandos forman la parte informativa de la sentencia, los considerandos contienen la verdaderamente decisiva. Es en los resultandos y en los considerandos conjuntamente en los que se funda la parte dispositiva, la fórmula de la sentencia. Y resultandos, considerandos y fórmula de sentencia hacen el contenido de la resolución, cuya esencia contribuyen a forjar los tres elementos. La resolución nos dice pues

> que la pretensión procesal hecha valer a base del material procesal contenido en los resultandos, es fundada o no es fundada en virtud de la constatación del estado de cosas relevante y la aplicación del derecho material al mismo.

Este contenido de la resolución pasa en autoridad de cosa juzgada, o sea, lo que adquiere fuerza de cosa juzgada es el pronunciamiento del tribunal de que el demandado, a base del material procesal consignado en los resultandos y en virtud de la constatación del estado de cosas verídico y relevante y de la aplicación del derecho material al mismo, debe pagar al actor la suma de 1000 marcos, entregar una cosa determinada o rendir cuentas sobre un determinado negocio, etc.

La conclusión de subsunción resultante de la constatación de los hechos y de la aplicación del derecho es, pues, lo que pasa en autoridad de cosa juzgada. La resolución no recae sobre el estado de cosas, ni sobre una relación jurídica prejudicial ni tampoco —desde el punto de vista procesal— sobre el derecho material. Lo mismo opina ROSENBERG al decir[3] que lo único que pasa en autoridad de cosa juzgada es la conclusión de subsunción, pero no su premisa principal, a la que el tribunal está vinculado por 10S §§ 562 y 565 II de la ZPO, ni su premisa menor, las constataciones de hechos, a la que está vinculado el tribunal de casación por el § 561 II.

II. La «premisa principal», a la que está ligado el tribunal por los §§ 562 y 565 II de la ZPO, es la aplicación del derecho, o como lo dice el § 565 II, el juicio de derecho. El tribunal de apelación está ligado al juicio de derecho dictado por el tribunal de casación, y éste a su vez al juicio sobre derecho no revisible dictado por el tribunal de apelación. Pero ese juicio de derecho, la premisa principal, no pasa en autoridad de cosa juzgada.

Sobre esta última no se resuelve, sino que de ella resurta la resolución del tribunal.

Por la cosa juzgada de la resolución recaída sobre la pretensión procesal, las partes y el tribunal quedan por cierto ligados a los resultandos y considerandos de la sentencia, efecto vinculante que impide otra declaración y otro juicio de derecho sobre el estado de cosas, en cuanto se peticione en una nueva demanda la misma resolución judicial que en el procedimiento resuelto con autoridad de cosa juzgada[4].

Si las partes no estuvieran ligadas a estos elementos de la sentencia, la resolución no haría cosa juzgada sobre la pretensión procesal. Si existiese la posibilidad de exponer en un nuevo procedimiento hechos que estuvieran en pugna con el estado de cosas en que se apoyó la sentencia, o de presentar nuevas pruebas tendientes a lograr una declaración del estado de cosas que fuera distinta que en el primer proceso, o que introdujesen nuevos criterios jurídicos tendientes a demostrar que las reflexiones del tribunal fueron incorrectas, estaría abierta la vía para destruir la resolución, pasada en autoridad de cosa juzgada, sobre la pretensión procesal. Mas si esta pretensión ha de quedar establécela de una vez por todas, con fuerza de cosa juzgada, para el tribunal y para las partes, los hechos y el juicio de derecho en que se funda la resolución deberán estar protegidos contra alegaciones discrepantes. Éste es el efecto vinculante que la resolución pasada en autoridad de cosa juzgada tiene sobre los elementos de la sentencia. Ello no quiere decir, sin embargo, que se haya resuelto con fuerza de cosa juzgada sobre los hechos, relaciones jurídicas prejudiciales o pretensiones de derecho material. La resolución recae sobre la pretensión procesal. Es la conclusión de subsunción

[3] *Tratado,* § 150 II.
[4] Cfr. STEIN-JONAS-SCHÖNKE, nota VIII 1 y 2 al § 322.

tomada como un todo. El estado de cosas y las razones jurídicas son tan solo elementos de la resolución.

Aunque la resolución no recae sobre la pretensión de derecho material, el derecho civil conoce una «declaración con autoridad de cosa juzgada» de esa pretensión. Al respecto remitimos a lo dicho sobre el objeto de la resolución[5].

Partiendo de esa base, se entiende que ROSENBERG diga —en aparente contradicción con sus recién citadas afirmaciones[6]— que: la cosa juzgada significa que el actor tiene o no tiene la pretensión civil hecha voler, a base del determinado estado de cosas[7]. Solo que en ese pasaje no queda entendido que la pretensión de derecho material no es objeto de la resolución.

Esta neta diferenciación tiene la mayor importancia para la teoría del alcance objetivo de la cosa juzgada material.

Tampoco pasa en autoridad de cosa juzgada la «premisa menor», o sea la declaración de los hechos o de relaciones jurídicas; prejudiciales.

Esta regla se halla consolidada por una copiosa jurisprudencial[8].

Así por ejemplo, una sentencia que hace lugar a una pretensión derivada de una compraventa o retroventa, o que la desestima, no contiene una declaración, susceptible de autoridad de cosa juzgada, del contenido del contrato de compraventa (RG 126, 237) o del derecho de retroventa (RG 135, 34). La sentencia que rechaza una acción contractual basada en error o fraude, declara con autoridad de cosa juzgada la inexistencia de la pretensión contractual, no así del error o fraude (RG 94, 109; HRR 1932, N° 1604). Si se rechaza una acción redhibitoria se declara con autoridad de cosa juzgada la inexistencia de la pretensión redhibitoria, pero no la ausencia de vicios. El actor podrá por consiguiente ejercer posteriormente la acción *quanti minoris* (Warn. 1920, 155). El rechazamiento o estimación de una pretensión fundada en el § 985 del BGB no declara con fuerza de cosa juzgada la existencia o inexistencia de la propiedad (Warn. 1936, 173; OLG [Cámara Territorial] de Kiel, S.A. 72 N° 191). Pero la estimación o el rechazamiento de la pretensión de restitución de dominio contiene necesariamente la declaración de que esa pretensión existe o no existe. En el primer caso se trata de la declaración de una relación causal, y en el segundo de la declaración, contenida necesariamente en la resolución de la existencia o inexistencia de la pretensión misma.

---

[5] Cfr. *supra*, págs. 188 *y* sigtes.
[6] Cfr. *supra*, pág. 195, nota 3.
[7] *Tratado*, § 150 II 1.
[8] Cfr. los ejemplos dados por ROSENBERG, *Tratado*, § 150 II 1.

Resumiendo podemos decir: *Lo que pasa en autoridad de cosa juzgada es solamente la conclusión de subsunción del tribunal tomada como un todo, pero no sus distintos componentes*[9]. Ni los hechos ni las relaciones jurídicas prejudiciales, ni tampoco las objeciones, o excepciones que oponga el demandado (pero sí la resolución sobre la compensación de un contra crédito, conforme al § 322 II de la ZPO) adquieren fuerza de cosa juzgada. Tampoco las pretensiones materiales, desde el punto de vista procesal. A éstas, que en realidad no son más que criterios jurídicos para fundar la sentencia, debe reconocérseles sin embargo la posibilidad de una declaración con fuerza de cosa juzgada en el sentido civil, que constituirá, en consecuencia, conforme al § 218 1(1) del BGB, el presupuesto para un plazo de prescripción treintañal.

---

9 Cfr. STEIN-JONAS-SCHÖNKE, nota V 1 al § 322.

§ 14. EL ALCANCE DE LA COSA JUZGADA

I. La resolución solo pasa en autoridad de cosa juzgada *«en la medida»* en que resuelve sobre la pretensión hecha valer en la demanda o reconvención (§ 322 I, ZPO).

Con ello hemos tocado el problema del alcance de la cosa juzgada. Es en este punto donde nacen las verdaderas dificultades.

No se discute y es perfectamente lógica, por empezar, la limitación cuantitativa de la cosa juzgada en los casos en que la resolución recae solamente sobre una parte de la pretensión, ya porque el actor haya hecho valer o porque el tribunal haya resuelto, dictando sentencia parcial, solo una parte de la pretensión procesal.

El primer caso no presenta en sí ningún problema. Si el actor hace valer solamente una parte de su crédito, esa parte será la pretensión procesal. Si el tribunal dicta, sobre ella una resolución plena, no podrá hablarse de limitación de la cosa juzgada. Claro está que el actor podrá hacer valer la parte no reclamada de su crédito en una acción nueva. El Tribunal Supremo reconoció siempre esa facultad, como lo acredita una constante jurisprudencia[1], Así, por ejemplo, un actor que haya reclamado primero solo el capital, podrá luego pretender también los intereses (RG 1, 349). Si en el proceso anterior se le han reconocido intereses moratorios, podrá reclamar, en un proceso nuevo, otras indemnizaciones por danos (Warn. 1925, 115 y JW 1929, 2508). Ejemplos como éstos podrían citarse muchos.

Tampoco el segundo caso ofrece dificultades. Si el tribunal ha resuelto solamente sobre una parte de la pretensión que se hizo valer, habrá sentencia parcial. Claro que esa sentencia parcial solo podrá pasar en autoridad de cosa juzgada dentro de los límites que le son propios, aunque el tribunal haya querido dictar una sentencia plena (Warn. 1905, 76 al final).

El que la cosa juzgada se extienda solamente «en la medida» en que se ha resuelto sobre la pretensión planteada en la demanda o reconvención, tiene por objeto, según opinión unánime, aparte del recién explicado significado para su limitación cuantitativa, que la cosa juzgada no se extienda a los elementos de la sentencia contenidos en los considerandos. Se dice que los térmi-

[1] Cfr. Rosenberg, *Tratado,* § 150 13 a.

nos «solo en la medida en que» tienen por finalidad repudiar la teoría de SAVIGNY de la cosa juzgada de los llamados elementos de la sentencia[2].

Algunos autores, como por ejemplo BÖTTICHER[3], son de opinión que el sentido de esta locución se agota con este efecto y con los que se dan en caso de liquidación parcial cuantitativa de una pretensión.

Mas es solo ahora cuando empiezan los verdaderos puntos controvertidos de suprema importancia para la cuestión del alcance de la cosa juzgada.

Si por ejemplo un pasajero herido en un accidente de tranvía acciona por daños y perjuicios y el tribunal rechaza la demanda por haber vencido los breves plazos de prescripción para las pretensiones fundadas en la ley de responsabilidad civil y en el acto ilícito, ¿podrá el actor promover una acción nueva apoyando su pretensión en una violación de contrato? ¿O es que la cosa juzgada de» la primera sentencia le impide accionar nuevamente?

La respuesta dependerá más que nada del contenido que se asigne a la pretensión procesal. Si se la considera simplemente la afirmación de un derecho material, la sentencia del primer proceso habrá sido solamente parcial, recayendo únicamente en dos de las tres pretensiones procesales que se hicieron valer. En tal caso, la pretensión basada en violación de contrato, que sin duda resultó también de la alegación actora, pero no fue considerada por el tribunal, estaría todavía en estado de litispendencia, por lo cual una acción nueva tropezaría con la excepción.

Distinto es el caso, en cambio, si la pretensión procesal se determina, también en cuanto a su contenido, según criterios puramente procesales, siendo caracterizada por el estado de cosas y la solicitud o solamente por esta última. ¿Puede o no el actor promover en tal caso una acción nueva?

LENT, que ahora sostiene que en el caso citado hay una sola pretensión procesal, siempre que al actor le sea indiferente la causa jurídica por la cual obtiene la condena del demandado, entiende sin embargo por objeto de la resolución, no la petición dirigida a obtener la condena, sino la pretensión individualizada, que para él es la pretensión de derecho material[4]. A su juicio, la resolución recae sobre la pretensión de derecho material, aunque ésta, según su nueva doctrina, no es el objeto del litigio.

Consecuencia de esta concepción es que no se ha dictado resolución alguna sobre la pretensión del actor fundada en violación de contrato, sino únicamente sobre las fundadas en la *ley de* responsabilidad nacional y en el acto ilícito.

Podría suponerse que también en este caso la sentencia dictada en el primer proceso sería una sentencia parcial, igual que cuando se ve en la pre-

[2] Cfr. ROSENBERG, *Tratado*, § 150 II; BAUMBACH-LAUTERBACH, nota 2 A al § 322.

[3] BÖTTICHER, *Zur Lehre vom Streitgegenstand im Eheprozess*, «Festgabe für Leo Rosenberg» pág. 94.

[4] *Lehrbuch*, § 60 III 6; «ZZP» 63, 20; «ZZP» 65, 346.

tensión procesal únicamente la afirmación de un derecho material. Mas como según la nueva teoría de LENT en nuestro caso hay solamente un objeto litigioso, una sola pretensión procesal, caracterizada por la unidad de su solicitud, nuestro autor considera que la sentencia dictada es una sentencia plena, aun cuando, como dice, no abarca todo el objeto litigioso[5].

Esta teoría no es consecuente, por cuanto no respeta la invariable consecuencia de que el objeto litigioso debe ser también objeto de la resolución. El hecho de que el derecho civil conozca la declaración con fuerza de cosa juzgada de una pretensión de derecho material no debe inducirnos a suponer que la resolución recae sobre esa pretensión. El derecho civil habla también de la litispendencia de una pretensión material, lo que no significa, sin embargo, tampoco para la nueva teoría de LENT, que ella sea el objeto del litigio. Mas ésa sería la derivación consecuente del concepto de objeto de resolución que tiene este autor. Si a base de los preceptos del derecho civil se asigna a la pretensión de derecho material el carácter de objeto de la resolución, debería reconocérsele también por las mismas razones el carácter de objeto del litigio. Pero entonces resultaría insostenible precisamente la nueva teoría de LENT, para la cual el objeto litigioso es determinados por la solicitud cuando el actor está interesado simplemente en la condena del demandado.

Como en opinión de LENT el objeto litigioso no es abarcado enteramente, el actor no estaría impedido en dicho caso de accionar por daños y perjuicios mediante una demanda nueva, fundándola en la violación positiva de un contrato.

Al mismo resultado que la actual teoría de LENT llevaba la antigua teoría de ROSENBERG[6], quien sostenía que si de un mismo estado de cosas derivaban varias pretensiones civiles, pero la sentencia resolvía solo una pretensión material, no había resolución con fuerza de cosa juzgada sobre las restantes pretensiones civiles. El actor no habría estado impedido de hacer valer en un nuevo proceso la pretensión civil a la cual no se había hecho lugar ni se había desestimado, estando a salvo de la excepción de la cosa juzgada.

La citada opinión de LENT y la anterior de ROSENBERG no pueden tampoco justificarse interpretando los términos «en la medida en que» del § 322 I de la ZPO como queriendo decir que una resolución sobre la pretensión procesal solo pasa en autoridad de cosa juzgada en cuanto se haya resuelto sobre criterios de derecho material.

NIKISCH [7] y ROSENBERG[8], quienes ya analizaron esta interpretación, la han rechazado. El problema, sin embargo, no parece estar aun enteramente resuelto.

Si la resolución recayera sobre la pretensión procesal, pero solo en cuanto se haya resuelto sobre las pretensiones materiales derivadas del elemento

---

5 «ZZP» 65, 346; cfr. también *supra,* págs. 37 y sigtes.
6 *Tratado,* 3ª edición, § 88 II 3 c y § 156 I 3 b, así como «ZZP» 57, 85.
7 *Streitgegenstand,* págs. 149 y sigtes.
8 *Zur Lehre vom Streitgegenstand,* págs. 82 y sigtes.

procesal expuesto, se resolvería en realidad tanto sobre la pretensión procesal como sobre las pretensiones materiales. La resolución se dicta, o sobre la pretensión procesal, o sobre la de derecho material.

Para nosotros, recae únicamente sobre la pretensión procesal. Si ésta es regulada totalmente por la resolución en el aspecto cuantitativo, dicha resolución será ilimitadamente susceptible de autoridad de cosa juzgada. Los términos en la medida en que» del § 322 I de la ZPO no tienen el significado recién discutido. Si el tribunal no ha considerado la pretensión emergente del accidente de tranvía bajo el punto de vista de la violación positiva de un contrato, la resolución podrá ser eventualmente incorrecta, pero el actor deberá aceptarla igual que si fuese errada. No hay razón para restringir la cosa juzgada de esa resolución, pues ella recayó sobre la pretensión procesal, liquidándola enteramente. La cosa juzgada de la primera sentencia impide al actor entablar una demanda nueva[9].

Esta es la solución correcta, como lo confirma la reglamentación del llamado efecto devolutivo en la instancia superior[10].

Según los §§ 537 y 557 de la ZPO, son objeto de vista y resolución de los tribunales de apelación y casación todos los puntos litigiosos relativos a una pretensión estimada o desestimada, que por sus solicitudes requieran vista y resolución, aunque en primera instancia esos puntos no se hubieran visto ni resuelto. Si por «pretensión» se entendiera aquí, no la pretensión procesal, sino la material, sobre la cual, según LENT, recae la resolución del tribunal, no se podría, para quedarnos con el ejemplo del accidente de tranvía, resolver en la instancia de apelación sobre la pretensión contractual, por no habérsela hecho lugar ni tampoco desestimado. Pero LENT no deduce esta consecuencia ni tampoco la dedujo anteriormente ROSENBERG. Mas ella se impondría forzosamente si la pretensión de derecho material fuera efectivamente el objeto de la resolución.

La jurisprudencia del Tribunal Supremo admite una sola excepción al citado efecto devolutivo, y es cuando resultando varios criterios jurídicos de un mismo estado de cosas, la revisión solo fuera procedente con respecto a uno de ellos, sea cual fuere el valor del objeto de la impugnación pero no a los otros. En una serie de resoluciones antiguas, el Tribunal también juzgó procedente el examen posterior de los criterios jurídicos para los cuales la revisión no estaba abierta (cfr. RG 95, 214; 101, 350; 126, 28; RG JW 1924, 814). En el RG 130, 402, abandonó este criterio, adoptando el punto de vista opuesto. En dicha resolución solo estima posible un examen posterior en la instancia de casación en cuanto una pretensión sea privilegiada y estén dadas para ella los presupuestos establecidos por el § 547 N° 2 de la ZPO [11].

9 Cfr. sobre todo NIKISCH, *Streitgegenstand,* pág. 152; *Lehrbuch,* § 108 *I* 3 y también ROSENBERG, *Tratado,* § 88 II 3 c.

10 Cfr. también ROBINOW, *ob. cit.,* pág. 83.

11 Cfr. también RG 164, 341 y BGH 1, 369 (380/81). El BGH considera posibles excepciones a esta jurisprudencia básica; cfr. la resolución del BGH de fecha 8.10.1953 (JZ 1953, 766).

Mas esta jurisprudencia solo se refiere expresamente a aquellos casos en los que la casación está abierta para pretensiones determinadas, sea cual fuere el valor del objeto de la impugnación. En otros casos el Tribunal Supremo siempre se consideró facultado para examinar también aquellos criterios materiales que el tribunal de apelación había pasado por alto.

Igual que el descuido de un derecho material, tampoco restringe la cosa juzgada de la resolución el pasar por alto un estado de cosas que ha sido expuesto.

Claro que este problema no cobra actualidad para quienes sostienen que habiendo pluralidad de estados de cosas hay pluralidad de pretensiones procesales. Para éstos, no se ha resuelto sobre la pretensión procesal si no se lo ha hecho sobre un estado de cosas que el tribunal pasó por alto, no obstante habérselo expuesto. La sentencia que se dictó es, pues, en sí, parcial. Así por ejemplo, si el actor ha accionado contra el demandado por el pago de 1000 marcos, fundándose a la vez en un contrato de compraventa y en un reconocimiento, pero el tribunal ha rechazado la demanda por falta de un contrato válido dé compraventa, la «pretensión procesal» fundada en el reconocimiento debería estar aún en estado de litispendencia. Según las teorías de STEIN-JONAS-SCHÖNKE y NIKISCH, que sostienen que en caso de pluralidad de estados de cosas hay acumulación de acciones, aun siendo una la solicitud, el actor tendría la posibilidad de continuar persiguiendo el litigio pendiente. Incluso estaría impedido de entablar una demanda nueva apoyada en el reconocimiento por razón de la litispendencia de esa «pretensión».

Distinta es la solución en opinión de todos los partidarios de la unidad de pretensión procesal en caso de unidad de solicitud, aunque fueren varios los estados de cosas.

NIKISCH sostenía anteriormente que la pretensión procesal no se había resuelto en la medida en que el tribunal no había tenido en cuenta el estado de cosas, y que la fuerza de cosa juzgada de la resolución estaba restringida en la misma medida[12]. Cierto que para él la resolución no era una sentencia parcial, sino definitiva. Su opinión anterior era que el actor estaba en condiciones de apoyar una acción nueva en un estado de cosas que, aunque ya expuesto, se había pasado por alto en el primer procedimiento.

No puede sin embargo asentirse a esta tesis. Si el tribunal, al dictar la resolución, no tuvo en cuenta un estado de cosas expuesto, su decisión será errada igual que si no hubiera considerado un criterio de derecho material. Así como la cosa juzgada no estaría restringida entonces en la medida en que no se hubieran considerado criterios materiales, así tampoco podrá hablarse de una restricción de la fuerza de la cosa juzgada cuando no se hubiesen tenido en cuenta hechos que habían sido expuestos. En ambos casos la resolución sería incorrecta e incompleta, pasible de ser impugnada por vía de recur-

[12] *Streitgegenstand,* pág. 152.

sos, Pero en ambos la resolución habrá recaído sobre el objeto litigioso, la pretensión procesal, sin limitación de ninguna especie.

Si el actor deja pasar en autoridad de cosa juzgada una sentencia en la que no se ha tenido en cuenta un estado de cosas expuesto, pierde la posibilidad de apoyar en éste una acción nueva, que tropezaría con la excepción de cosa juzgada.

Pero la resolución del tribunal deriva siempre del material procesal que le es conocido.

Por ello cabe preguntarse si una acción nueva puede apoyarse en hechos no alegados en el primer procedimiento, pero ya existentes en la época de la última vista oral del primer proceso. Esta cuestión toca el importante problema del efecto de exclusión inherente a la sentencia pasada en autoridad de cosa juzgada, tema que retomaremos más adelante. Por ahora baste comprobar que ni un juicio jurídico incorrecto e incompleto del estado de cosas que funda la demanda ni la no consideración de algún estado de cosas, pueden tener alguna influencia sobre el alcance objetivo de la resolución recaída sobre la pretensión procesal. La resolución recae sobre la pretensión procesal, no sobre derechos materiales ni tampoco sobre estados de cosas, y aunque fuere defectuosa, será una resolución sin limitaciones sobre el objeto litigioso, siempre que lo liquide totalmente desde el punto de vista cuantitativo, agotando así la pretensión. Las palabras «en la medida en que» que figuran en el § 322 I de la ZPO, son pues irrelevantes al respecto.

II. La conclusión a que acabamos de llegar sufre excepciones, al menos según la opinión dominante, fundadas en preceptos especiales de nuestro derecho procesal. Pero éstas nada prueban contra la exactitud de nuestras conclusiones. Son resabios de la opinión, superada hace ya mucho, según la cual la pretensión material es también objeto del litigio.

1. En una serie de preceptos es decisivo para determinar la competencia, por razón de materia o de lugar, saber qué derecho material deriva del estado de cosas expuesto por el actor[13].

Si por ejemplo un pasajero herido en un accidente ferroviario acciona por daños y perjuicios, fundando su pretensión a la vez en un contrato, en la responsabilidad y en un acto ilícito, ante el tribunal competente para conocer del acto ilícito (ZPO, § 32), el tribunal debería estar impedido, según la opinión que prevalece netamente en la práctica y en la doctrina, para tener en cuenta los otros criterios[14].

O para tomar otro ejemplo:

---

13 Cfr. sobre todo WALTER FISCHER, *Der Streitgegenstand,* «ZZP» 57, 340 y sigtes.; además NIKISCH, *Streitgegenstand,* págs. 156 y sigtes.

14 Cfr. sobre todo RGVZS 27, 385-, ROSENBERG, *Tratado,* § 33 II 2; BAUMBACH-LAUTERBACH, nota 2 B al § 32; STEIN-JONAS-SCHÖNKE, nota II 4 al § 32.

Si se acciona por cumplimiento de un contrato ante el tribunal del lugar en que éste debe cumplirse (ZPO, § 29) y luego resulta que ese contrato no llegó a concluirse, el tribunal no estará autorizado para considerar si hubo enriquecimiento injustificado, sino que debe rechazar la demanda si niega validez al contrato[15].

Como los distintos criterios jurídicos no son pretensiones procesales autónomas, no puede haber una remisión de las pretensiones de derecho material para las cuales no está fundada una competencia de lugar (fuero) ni se la podrá resolver por vía de sentencia parcial. El tribunal puede declarar la incompetencia respecto de esos criterios solo mediante una sentencia interlocutoria conforme al § 275 II o al § 303 de la ZPO, o en los considerandos de la sentencia definitiva[16].

Esta conclusión es insatisfactoria tanto desde el punto de vista, práctico como del teórico. Impide que la cuestión litigiosa sea tratada exhaustivamente en un proceso y obliga a una limitación del objeto del litigio a la pretensión de derecho material que responde a la competencia especial.

Consecuencia de esta limitación del objeto litigioso es que la resolución del tribunal recae sobre la pretensión procesal solo en la medida en que se resuelve sobre la correspondiente pretensión de derecho material. A fin de cuentas, la pretensión de derecho material que funda la competencia especial sería también objeto del litigio.

Prueba que estamos en presencia de una insatisfactoria solución de excepción el hecho de que otras pretensiones de derecho material derivadas del mismo estado de cosas que la que funda la competencia especial, no son tratadas como pretensiones procesales y objetos litigiosos. Pues si lo fueran, esas pretensiones deberían ser remitidas al tribunal competente o excluidas del proceso, por sentencia parcial, posibilidades negadas ambas por el Tribunal Supremo y por todos los partidarios de la concepción procesal del objeto litigioso[17].

La solución es indudablemente contradictoria, mas sigue siendo la única posibilidad de limitar la situación dada por los preceptos especiales de competencia a la medida imprescindiblemente necesaria, condicionada por esos preceptos mismos, si no se quiere sostener, como lo propusiera NIKISCH[18], en contra de la opinión dominante, que el tribunal tiene competencia también para entender de los demás criterios jurídicos, no solo si ellos tienen su origen en un suceso, como lo quería NIKISCH, sino también si resultan de otro estado de cosas expuesto para fundar la misma solicitud.

---

15 RG 73, 168; RG 123, 129.

16 Cfr. ROSENBERG, *Tratado*, § 33 II 2 y la jurisprudencia allí citada del Tribunal Superior.

17 Cfr. en cambio LENT, «ZZP» 57, 37 y sigtes.; además HELLWIG, *Lehrbuch des Deutschen Zivilprozessrechts*, tomo III 1, pág. 74.

18 *Streitgegenstand*, pág. 158.

Así podrían superarse todas las dificultades procesales que presentan los anticuados preceptos sobre la competencia, pudiendo entonces diligenciarse y resolverse en el fuero del acto ilícito todos los criterios de derecho material resultantes de la alegación actora, siempre que en la demanda se exponga también concluyentemente el criterio del acto ilícito. Si la pretensión derivada del acto ilícito resultare ser infundada, el tribunal debería examinar el posible fundamento de la petición también a base de los demás criterios jurídicos.

Resulta dudoso, sin embargo, si esa solución es compatible todavía con la situación jurídica actual. Una solución eficaz del problema solo puede lograrse por vía de una reforma legislativa. El Proyecto de Ordenanza Procesal Civil de 1931 no señaló progresos en este aspecto. Al manifestarse sobre dicho Proyecto[19], ROSENBERG propuso un fuero más amplio para el conjunto a fin de posibilitar una resolución unitaria sobre toda la pretensión procesal[20].

Esta propuesta se fundaba, claro está, en su antiguo concepto de que la pretensión procesal estaba determinada siempre por el estado de cosas y la solicitud. No sería difícil, sin embargo, adaptarla al concepto nuevo.

Pero mientras no se haya llevado a cabo esa enmienda legislativa, los tribunales solamente entenderán de la pretensión material que fundamente su competencia, pero no se avendrán a estudiar otros criterios jurídicos. Cabe preguntarse si en esos casos una acción nueva puede apoyarse en las pretensiones materiales no consideradas. Si el actor ha sido vencido en el litigio, por cierto que sí, ya que de lo contrario se cercenaría de manera irresponsable su derecho de persecución.

Así pues, el actor rechazado en el fuero del acto ilícito debe tener el derecho de entablar una demanda nueva y apoyarla especialmente en el contrato y en la responsabilidad. Pero si el tribunal se creyó competente y resolvió a base de estos criterios, la cosa juzgada de su sentencia se opondrá a toda acción nueva que se apoye en el estado de cosas ya expuesto.

2. Otra excepción al alcance de la cosa juzgada existirá si el actor ha iniciado un proceso documental, pudiendo demostrar documentalmente solo los hechos necesarios para fundamentar una de las pretensiones de derecho material. Así por ejemplo, si el actor apoya su demanda en una compraventa y un reconocimiento, y puede demostrar por documento este último, pero no la celebración del contrato de compraventa, el tribunal podrá y deberá resolver en el proceso documental solamente a base del reconocimiento, aunque la

---

19 «ZZP» 57, 213.

20 El texto propuesto rezaba:
«(I) Si de un mismo suceso de hecho derivan varias pretensiones o varias causales, el tribunal competente para una de ellas será competente también para resolver sobre las demás».
«(II) Lo mismo regirá si se hacen valer varias pretensiones que guardan entre sí una relación jurídica o económica inmediata».
«Si uno de los tribunales tiene competencia exclusiva, los preceptos de (I) y (II) valdrán exclusivamente para éste».

pretensión procesal sea una sola. Pero si considera inválido el reconocimiento, deberá rechazar la demanda, a menos que el actor desista a tiempo del proceso documental. Lo mismo vale para la acumulación de la pretensión por letra de cambio y la de precio de compraventa en el proceso cambiario. También en ese caso el tribunal deberá rechazar la demanda, si considera inválida la letra por defecto de forma, y no podrá entender de la pretensión del precio de compraventa a menos que el actor desista del proceso cambiario. Aunque en ambos casos el objeto litigioso es la petición de una suma determinada, la resolución recae únicamente sobre la pretensión de derecho material sobre la cual el tribunal estaba facultado para resolver en ese proceso especial. No se resuelve sobre otras pretensiones materiales derivadas del mismo estado de cosas. Por consiguiente, el actor podrá fundar en ellas una nueva acción, sin que se le oponga la excepción de cosa juzgada.

§ 15. EL EFECTO DE EXCLUSIÓN

1. 1. Volviendo a una cuestión ya planteada[1]: ¿Puede una demanda nueva, que contenga la misma petición, ser apoyada en hechos no expuestos al tribunal en el primer proceso, pero ya existentes en la época de la última vista oral sobre los hechos?

Ocupándose de esta cuestión, se llega a la interesante comprobación de que prevalece el criterio negativo. Todos los autores modernos, como LENT, ROSENBERG, NIKISCH, SCHÖNKE y los Comentarios de STEIN-JONAS-SCHÖNKE y BAUMBACH-LAUTERBACH conocen y sostienen la exclusión de esos hechos, opinión que probablemente predominó también en la teoría antigua[2].

La constatación de la existencia o inexistencia de una pretensión se refiere, por consiguiente, al momento del cierre de la última vista oral sobre los hechos. Los hechos anteriores a ese momento son precluidos; los ocurridos posteriormente pueden servir de base a una demanda con la misma petición.

También se oyen, por cierto, voces contrarias[3].

Las razones que se dan para fundar la exclusión y el alcance que se asigna a ésta, difieren ciertamente en alto grado de un autor a otro.

2.a) Según la opinión que es probablemente la preponderante, la exclusión es una consecuencia de la cosa juzgada. BÖTTICHER, por ejemplo, ha sostenido últimamente, al referirse al objeto litigioso en el proceso matrimonial, que cuanto más amplio sea el objeto litigioso, tanto mayor será el ámbito de lo resuelto implícitamente[4].

Pero también el Comentario de STEIN-JONAS-SCHÖNKE, NIKISCH, SCHÖNKE y LENT califican la exclusión de los hechos no alegados como un efecto de la cosa juzgada, y al menos un pasaje de la teoría de ROSENBERG sobre la acción de declaración de un derecho o de una relación jurídica permitiría llegar a la misma conclusión. En otro pasaje, en cambio, este autor la llama preclusión

---

1 Ver *supra*, pág. 206.

2 HELLWIG, *System des Deutschen Zivilprozessrechts*, tomo I, § 234 II; del mismo autor, *Anspruch und Klagrecht*, págs. 137, 172, 173; FORSTER-KANN, 3ª ed., nota 5 b al § 322; OERTMANN, Arch-CivPr. 109, 270; KOTTNER, *Die privatrechtlichen Nebenwirkungen der Zivilurteile*, págs. 5, 228; RICHARD SCHMIDT, *Lehrbuch des Deutschen Zivilprozessrechts*, 2ª ed., pág. 756.

3 Así opinan SHERLIN, «ZZP» 82, 312; RÜMELIN, Arch-CivPr. 88, 107; STÖLZEL, «ZZP» 23, 348.

4 *Zur Lehre vom Streitgegenstand im Eheprozess*, «Festgabe für Leo Rosenberg», pág. 95.

ajena a la cosa juzgada[5]. En lo que respecta a las acciones de divorcio y de anulación de matrimonio, su tesis es terminante. Las causales de divorcio y de anulación no alegadas en la demanda correspondiente serían excluidas por efecto de la cosa juzgada, pero las causales de anulación y de divorcio expuestas después de resueltas con autoridad de cosa juzgada la acción de divorcio, y respectivamente la de anulación, lo serían por el efecto de preclusión, ajeno, a la cosa juzgada[6].

Para fundamentar el efecto preclusivo de la cosa juzgada, se suelen citar los §;§ 767 II y 323 II de la ZPO. BÖTTICHER funda la exclusión directamente en el § 322, pues en su opinión se resuelve también sobre los hechos no alegados, en la medida del alcance de la cosa juzgada.

b) Para ROSENBERG, en cambio, la exclusión de hechos antiguos es fundamentalmente un efecto de preclusión, ajeno a la cosa juzgada[7]; prescindiendo de su no muy terminante opinión en materia de acciones de declaración y la ya citada tesis sobre el efecto de la cosa juzgada en las acciones de divorcio y anulación de matrimonio.

A esta opinión se ha adherido también, en su 20ª edición, el Comentario de BAUMBACH-LAUTERBACH[8].

Según la teoría de ROSENBERG, la preclusión es un efecto accesorio de la sentencia pasada en autoridad de cosa juzgada[9] pero no un efecto inmediato de la cosa juzgada. Como se desprende de sus explicaciones en «SJZ» 1950, 316, limita el efecto de la cosa juzgada de la resolución al material procesal que el tribunal conoce como fundamento para su decisión.

3. Las opiniones discrepan grandemente respecto del alcance de la exclusión de los hechos no alegados. Para esta cuestión tienen importancia las distintas opiniones sobre el alcance del objeto litigioso. Según él § 322 de la ZPO, se resuelve ahora sobre la pretensión procesal sometida a la resolución del tribunal. Si la alegación de hechos viejos, aunque no expuestos, encierra una nueva pretensión procesal, esos hechos no podrán naturalmente estar precluidos.

Según la teoría de STEIN-JONAS-SCHÖNKE, la cosa juzgada no excluye un nuevo estado de cosas, porque la alegación de éste, aunque la solicitud siga siendo la misma, encierra, según la doctrina del Comentario, una nueva pretensión procesal. La exclusión de hechos no expuestos se limita, en consecuente aplicación de la teoría, a aquellos hechos que no contienen ningún nuevo estado de cosas o suceso nuevo.

---

5 *Tratado,* § 150 III 2. La 6ª edición ya no contiene ese pasaje.
6 Cfr. *supra,* pág. 56.
7 *Tratado,* § 150 III 2, además «SJZ» 1950, 314 y sigtes. En la 6ª edición el autor ha modificado lo dicho sobre la preclusión.
8 Cfr. *supra,* pág. 91.
9 *Tratado,* § 148 II 3.

También SCHÖNKE sostiene en su *Tratado* que se excluyen solamente aquellos hechos nuevos que no constituyen un nuevo suceso[10], concepción tanto más notable por cuanto para este autor, al acumularse varios estados de cosas, no habría acumulación de acciones, sino una sola pretensión procesal. Por lo tanto, aunque el objeto litigioso es determinado en la acumulación de acciones solamente por la solicitud, es no obstante procedente, según su nueva teoría, apoyar una nueva acción con la misma solicitud en un estado de cosas existente ya anteriormente, expuesto o no expuesto, pero no considerado por el tribunal.

Según la teoría de LENT, la resolución recae siempre sobre la pretensión material[11]. En consecuencia, se excluirían únicamente aquellos hechos que se refieran a la pretensión material ya resuelta.

En cambio, los tendientes a apoyar una pretensión material no resuelta, no serían excluidos por la cosa juzgada, aun habiéndoselos expuesto en el primer proceso, en el cual el tribunal no resolvió, sin embargo, sobre la pretensión material en cuestión.

Para la teoría de ROSENBERG es de suponer que no deben excluirse los estados de cosas que ya existían en la época de la última vista oral sobre los hechos del primer proceso, porque no fueron expuestos. Para las acciones de declaración de un derecho o de una relación jurídica rige la regla contraria, solo que aquí cambia, como ya dijimos, el fundamento de la exclusión[12].

Según NIKISCH, la exclusión alcanza solamente aquellos hechos que no fundan un suceso nuevo, salvo en las acciones de declaración de un derecho o de una relación jurídica, en que comprende también los sucesos[13].

4. Tomemos un ejemplo para aclarar los problemas de la exclusión de hechos no alegados:

El actor ha accionado contra su socio, el cual, según alega, habría desfalcado fondos sociales, solicitando que se le autorice para hacerse cargo del negocio (HGR, §§ 133, 142), demanda que ha sido rechazada por sentencia pasada ya en autoridad de cosa juzgada. El actor busca entonces promover una nueva acción, tendiente al mismo fin, fundándola en el hecho de que el demandado se halla enfermo desde hace ya medio año y que el carácter de su enfermedad no ofrece perspectivas de que reasuma su plena colaboración en la sociedad.

¿Puede el actor hacer esto?[14].

---

[10] Cfr. *supra*, pág. 85.

[11] Cfr. *supra*, pág. 37.

[12] Según lo que dice ROSENBERG en la 6ª edición, probablemente tampoco son excluidos en estas acciones los estados de cosas no expuestos.

[13] Cfr. *supra*, pág. 68.

[14] Claro que estos casos son extraordinariamente raros, porque por regla general todos los hechos adecuados para fundar la demanda son expuestos a más tardar en la instancia de apelación.

El tribunal no ha resuelto en el primer proceso si la enfermedad del demandado es una razón importante para excluirlo de la sociedad, no pudiendo la sentencia, por ende, pasar en autoridad de cosa juzgada sobre ese punto. Es inconcebible que el tribunal haya resuelto sobre material procesal no expuesto.

Conforme a STEIN-JONAS-SCHÖNKE, la nueva alegación encierra un nuevo estado de cosas y, por consiguiente, una nueva pretensión procesal Por lo tanto, la cosa juzgada no se opondría a la nueva acción. Lo mismo cabe decir de las teorías de SCHÖNKE y de NIKISCH. Para la opinión de LENT, la procedencia de la nueva acción dependerá de si los distintos motivos importantes a que alude el § 133 del HGB son también distintos derechos materiales y por consiguiente distintos objetos litigiosos, lo que es dudoso.

Para la teoría de ROSENBERG el actor probablemente no estaría impedido de promover una nueva acción, fundada en la enfermedad del demandado. Aplicando finalmente la teoría de BÖTTICHER, bien que fue desarrollada solo a propósito del objeto litigioso en el proceso matrimonial, el tribunal habría resuelto en el primer proceso simplemente sobre la pretensión del actor de que se excluyera al demandado de la sociedad e implícitamente sobre el estado de cosas no alegado. La cosa juzgada se opondría, pues, a la nueva acción.

II. 1. Para llegar a un punto de partida firme para apreciar los numerosos problemas, debemos considerar nuevamente la esencia de la resolución.

La resolución recae, como vimos, sobre la pretensión procesal. Declara que, a base del material procesal conocido por el tribunal, en virtud de la constatación del estado de cosas relevantes y de la aplicación del derecho a éste, el actor tiene o no tiene la pretensión procesal que se hizo valer.

La resolución deriva pues del material procesal expuesto al tribunal por el actor y el demandado, y determinado por el tribunal mismo —en la medida en que resulte aplicable el principio de investigación—. Este material constituye el fundamento de la resolución, que recae pues sobre la pretensión procesal, pero solo constata que la misma está o no fundada a base del material procesal sometido al tribunal. No puede el tribunal resolver si estaría o no fundada en otros hechos no expuestos y no conocidos al tribunal, para lo cual la resolución carecería de toda base.

La tesis de BÖTTICHER de que a mayor amplitud del objeto litigioso, mayor sería el ámbito de lo resuelto implícitamente[15], significaría que en definitiva se resolvería también sobre hechos no expuestos que podrían haber servido para fundar el mismo objeto litigioso.

Así por ejemplo, en una acción de divorcio por cese de la comunidad doméstica, rechazada por infundada, la conducta antimatrimonial del demandado también estaría, según la tesis de BÖTTICHER, resuelta implícitamente, aunque la actora haya omitido hacerla valer. Sin embargo, no hay tal, pues esa conducta no era conocida al tribunal.

---

[15] Cfr. *supra*, pág. 96.

Es cierto e innegable que la resolución recae sobre la pretensión procesal, pero su fundamento es el material procesal. La teoría de BÖTTICHER, escinde la resolución de ese fundamento, lo que no condice con la esencia de la resolución, de la que resulta que la pretensión procesal solo puede ser resuelta en la medida del alcance del material procesal. No interesa aquí si éste fue efectivamente el significado que el legislador atribuyó a las palabas «en la medida en que» del § 822 I de la ZPO, pues ese sentido resulta necesariamente de la naturaleza de la resolución.

La causa de la exclusión de los hechos no expuestos no está pues en que se haya resuelto sobre ellos. Si la exclusión es fundada, solo podrá atribuírsela a un efecto especial, que debe separarse netamente del efecto de la resolución».

2. Para fundamentar ese efecto de exclusión se remite generalmente, como dijimos, a los §§ 767 II y 325 II de la ZPO. Las opiniones discrepan altamente sobre si el efecto de exclusión contenido en esas disposiciones es un efecto de la cosa juzgada o un efecto de preclusión, ajeno a aquélla.

Antes de compenetrarnos más con este problema, debemos establecer si son verdaderamente excluidos los hechos existentes, pero no alegados, en la época de la última vista oral sobre los hechos.

Como sobre esos hechos no puede haberse resuelto, como vimos, no procediendo en consecuencia una fundamentación directa en el § 322 de la ZPO, el problema se limita a saber si pueden excluirse todos ellos a base de los §§ 767 II y 323 II.

El § 767 II excluye las objeciones del demandado referentes a la pretensión misma y cuyas causas datan de antes de la última vista. Pero esta valla se refiere únicamente al efecto de esas objeciones frente a la consecuencia jurídica resuelta en la sentencia. Como consecuencia, los contraderechos autónomos, como por ejemplo la pretensión redhibitoria y la *quanti minoris,* no son afectados como tales. Según el § 322 II ellos tampoco se resuelven con fuerza de cosa juzgada. Vale decir que aun habiéndoselos hecho valer en el proceso, puede hacérselos valer nuevamente en una acción de condena. No puede ser distinta la solución si en el primer proceso no se los hizo valer. El comprador condenado a pagar el precio de compraventa puede por lo tanto hacer valer su pretensión redhibitoria o *quanti minoris* mediante una acción de condena, pero solo podrá hacerlo mediante una contrademanda ejecutiva estando dados los presupuestos que establece el § 767 II[16].

Vinculado estrechamente con el § 767 II, el § 323 II permite una acción de modificación de sentencia si las causas en que ésta se funda son posteriores a la terminación de la vista oral que fue último plazo para ampliar la solicitud o hacer valer las defensas. A diferencia del § 767, que habla solamente del deudor, esto es, el demandado del primer proceso, el § 323 II también se refiere expresamente al actor y al demandado de ese proceso.

16 Cfr. STEIN-JONAS-SCHÖNKE, nota VIII 3 al § 322.

¿Puede deducirse de estas disposiciones un principio general para la exclusión de todos los hechos existentes, pero no expuestos, en la época de la última vista oral?

A renglón seguido, en el § 767 III, encontramos un argumento de peso contra la exclusión general Allí se dispone que el deudor debe hacer valer en su contrademanda ejecutiva todas las defensas que estaba en condiciones de oponer en el momento de interposición de la demanda. Esta, disposición se considera un resabio del antiguo principio de eventualidad[17], que tiene por objeto contrarrestar posibles retardos en la instancia ejecutiva. La opinión dominante es que el deudor no está obligado a oponer ya todas las: objeciones en el escrito de demanda (a.A.S.A. 39 N° 245); basta con que las exponga en el curso del proceso[18]. De todas maneras, ese precepto se considera de excepción, no siendo su idea básica aplicable a otras acciones.

¿Qué importancia tiene esto para nuestro problema?

Si solamente el actor de una contrademanda ejecutiva está obligado a hacer valer en el mismo proceso todas las defensas *que le son conocidas,* ello no es compatible con la exclusión general de todas las alegaciones existentes, pero no expuestas, en la época de la última vista oral sobre los hechos del primer proceso. Porque en definitiva la exclusión sería más amplia y rigurosa en el caso normal que en el excepcional, considerado más grave, del § 767 III. En aquél, quedarían excluidos todos los hechos, incluso los que el actor no conocía ni podía conocer, porque ni el § 767 III ni el § 323II dependen de algún modo de un elemento subjetivo. Ambos disponen la exclusión, sin consideración de un posible conocimiento de los hechos. El § 767 III excluye solamente aquellos hechos que el actor ejecutivo *pudo* hacer valer. Así, dicho párrafo sería, contrariamente a la significación que se le quiso dar, una atenuación del caso normal.

Un criterio parecido nos da el § 616 de la ZPO. Dispone que estarán precluidas las causales de divorcio y anulación de matrimonio que el actor hizo valer en el litigio anterior o que pudo hacer valer, sea en un litigio anterior o acumulando acciones, La exclusión de las causales que se hicieron valer en el litigio anterior ya se desprende del hecho de que, conforme al § 322, ellas ya han sido resueltas. En ese sentido, el § 616 solo aporta algo que se entiende por sí mismo. Pero la exclusión de las causales que el actor pudo hacer valer en el primer proceso se funda en un efecto excluyente especial de este parágrafo. La exclusión de las viejas causales de divorcio y anulación tenía por objetivo poner punto final a un período de discordias matrimoniales. El § 616 estaba concebido sin duda como agravante de la regla general, razón por la cual la opinión dominante ve en este parágrafo una «ampliación de la cosa juzgada»[19].

---

[17] ROSNBERG, *Tratado,* § 65 IV 1.

[18] Cfr. STEIN-JONAS-SCHÖNKE, nota V al § 767; ROSENBERG, *Tratado,* § 183 IV 2 (en la 6ª ed. § 183 III 2); BAUMBACH-LAUTERBACH, nota 5 al § 767.

[19] Cfr. BAUMBACH-LAUTERBACH, nota 1 al § 616; STEIN-JONAS-SCHÖNKE, nota I 1 al § 616.

Otro tanto cabe decir del § 17 de la Ley de Alquileres, en el que la exclusión de los viejos motivos de anulación del arrendamiento tenía por objeto poner coto definitivo a los nuevos procesos.

Ambas disposiciones no serían, sin embargo, agravantes, sino por el contrario atenuantes, si se sostuviera que la regla es la exclusión de todos los hechos ya existentes, pero no alegados, en la época de la última vista oral del primer proceso[20]. Mientras que en una acción de divorcio o de anulación de arrendamiento solo se excluyen las causales que el actor habría debido alegar en el primer proceso, en el caso normal estarían excluidas todas, hayan sido conocidas o no.

También BÖTTICHER, apartándose de lo querido por el legislador, designa el efecto establecido en el § 616 como efecto limitado de la cosa juzgada[21], opinión a que se ha adherido ROSENBERG, al menos en lo referente a la exclusión de las causales de divorcio y de anulación en sus correspondientes acciones[22].

Por otra parte, no es posible negar que las disposiciones contenidas en el § 323. II y en el § 767 II apuntan a un principio general. Sin embargo, debe tenerse en cuenta lo siguiente: Nuestro problema, la exclusión de hechos que puede exponer el actor, solo cobra actualidad normalmente si la demanda ha sido rechazada. Pero precisamente, el § 323 II no es aplicable a este caso, sino al de una condena a prestaciones periódicas de vencimiento futuro —con una excepción, insignificante para el tema que nos ocupa[23]—.

Y al extenderse el § 767 II también a hechos que fundan la demanda, deberá tenerse en cuenta que los contraderechos del demandado no son excluidos definitivamente, sino solamente su ejercicio frente a la consecuencia jurídica pronunciada en la sentencia, pudiendo hacerla valer aún por vía de la acción de condena.

Estas reflexiones parecen aconsejar cierta cautela en materia de exclusión de hechos que fundan la demanda. Pero en definitiva podrá dejarse sentado que en ambas disposiciones se manifiesta un principio de exclusión general, aunque el alcance de esa exclusión no se desprenda de ellas con toda nitidez.

3. Para nuestra concepción del objeto litigioso, esta situación tiene las siguientes consecuencias:

Por un lado, podría sostenerse la exclusión de todos los hechos que fundan la demanda, existentes, pero no expuestos, en la época de la última

---

[20] Esto no vale para la exclusión de causales de anulación después de haberse resuelto con fuerza de cosa juagada una acción de divorcio y viceversa. En tal sentido el § 616 continuaría siendo un agravante.

[21] «ZAkDR» 1941, 342; *Zur Lehre vom Streitgegenstand im Eheprozess,* «Festgabe für Leo Rosenberg» pág. 92.

[22] Cfr. *supra,* pág. 56.

[23] Cfr. STEIN-JONAS-SCHÖNKE, nota II 2 al § 323.

vista oral sobre los hechos con lo cual los §§ 616 y 767 HI de la ZPO y el § 17 de la Ley de Alquileres perderían su carácter de agravantes. Su significado se invertiría.

O por el contrario, pueden excluirse solamente aquellos hechos que fundan la demanda, tendientes a dar una imagen discrepante del material procesal de la primera resolución, permitiendo otros que no guardan relación con el material procesal del primer proceso.

Por su resultado, esta concepción respondería a las teorías de STEIN-JONAS-SCHÖNKE, de NIKISCH (excepción hecha de las acciones de declaración de un derecho o relación jurídica) y de SCHÖNKE. En tal caso se mantendría el carácter de excepción de los 616 y 767 III de la ZPO, así como del § 17 de la Ley de Alquileres. Al mismo tiempo se admitiría, dentro de ciertos límites, el principio de exclusión establecido por los §§ 323 II y 767 II.

La tercera solución, finalmente, consistiría en una extensión de lo dispuesto por los §§ 616 y 767 III de la ZPO *y* el § 17 de la Ley de Alquileres a todos los casos. Ello significaría que solo se excluirían aquellos hechos que fundan la demanda y que el actor pudo alegar en el primer proceso; pero que podría valerse en una acción nueva de todos los que no conoció ni pudo conocer. También esta solución despojaría a los §§ 616 y 767 III, así como al § 17 de la Ley de Alquileres, de su carácter agravante, pero no invertiría su significado como en el primer caso.

Aclaremos esas tres soluciones posibles a base de un ejemplo:

El actor solicita al tribunal que lo autorice para hacerse cargo de un negocio (HGB, §§ 133 y 142).

Funda su demanda en la larga enfermedad del demandado. La demanda es rechazada y la sentencia pasa en autoridad de cosa juzgada. Posteriormente, el actor se entera de que el demandado ha malversado fondos sociales.

Si adoptamos la primera solución, que resulta enteramente insatisfactoria, este nuevo estado de cosas estaría excluido.

Si elegimos la segunda, el actor estaría en condiciones de valerse de ese estado de cosas para fundar una nueva demanda.

Lo mismo puede decirse de la tercera, si el desfalco no era ni pudo ser conocido por el actor.

Si, en cambio, lo hubiera conocido, por la primera solución su nueva alegación quedaría por supuesto excluida. Adoptándose la segunda, el estado de cosas del desfalco podría servir para fundar una demanda nueva, aunque el actor haya sabido de él en la ¿poca de la última vista oral sobre los hechos del primer proceso. La tercera solución, finalmente, también excluiría esa alegación.

Este ejemplo demuestra que la tercera solución es la que conduce a los resultados más satisfactorios. Sin embargo, *de lege lata* ella es tan insostenible como la primera. Ninguna de las dos condice con los preceptos de excepción de los §§ 616 y 767 de la ZPO y el § 17 de la Ley de Alquileres. *De lege ferenda,* en cambio, conviene propiciar su implantación como regla general.

La segunda solución es la que mejor se amolda al régimen existente. Por su resultado, como ya dijimos, responde a las teorías de STEIN-JONAS-SCHÖNKE y de NIKISCH. Por supuesto que no es del todo satisfactoria, sobre todo por permitir que se alegue un nuevo estado de cosas aun en el caso de que el actor haya estado en condiciones de valerse de él en el primer proceso, solución contraria al principio de la concentración en el procedimiento. Debe tenerse en cuenta, sin embargo, que, en la práctica, los casos en los cuales el actor no expone ya en el primer proceso un suceso que le es conocido, han de ser sumamente raros. *El* problema es, pues, de escasa importancia práctica.

4. El carácter de excepción de los §§ 616 y 767 III de la ZPO y del § 17 de la Ley de Alquileres, por un lado, y las razones de equidad, por el otro, obligan, *de lege lata,* a llegar a la siguiente solución para el alcance del efecto de exclusión.

Queda excluida del nuevo proceso toda alegación del actor tendiente a dar una imagen o crear un juicio que discrepen del material procesal del proceso resuelto con autoridad de cosa juzgada. En cambio, si la nueva alegación no guarda relación con el material procesal del primer proceso, ella no quedará excluida ni por la cosa juzgada ni por un efecto de preclusión ajeno a la cosa juzgada, aunque los hechos hayan podido exponerse ya en el primer proceso.

Se excluyen, por lo tanto, los *argumentos jurídicos* de las partes cuyo objetivo es lograr una apreciación jurídica discrepante del material procesal del primer proceso. Además, las partes tampoco podrían exponer hechos nuevos tendientes a una constatación discrepante del estado de cosas que en ese proceso estuvo sometido al tribunal. Naturalmente, ello se refiere solo a los hechos que ya existían en la época de la última vista oral sobre los hechos del primer procedimiento, y no afecta a los que acontecieron posteriormente.

La constatación del estado de cosas y su apreciación jurídica en el primer proceso son inimpugnables. De no ser así, la cosa juzgada de la resolución recaída sobre la pretensión procesal podría ser soslayada[24].

Por supuesto que ese efecto vinculante de la apreciación jurídica y de la constatación del estado de cosas del primer proceso solo tiene interés para aquellas demandas que contienen la misma solicitud que la que ya ha sido resuelta con autoridad de cosa juzgada o que tiene por objeto la declaración de lo absolutamente contrario. En otras demandas el estado de cosas y la apreciación jurídica de procesos resueltos con autoridad de cosa juzgada pueden desde luego ser atacadas.

---

[24] Cfr. *supra,* págs. 195 y sigtes., lo dicho sobre el efecto vinculante de la cosa juzgada con relación a los elementos de la sentencia.

Así por ejemplo, si el actor ha accionado por el pago de 1000 marcos, haciéndose lugar a la demanda no obstante haber alegado el demandado la inmoralidad del contrato, la cosa juzgada no se opondrá a una acción nueva, promovida por el demandado, para que se declare inmoral el contrato por haberse explotado su estada de necesidad.

En el primer proceso se resolvió con autoridad de cosa juzgada sobre la pretensión del actor al pago de 1000 marcos, pero no se afirmó o negó con fuerza de cosa juzgada la inmoralidad del contrato que fundaba esa pretensión. La apreciación jurídica, que el tribunal hizo del contrato en el primer proceso solo habría tenido carácter obligatorio en caso de una acción dirigida a lograr lo contrario de lo establecido en la resolución pasada en autoridad de cosa juzgada. Pero si el demandado acciona para que se declare inválido el contrato, que funda la pretensión del actor, no tendremos una petición contraria, sino un objeto litigioso distinto que en el primer proceso.

La tesis que excluye todos los hechos tendientes a una constatación discrepante del material procesal del primer proceso permite también resolver inobjetablemente el caso comentado por ROSENBERG en «SJZ» 1950, 316.

En un contrato de partición, dos hermanos habían dispuesto que uno de ellos se hiciera cargo de todo un negocio, contra el pago de 15.000 marcos y la entrega de un reloj de oro. Los 15.000 marcos fueron transferidos de inmediato, no así el reloj de oro, ante lo cual el hermano damnificado reclamó su entrega judicialmente. Al contestar la demanda, el abogado de la parte demandada impugnó el contrato, alegando que el actor, valiéndose de una falsa contabilidad, había hecho aparecer el negocio bastante más favorable de lo que era realmente. Por un descuido del jefe de oficina, el abogado del demandado dejó vencer el término para la vista oral, dictándose entonces sentencia en rebeldía. El demandado no interpuso oposición, por haber mediado en el ínterin parientes en busca de un arreglo amistoso que no se logró. Visto lo cual, el demandado accionó a su vez, solicitando la restitución de los 15.000 marcos así como del reloj, que en el ínterin había sido ejecutado por el actor. Se basa para ello en la impugnación! del contrato, ya formulada por escrito en el primer proceso.

Al reclamar la restitución del reloj de oro, el demandado peticiona lo contrario a lo dispuesto en la resolución del primer proceso, pasada en autoridad de cosa juzgada. En esa medida estará impedido de alegar hechos tendientes a una declaración discrepante del material procesal de la primera resolución, o de exponer criterios jurídicos que busquen una apreciación jurídica distinta del estado de cosas expuesto en dicha ocasión.

La alegación de que el contrato de partición fue impugnado por fraude malicioso es una alegación nueva, pues en el primer proceso se la había expuesto únicamente por escrito, no llegando a ser material procesal El objeto de esta nueva alegación es una declaración discrepante del estado de cosas del primer proceso. La sentencia pasada en autoridad de cosa juzgada se basaba en la hipótesis de un contrato válido. Ahora el actor sostiene su invalidez. A esta alegación se le opone, sin embargo, el efecto vinculante de la resolución pasada en autoridad de cosa juzgada con respecto a la declaración del estado de cosas. La nueva alegación queda, pues, excluida.

Esta exclusión no es, empero, como supone ROSENBERG *(ob. cit.)*, un efecto de la preclusión —ajena a la cosa juzgada—, sino una *consecuencia de la cosa juzgada.*

Por la cosa juzgada se excluye toda alegación tendiente a Tina declaración discrepante o apreciación jurídica del estado de cosas del primer proceso. Los elementos de la sentencia quedan establecidos con carácter obligatorio por la cosa juzgada de la resolución recaída sobre la pretensión procesal. Al respecto remitimos a lo dicho anteriormente sobre el efecto vinculante de la cosa juzgada con respecto a los elementos de la sentencia.

A este efecto vinculante de la cosa juzgada responde su efecto excluyente. En la medida en que se da una obligación, debe darse necesariamente un efecto de exclusión. Debe excluirse todo lo que tienda a una declaración discrepante del estado de cosas o a una apreciación jurídica distinta del mismo. El efecto de exclusión es así la consecuencia necesaria del efecto vinculante de «la cosa juzgada. Es un elemento esencial de ese efecto, que perdería su significado sin el efecto de exclusión.

Otro caso, que a nuestro parecer no fue resuelto correctamente por el Tribunal Supremo (RG S.A. 82 N° 17) permite reconocer claramente el alcance del efecto excluyente de la cosa juzgada.

En un proceso anterior, el vendedor dé un terreno había sido demandado en una acción de declaración de transmisión. Con sus defensas contra el precio de compraventa había promovido una nueva acción, de rectificación de registro, fundándose en que al contrato le habría faltado la autorización oficial.

Según el Tribunal Supremo, el demandado del primer proceso y actual demandante podría aún, habiendo pasado en autoridad de cosa juzgada la primera resolución, fundar en alguna otra razón, mediante una acción nueva, la nulidad de su obligación emergente del § 313 del BGB.

Concepción incorrecta. La nueva alegación en la nueva demanda tendiente a lo contrario de la primera resolución tiene por objeto una declaración discrepante del material procesal del primer proceso. La resolución de ese proceso, pasada en autoridad de cosa juzgada, dice que el actor tiene contra el demandado una pretensión a la declaración de transmisión del correspondiente inmueble en virtud de un contrato válido. La nueva alegación del actual demandante choca con el efecto excluyente de la cosa juzgada de la primera resolución.

5. Si en un procedimiento nuevo se exponen hechos que no guardan relación con el material procesal del primer proceso, la nueva alegación por

regla general no se excluirá. Mas cuando la exclusión se halla establecida, como en los §§ 616 y 767 III de la ZPO y el § 17 de la Ley de Alquileres, no podrá ser efecto de la cosa juzgada.

En estos casos se trata de una preclusión, ajena a la cosa juzgada.

Por ejemplo, si en el primer proceso se ha fundado una acción de divorcio en el cese de la comunidad doméstica, pero la demanda ha sido rechazada, el actor no podrá alegar en un proceso nuevo la conducta antimatrimonial de la demandada, salvo que en el primer proceso no hubiera podido valerse de ese hecho. En el primer procedimiento, el tribunal no resolvió sobre la conducta antimatrimonial, ni tampoco pudo hacerlo, por no habérsele expuesto ese estado de cosas. Por la alegación de la conducta antimatrimonial no se busca tampoco una declaración discrepante del estado de cosas del primer proceso, porque el cese de la comunidad doméstica y la conducta antimatrimonial constituyen dos sucesos distintos y separados.

La exclusión de la nueva alegación actora no puede por lo tanto ser efecto de la cosa juzgada[25].

Igual que el efecto de exclusión del § 616 de la ZPO, tampoco es efecto de la cosa juzgada el efecto de preclusión del § 767 III de la ZPO y del § 17 de la Ley de Alquileres, en cuanto se excluyen hechos que no guardan relación con el material procesal del primer proceso.

Si un deudor promueve por segunda vez una contrademanda ejecutiva, fundándola en defensas que ya pudo alegar en el primer proceso, esas objeciones quedan excluidas. Como el tribunal no las había resuelto en el primer proceso, su exclusión no es un efecto de la cosa juzgada, sino de la preclusión, ajena a la cosa juzgada.

Si en una acción de rescisión de arrendamiento se expone un estado de cosas ya conocido en la época de la última vista oral sobre los hechos del primer proceso, ese estado de cosas estará precluido en virtud de la excepción dispuesta por el § 17 de la Ley de Alquileres. Tampoco en este caso la preclusión es efecto de la cosa juzgada, porque el nuevo estado de cosas no había sido sometido al tribunal en el primer proceso[26].

Pero el efecto excluyente de los §§ 616 y 767 III de la ZPO y del § 17 de la Ley de Alquileres es un efecto de la cosa juzgada y no una preclusión, ajena a la cosa juzgada, si se exponen hechos ya alegados en el primer proceso, o si los nuevos hechos expuestos tienen por objeto una declaración discrepante del material procesal del primer procedimiento. Solamente si la nueva alegación no guarda relación con el viejo material procesal, si no tiene por objeto una declaración discrepante del estado de cosas declarado con fuerza vinculante por la primera resolución, las citadas disposiciones cobran significado como preceptos de preclusión ajenos a la cosa juzgada.

[25] Cfr. KUTTNER, *Urteilswirkungen ausserhalb des Zivilprozesses*, pág. 21; especialmente nota 13 con remisiones; ROSENBERG, *Tratado*, § 161 III 4.

[26] Con respecto al § 17 de la Ley de Alquileres cfr. ROQUETTE, «DR» 1942, 874.

III. Aparte de los citados preceptos, no están precluidos hechos nuevos no relacionados con el material procesal expuesto en el primer proceso, que el actor puede presentar, por no hacerse extensivo a ellos el efecto de cosa juzgada de la primera sentencia. Quedan en cambio excluidos por la cosa juzgada de esa sentencia los hechos tendientes a lograr una declaración discrepante del estado de cosas de la primera resolución y los argumentos de derecho dirigidos contra el juicio jurídico.

El *deslinde* de hechos excluidos y no excluidos dócilmente causará dificultades. Se trata siempre de saber si la nueva alegación tiene por objeto una declaración discrepante del estado de cosas del primer proceso, cuestión cuya respuesta generalmente no dará lugar a problemas.

Dicho deslinde no es en primera línea un problema de delimitación de sucesos. Los hechos que no guardan relación con el estado de cosas del primer proceso, serán probablemente siempre sucesos nuevos; pero la delimitación no se realiza teniendo en cuenta si los nuevos hechos constituyen un suceso nuevo, sino si están dirigidos contra el estado de cosas del primer proceso, declarado con fuerza vinculante por la sentencia pasada en autoridad de cosa juzgada, lo que es más fácil de juzgar que la delimitación de sucesos.

No nos afectan pues las objeciones formuladas por LENT en su última publicación —y también anteriormente— con respecto a la inseguridad que presenta la delimitación de sucesos que requiere la cosa juzgada[27]. Por lo demás, dichas objeciones no tienen la importancia que LENT les asigna, tampoco para las teorías que ven en el estado de cosas un elemento del objeto litigioso equivalente a la solicitud, porque según estas teorías la cosa juzgada excluye hechos ya existentes, pero no alegados, en la época de la última vista oral sobre los hechos del primer procedimiento, si el objeto de esos hechos es tina declaración discrepante del estado de cosas del primer proceso[28]. También para ellas los hechos excluidos y los no excluidos pueden deslindarse de la manera indicada.

Nuestra concepción del alcance objetivo de la cosa juzgada encuentra aplicación por igual en las acciones de prestación [condena], declaración y constitución.

1. *Acciones de prestación* [condena]: Si el actor ha peticionado en el primer proceso una determinada suma de dinero a base de una fianza constituida en 1950, y en el segundo peticiona esa misma suma a base de una fianza constituida por la misma obligación en 1952, la cosa juzgada no se opondrá a la nueva acción, porque en el caso de la fianza de 1952 estamos en presencia de un estado de cosas nuevo, que no guarda relación con los hechos expuestos en el primer proceso. La alegación del actor no está excluida.

27 Cfr. *supra*, pág. 38.
28 Cfr. STEIN-JONAS-SCHÖNKE, nota VIII 2 al § 322.

Si el actor ha accionado en un primer proceso por el pago de 1000 marcos, a base de una letra de cambio, siendo la demanda rechazada por defecto de forma de esa letra, la cosa juzgada no se opondrá a una acción nueva apoyada en un contrato de compraventa que es causal de dicha letra, si la primera acción no se fundaba también en el contrato. El contrato de compraventa y el libramiento de la letra son dos estados de cosas independientes entre sí. La alegación del contrato de compraventa en una nueva demanda no tiene por objeto una declaración discrepante del estado de cosas del primer proceso. Se trata de un estado de cosas nuevo, no resuelto por el tribunal en el primer proceso.

Tampoco en el caso siguiente quedará excluida la alegación del actor aunque la situación difiere un tanto respecto de los casos anteriores.

En el primer proceso, el actor ha accionado por entrega de un determinado reloj de oro, alegando que el causante se lo transmitió en vida por un acuerdo y una constitución posesoria. Rechazada esta demanda, vuelve a peticionar la entrega de ese reloj en otro proceso en el que alega ser único heredero de ese causante.

Este estado de cosas no guarda relación con el expuesto en el primer proceso. Solamente podría haber dudas por cuanto el actor adujo en ambas ocasiones ser dueño del reloj. Pero ese hecho no es óbice para promover una nueva demanda. En el primer proceso el tribunal resolvió que, a base del material procesal sometido, o sea la afirmación de una transmisión de propiedad entre vivos, la pretensión procesal del actor no era fundada. Si ahora el actor deriva su derecho de propiedad de la sucesión, no alega hechos tendientes a una declaración discrepante del material procesal del primer proceso, pues la declaración del tribunal que establecía que la pretensión del actor basada en la transferencia de dominio no era fundada, permanece incólume.

Por su resultado, esta tesis sobre el alcance de la cosa juzgada material de resoluciones sobre acciones de prestación responde a la opinión que probablemente es la prevaleciente en la doctrina y también a la jurisprudencia del Tribunal Supremo.

Según las teorías de STEIN-JONAS-SCHÖNKE, de SCHÖNKE y de NIKISCH, una nueva acción de prestación puede ser siempre fundada en un estado de cosas que no se expuso en el primer proceso, aunque ya existiera en la época de la última vista oral de hechos del primer procedimiento. Otro tanto puede decirse de la teoría de ROSENBERG, Pero si preguntamos si para el Comentario de BAUMBACH-LAUTERBACH una acción de prestación nueva, con una misma petición, puede apoyarse en un estado de cosas no expuesto en el primer proceso, se presentarán dudas, pero la respuesta habrá de ser probablemente negativa. Para LENT lo decisivo es siempre si en la nueva acción se afirma el mismo derecho material ya resuelto en el primer proceso. Solo en tal medida se excluyen también nuevos hechos.

2. *Acciones de declaración:* En cambio, aplicando nuestra tesis a las acciones de declaración de un derecho o de una relación jurídica, se llega a resultados que la opinión dominante no comparte:

Si el actor ha fundado en el primer proceso la declaración de su derecho de propiedad sobre el reloj de oro en una transmisión de dominio entre vivos, siendo su demanda rechazada con autoridad de cosa juzgada, la cosa juzgada de la primera sentencia no se opondrá a la nueva acción tendiente a obtener la declaración del derecho de propiedad sobre ese mismo reloj, si el actor funda ahora su demanda en su calidad de propietario por herencia.

La adquisición de propiedad por vía sucesoria no tiene puntos de contacto con la transferencia de dominio basada en acuerdo y tradición o en acuerdo y constitución posesoria.

Distinto puede ser el caso, en cambio, si el actor peticiona en el primer proceso la declaración de su derecho de propiedad a base de acuerdo y tradición, y luego, en un segundo proceso, reclama la misma declaración alegando haber usucapido el bien en cuestión. Si en el primer proceso se hubiese declarado el momento del acuerdo y de la tradición, resultando de la alegación del actor que éste poseyó la cosa por espacio de más diez años, el tribunal habría tenido el deber de considerar la alegación desde el punto de vista de la usucapión. En tal caso, fundamentar una acción nueva en la usucapión implicaría un juicio jurídico discrepante sobre el estado de cosas del primer proceso. Pero el actor estaría impedido de interponer esa acción a causa de la cosa juzgada.

Pero si se trata únicamente de hechos que no guardan relación con el material procesal del primer proceso, podrá empleárselos como fundamento de una nueva acción. Esto vale para todas las acciones de declaración de un derecho o de una relación jurídica, sean positivas o negativas.

Esta concepción concuerda, en cuanto a su resultado, con la teoría de STEIN-JONAS-SCHÖNKE, y, en lo que respecta a las acciones de declaración positivas, también con la de SCHONKE[29]. No condice en cambio con las de ROSENBERG[30], de NIKISCH y de LENT, autores que sostienen que en dichas acciones se resuelve definitivamente sobre la existencia o inexistencia de un derecho o de una relación jurídica. La resolución no se limitaría al estado de cosas o al suceso alegado como fundamento de la acción. En opinión de ellos, el actor estaría impedido en el citado caso de promover una acción de declaración fundada en su carácter de único heredero del causante y consiguiente propietario del

29 En las acciones de declaración negativa, SCHÖNKE sigue la teoría de la individualización (cfr., *supra,* pág. 81, nota 2 y pág. 83, nota 8). Por lo tanto, podrá suponerse que, en opinión de SCHÖNKE, en las acciones de declaración negativa quedarán excluidos todos los hechos que el actor quiera exponer y que ya existían en la época de la última vista oral sobre los hechos.

30 Esto no vale sin embargo para la posición que sostiene ROSENBERG en la 6ª edición; cfr. § 150 III 2.

reloj de oro, si ese estado de cosas ya existía al realizarse la última vista oral sobre los hechos del primer proceso.

Dicha alegación quedaría excluida aun si el actor no hubiera tenido ni podido tener conocimiento de ese estado de cosas.

Las razones que ROSENBERG, NIKISCH y LENT aducen en favor de su tesis son las siguientes:

En las acciones de declaración de un derecho o de una relación jurídica, el objeto litigioso no requeriría ser individualizado por el estado de cosas, pues ya lo sería suficientemente por la alegación del derecho o de la relación jurídica cuya declaración se peticiona. El objeto litigioso sería el derecho o la relación jurídica, sin limitación al estado de cosas expuesto como fundamento de la demanda. En opinión de los citados autores, la resolución recaería simplemente sobre ese objeto litigioso. Los tres escinden en este caso la resolución del tribunal de su fundamento, el material procesal, lo que no condice con la esencia de la resolución judicial.

ROSENBERG apoya además su conclusión en la reflexión siguiente[31]:

El alcance de una resolución sobre una acción de declaración positiva debería corresponder al alcance de una resolución sobre una acción de declaración negativa. Prosperando la acción de declaración negativa, quedaría declarada la inexistencia del derecho de propiedad del demandado, puesto que todas las causas de adquisición del demandado anteriores a la última vista oral de hechos del primer proceso estarían precluidas. ROSENBERG deduce esta preclusión a base del § 767 II de la ZPO. A la inversa, si la acción de declaración negativa es rechazada, la inherente declaración de existencia de la relación jurídica controvertida no podría ser ya atacada por motivos originados antes de la última vista sobre los hechos. Ninguna otra solución podría ni debería ser aplicable a la acción de declaración positiva, por estar reconocido que la acción de declaración positiva que prospera tiene el mismo efecto que la negativa objetivamente rechazada y la positiva objetivamente rechazada el mismo efecto que la acción de declaración negativa que prospera.

La exactitud de este argumento depende del alcance que tiene la cosa juzgada de una resolución sobre una acción de declaración negativa. Este problema requiere ser estudiado aún con mayor detalle.

En su jurisprudencia probablemente dominante, pero de ningún modo uniforme, sobre acciones de declaración negativa, el Tribunal Supremo no ha hecho depender el alcance de la cosa juzgada del estado de cosas expuesto por el actor o por el demandado. Antes bien sostenía que una resolución sobre una acción de declaración negativa resolvía también sobre motivos no alegados. A diferencia de su práctica usual, en las acciones de declaración negativa siguió, como dijimos, no siempre, pero sí en la mayoría de sus decisiones, la teoría de la individualización[32].

---

31 *Tratado,* § 88 II 1 c. La 6ª edición ya no contiene ese pasaje.

32 Cfr. *supra,* págs. 161 y sigtes.

En el caso RG 72, 143[33], una demanda para que *se* declarara que el demandado no tenía derecho a un determinado crédito y a una hipoteca constituida en garantía de éste, había sido fundada primero en la afirmación de que el negocio había sido simulado. Más adelante, se adujo en el mismo proceso que la deuda estaba cancelada por pago. Acertadamente, el Tribunal Supremo no consideró este paso como una modificación improcedente de la demanda, pero señaló que también la cosa juzgada de una sentencia que rechaza la acción de declaración negativa excluiría la posibilidad de hacer valer posteriormente la cancelación.

La misma concepción se encuentra en la resolución RG 78, 389[34]. Puede leerse allí (pág. 896):

> «Así como a la acción de declaración positiva y a la acción de prestación pueden y deben oponérsele todas las excepciones, so pena de perderlas al adquirir fuerza de cosa juzgada la sentencia que hace lugar a la pretensión, así también pueden y deben alegarse todos los ataques contra la pretensión combativa que sirvan para fundar la acción de declaración negativa, si no han de ser destruidos, resultandos insuficientes las alegaciones efectivamente presentadas, al pasar en autoridad de cosa juzgada la sentencia denegatoria».

Otras resoluciones, en cambio, están en abierta pugna con las citadas.

En la resolución reproducida en «LZ» 1927, 1135, el actor había accionado en el proceso anterior para que se declarara la nulidad de un contrato de compraventa por defecto de forma (BGB, § 313) y para obtener un acuerdo de compraventa con efecto retroactivo, demanda que había sido rechazada. En un nuevo proceso accionó por rectificación de registro y entrega del predio, por haber faltado al contrato de compraventa también la autorización oficial. El Tribunal manifestó:

> «El rechazamiento pasado en autoridad de cosa juzgada de los reclamos fundados en nulidad por defecto de forma del contrato de compraventa, no impide al actor, tras haber subsanado el demandado, apoyado en la sentencia anterior, el defecto de forma previsto por el § 313 del BGB, hacer valer mediante una nueva demanda la falta de autorización oficial que también se le opone».

Aunque la autorización oficial faltaba también en la época de la última vista oral sobre los hechos del primer proceso, esta resolución del Tribunal Supremo no excluye ese estado de cosas. Mientras que las dos resoluciones anteriormente citadas de ese-organismo excluían para el actor de la acción de declaración negativa todos los hechos ya existentes en la época de esa vista, conforme a la última el efecto excluyente de la cosa juzgada de una resolución sobre una acción de declaración negativa no se extiende a estados de cosas no alegados en el primer proceso.

---

[33] Cfr. *supra*, pág. 161.
[34] Cfr. *supra*, pág. 163.

La misma concepción la encontramos en una resolución del mismo tribunal, reproducida en JW 1912, 78. Dice allí:

> «Porque para que pueda hacerse valer la excepción de cosa juzgada se presupone que en ambos procesos se trata de la misma pretensión. Esta condición depende no solamente de la petición presentada, sino también de la identidad del motivo por el cual el crédito adquiere en las acciones personales su diferenciabilidad y necesaria individualización».

En el caso en cuestión, el actual demandado había promovido una acción de declaración negativa solicitando qué se lo eximiera de continuar pagando las cuotas de un precio de compraventa, alegando pretensiones *quanti minoris*. Su demanda había sido rechazada. En el nuevo proceso, el vendedor demandaba por el pago del saldo del precio al anterior actor, ante lo cual éste invocaba pretensiones de daños y perjuicios nacidas del contrato dudoso. El Tribunal admitió esa nueva alegación del anterior demandante de la acción de declaración negativa, por haberse prejuzgado únicamente sobre el motivo del menor valor de la cosa.

Estos dos últimos ejemplos demuestran que la jurisprudencia del Tribunal Supremo sobre el alcance objetivo de la cosa juzgada material de resoluciones sobre acciones de declaración negativa estaba lejos de ser uniforme.

La supuesta peculiaridad de la acción de declaración negativa, que destacan las resoluciones RG 72, 143 y RG 78, 389, no autoriza a concluir que se resuelva también sobre hechos que no fueron alegados en el primer proceso, conclusión que está en pugna con la esencia de la resolución. Los estados de cosas que no eran conocidos al tribunal, tampoco son resueltos por éste. Si tras haberse rechazado una acción de declaración negativa el actor promueve otra alegando hechos que no guardan relación con el material procesal del primer proceso, esos hechos no estarán excluidos.

El citado razonamiento de ROSENBERG[35], por el cual dicho autor deduce el alcance de la cosa juzgada en las acciones de declaración positiva a base del alcance de la cosa juzgada de las de declaración negativa, queda desmentido por el hecho de que la cosa juzgada de las resoluciones sobre acciones de declaración negativa tampoco tiene mayor alcance que en las resoluciones sobre acciones positivas.

Si en el primer proceso el actor ha solicitado que se declare la inexistencia de un crédito, alegando el carácter simulado del contrato que lo fundaba, y esta demanda ha sido rechazada, podrá, en contra de la solución del fallo RG 72, 143, promover una nueva acción de declaración negativa sosteniendo la extinción de ese crédito por vía de pago. La afirmación de que el crédito está cancelado no guarda relación con la simulación del negocio que se había sostenido en el primer proceso. La nueva alegación no tiene por objeto una declaración discrepante del estado de cosas de ese proceso, sino que por el contrario se sirve de ese estado de cosas como presupuesto.

[35] Cfr. pág. 281.

También en el caso resuelto por el Tribunal Supremo en RG 78, 389, nuestra concepción llevaría a la conclusión opuesta. El actor había promovido en el primer proceso una acción de declaración de inexistencia de un contrato, fundándose en la falta de autorización por parte del tribunal de tutelas, violación de las buenas costumbres y fraude malicioso. Rechazada su demanda, volvió a accionar, presentando la misma solicitud, pero fundando su demanda en el hecho de amenazas ilegales. Según la (¡injusta!) concepción del Tribunal Supremo, la nueva acción tropezaba con la cosa juzgada.

El estado de cosas de la nueva acción, o sea la afirmación del hecho de amenazas ilegales, no guarda relación con el material procesal del primer proceso. Por esa resolución se declara con autoridad de cosa juzgada que el contrato en cuestión no es inválido, ni por falta de autorización del tribunal de tutelas, ni por violación de las buenas costumbres, ni por fraude malicioso. No se ha resuelto en cambio sobre el hecho de las amenazas ilegales. Por lo tanto, la cosa juzgada no impedirá al actor interponer una nueva acción.

Según nuestra concepción, el alcance de la cosa juzgada no es distinto en las acciones de declaración negativa que en las otras acciones. El Tribunal resuelve siempre sobre la pretensión procesal en la medida del alcance del material procesal. Los hechos que no guardan relación con el material del primer proceso, pueden emplearse como fundamento de una acción nueva, dirigida al mismo objetivo. Pero quedan excluidos por la cosa juzgada de la primera sentencia los que tienen por objeto una declaración discrepante del material procesal del primer proceso.

3. *Acciones de constitución:* La regla vale también para las acciones de constitución. En éstas, la situación de las acciones de divorcio y de anulación de matrimonio, las contrademandas ejecutivas y las acciones de rescisión de arrendamiento es excepcional. En ellas, la exclusión de nuevas alegaciones se extiende también a los hechos que el actor pudo alegar en el primer proceso y que no guardan relación con el material procesal de la primera resolución. En tal sentido, el efecto de exclusión no es, sin embargo, un efecto de la cosa juzgada material, sino un efecto de preclusión, ajeno a la cosa juzgada, o, como dicen algunos[36], efecto ampliado de la cosa juzgada.

Es indiferente si se emplea una u otra denominación, por las siguientes razones:

Como BÖTTICHER señala acertadamente con respecto a las acciones de divorcio y de anulación de matrimonio[37], la acción que choca con la disposición del § 616 de la ZPO debe ser rechazada en todo caso por infundada, sin interesar si el actor, para fundamentar su nueva acción, se ha valido de he-

---

36 Cfr. HELLWIG, *System des Deutschen Zivilprozessrechts,* tomo I, pág. 326, y *Lehrbuch des Deutschen Zivilprozessrechts,* tomo III 1, pág. 75, nota 24 (no así eh *System,* tomo I, pág. 795 y tomo I, pág. 31); STEIN-JONAS-SCHÖNKE, nota I al § 016; SCHÖNKE, *Lehrbuch,* § 95 V 8 a; LENT, *Lehrbuch,* § 91 V; BAUMBACH-LAUTERBACH, nota 1 al § 616; «RG» 42, 380; 104, 156; «JW» 1915, 784.

37 *Zur Lehre vom Streitgegenstand im Eheprozess,* «Festgabe für Lea Rosenberg», pág. 97.

chos viejos, ya expuestos en el primer proceso, o de hechos que, siendo nuevos, están sin embargo excluidos en virtud de lo dispuesto por el § 616, por haber podido alegarlos en ese proceso. En opinión de BÖTTICHER, la nueva acción de divorcio comprende también todas las causales de divorcio y de anulación de matrimonio, resueltas o comprobadas después de dictada la primitiva sentencia. El actor tiene la posibilidad de hacer valer nuevas causales que no existían o que no pudo alegar en la época de la última vista oral de hechos del primer proceso. Pero si el actor no alega esos hechos nuevos, limitándose a exponer los viejos u otros que habría podido exponer en el primer proceso, la acción, según BÖTTICHER, no será improcedente, sino infundada.

Conforme a la opinión de BÖTTICHER existe aún otra razón por la cual corresponde rechazar por infundada la acción que choca con lo dispuesto por el § 616.

Si el actor solamente alega hechos viejos u otros que habría podido exponer ya en el primer proceso, la sentencia denegatoria deberá contar nuevamente con el efecto del § 616, igual que en el caso en que el actor ha fundado su acción en hechos no excluidos, siendo rechazado. Esto significa que se excluyen también los hechos que habría podido exponer en el segundo proceso. Este efecto, opina BÖTTICHER, corresponde solamente a una sentencia de fondo, pero no a una sentencia procesal. Ésta sería la otra razón por la cual la acción debería rechazarse.

Estos argumentos de BÖTTICHER, a mi juicio convincentes, merecen aprobación[38].

Lo dicho por BÖTTICHER sobre las acciones de divorcio y de anulación de matrimonio, debe valer igualmente para la contrademanda ejecutiva y la acción de rescisión de arrendamiento[39]. En dichos casos la acción también deberá rechazarse por infundada, si solamente se exponen hechos viejos o que habrían podido exponerse en el primer proceso.

Desde el punto de vista práctico no hay pues diferencia si los hechos son excluidos por la cosa juzgada o por la preclusión, -ajena a ésta.

En todas las demás acciones de constitución sigue en vigencia la regla de que los hechos nuevos, que ya existían sin embargo en la época de la última vista oral de hechos del primer proceso, solo quedan excluidos en cuanto tienden a una declaración disrepante del material del primer proceso, Otros hechos pueden emplearse como fundamento de una nueva demanda.

Así pues, un actor que peticione en el primer proceso la exclusión de su socio de la sociedad comercial abierta fundándose en la enfermedad de éste, puede, en un segundo proceso, fundar esa misma petición en un desfalco de fondos sociales cometido por el demandado, aunque ese estado de cosas haya existido ya en la época de la última vista oral sobre los hechos del primer proceso.

---

[38] Sobre posibles efectos ulteriores ver *infra,* pág. 239.

[39] a.A. HABSCHEID, Arch-CivPr. 152, 180 y sigtes.

IV. De ese modo se ha logrado también con relación al alcance objetivo de la cosa juzgada material un resultado aplicable por igual a toda clase de acciones. La resolución se dicta sobre la pretensión procesal, pero solo hace cosa juzgada en la medida del alcance del material del primer proceso.

Ya se señaló que esta conclusión no es del todo satisfactoria, porque en el nuevo proceso pueden también emplearse hechos ya conocidos al actor en el primer proceso. La actual situación jurídica no permite sin embargo otra solución. El carácter excepcional que el legislador asignó a los §§ 616 y 767 III de la ZPO y al § 17 de la Ley de Alquileres, impide una exclusión más amplia.

De lege ferenda, en cambio, debería considerarse elevar la idea contenida en esas disposiciones al rango de regla general.

Contradice al principio de economía procesal que el actor pueda valerse en el segundo proceso de hechos que habría podido exponer en el primero. Por el otro lado, sería una restricción injustificable del derecho de persecución del actor si quisieran excluirse también los hechos que no conocía ni pudo conocer. Para lograr una solución equitativa no queda pues otro camino que el de extender la regla contenida en los §§ 616 y 767 III de la ZPO y el § 17 de la Ley de Alquileres.

Ello implicaría la carga de alegar en un proceso todos los hechos adecuados como fundamento y conocidos al actor.

Nadie podrá dudar que éste es un objetivo deseable. Y no se objete que el alcance de la cosa juzgada depende de un elemento subjetivo. Esto es cierto, pero no alcanza a desvirtuar la sensible mejora que encierra la propuesta. Por lo demás, no hay que temer que la consideración de un elemento subjetivo en la cosa juzgada presente dificultades, como lo demuestran las experiencias hechas con los §§ 616 y 767 III de la ZPO y el § 17 de la Ley de Alquileres.

Con nuestra concepción del objeto litigioso y del alcance objetivo de la cosa juzgada material, debe reconsiderarse la conocida cuestión de si la cosa juzgada material excluye toda nueva resolución de fondo *(ne bis in idem)* o si solamente prohíbe la discrepante, o sea si una acción nueva que choca con la cosa juzgada de la sentencia anterior debe ser rechazada por improcedente o por infundada[40].

La idea de BÖTTICHER de que una acción de divorcio o de anulación de matrimonio que choca con el § 616 debe ser rechazada por infundada, por haber tenido el actor ya la oportunidad de presentar los nuevos hechos que eventualmente habrían podido fundar la demanda[41], tiene quizá significación

---

[40] Cfr. por un lado: BÖTTICHER, *Kritische Beiträge zur Lehre vor der materiellen Rechtskraft im Zivilprozess,* 1930; ROSENBERG, *Tratado,* § 148 II 3; BAUMBACH-LAUTERBACH, nota 3 A intr. a § 322; NIKISCH, *Lehrbuch,* § 104 II 4b; y por el otro: STEIN-JONAS-SCHÖNKE, nota VIII 5 al § 322; SCHÖNKE, *Lehrbuch,* § 73 V 1; LENT, *Lehrbuch,* § 59 III; BERNHARDT, *Grundriss des Zivilprozessrechts,* 2ª edición, 1951, § 49 III.

[41] Cfr. *supra,* pág. 236.

general para nuestra concepción del alcance de la cosa juzgada material y del alcance del objeto litigioso, aun excediendo el marco de la acción de divorcio y de anulación de matrimonio, de la contrademanda ejecutiva y de la acción de rescisión de arrendamiento.

En nuestra opinión, el actor de una segunda acción dirigida a un mismo objeto puede alegar aquellos hechos ya existentes, pero no alegados, en la época de la última vista oral sobre los hechos del primer proceso, que no guarden relación con el material procesal de este último. Puede además exponer hechos ocurridos posteriormente. Si en la segunda demanda ha expuesto solamente hechos viejos o tendientes a una declaración discrepante del material procesal del primer procedimiento, no se ha valido de la posibilidad de fundarla en hechos nuevos, no excluidos.

Por lo tanto, podría pensarse en rechazar las acciones que chocan con la cosa juzgada, no por improcedentes, sino por infundadas.

La segunda razón que en opinión de BÖTTICHER exige el rechazamiento de esas acciones por mfundadas[42] no tiene ciertamente significación general para nuestra concepción del objeto litigioso y del alcance objetivo de la cosa juzgada material. Porque la exclusión de aquellos hechos que el actor pudo alegar solo tiene importancia en los casos excepcionales previstos por los §§ 616 y 767 ni de la ZPO y el § 17 de la Ley de Alquileres, pero no nos parece aplicable en general *de lege lata.*

La cuestión de si la acción que choca con la cosa juzgada debe ser rechazada por improcedente o por infundada, no puede ser contestada en forma concluyente en el marco de esta monografía. Debe, sin embargo, como ya dijimos, ser reexaminada atendiendo los criterios señalados.

42 Cfr. *supra,* pág. 237.

SECCIÓN TERCERA

§ 16. DEFINICIÓN DEL OBJETO LITIGIOSO

I. Hemos tratado de dar una idea clara de la esencia del objeto litigioso, a base de los fenómenos procesales para cuya interpretación el alcance de dicho objeto tiene importancia decisiva, pero que a su vez también determinan ese alcance, por exigir su esencia que el concepto de objeto litigioso esté bien definido.

Partiendo de los resultados obtenidos, debemos ahora llegar a una definición del objeto litigioso, que responda a los conocimientos que hemos adquirido hasta este punto sobre su esencia.

Vimos en la acumulación de acciones que la unidad o pluralidad de pretensiones procesales dependía exclusivamente de la unidad o pluralidad de solicitudes formuladas. Si se peticiona la prestación de una cosa determinada o la declaración o constitución de una determinada relación jurídica, entonces solo habrá una pretensión procesal, un solo objeto litigioso, aunque para fundamentar esa petición se hayan expuesto diversos estados de cosas. Pero también habrá solo una solicitud si se demanda el pago de una deuda en especie o en dinero, por ejemplo 20.000 marcos, resultando del fundamento de esa demanda que dicha suma se adeuda en virtud de un determinado contrato de compraventa o de un determinado préstamo. Será indiferente entonces si el actor dispone de más de una pretensión de derecho material, como podrían ser la compraventa y una letra de cambio, o el préstamo y el reconocimiento. Pero si del fundamento resulta que se adeuda una suma determinada a causa de varios contratos de compraventa, o varios préstamos, o varios contratos de obra, entonces el actor presentará en realidad una pluralidad de solicitudes. Lo que en realidad quiere es una resolución para cada uno de los distintos créditos. En estos casos la solicitud es unitaria solo en apariencia. En realidad se trata de una acumulación de acciones. Pero también la habrá cuando el actor peticione varios objetos determinados, varias deudas parciales, aun cuando esa petición tenga su origen en un mismo estado de cosas, incluso en una sola pretensión material. También en este caso habrá pluralidad de solicitudes.

Es decisiva, pues, la unidad o pluralidad de prestaciones a que el actor quiere que se condene al demandado, la unidad o pluralidad de relaciones o consecuencias jurídicas que el actor quiere que se declaren, la unidad o pluralidad de relaciones jurídicas que el actor quiere que se constituyan. La solicitud del actor es, sin embargo, la que dará la pauta de si existe unidad o pluralidad.

La solicitud tiene también importancia decisiva para la cuestión relativa a la identidad de la pretensión procesal. Solo habrá modificación de la demanda si se peticiona la condena a una prestación distinta, la declaración de un derecho distinto o de una consecuencia jurídica distinta o una distinta constitución. A su vez, la excepción de litispendencia estará fundada únicamente si el actor peticiona con su nueva acción que se condene a la misma prestación, se declare el mismo derecho o relación jurídica o la misma consecuencia jurídica, o, finalmente, que se constituya la misma relación jurídica.

El litigio gira alrededor del contenido de sentencia solicitado por el actor. La clase de tutela jurídica pedida, su forma, no debe separarse de su contenido. La autorización de la tutela jurídica, dada bajo forma de una sentencia de prestación [condena], declaración o constitución, forma parte de la resolución solicitada por el actor.

Esto se manifiesta con especial claridad en la excepción de litispendencia. Si el actor peticiona que se declare una pretensión y luego promueve contra el demandado, estando pendiente ese proceso de declaración, una acción de prestación [condena] fundada en la misma pretensión, si la forma de la tutela jurídica careciera de importancia para la determinación del objeto litigioso, a esa acción debería oponérsele la excepción de litispendencia. En ambos casos el actor afirma tener contra el demandado la pretensión de una prestación [condena]. Pero mientras que en el primer caso peticiona que se la declare, en el segundo exige que se condene al demandado a realizarla. Por esa razón, la acción de declaración no da lugar a la excepción de litispendencia frente a la acción de prestación [condena]. Arguyendo contra NIKISCH[1], BÖTTICHER[2] ha subrayado acertadamente este punto.

El contenido de sentencia peticionado por el actor determina el alcance del objeto litigioso. Ese contenido no es sin embargo el objeto del litigio, como afirman BAUMBACH-LAUTERBACH [3].

La resolución del tribunal recae sobre la pretensión procesal. Si sostuviéramos que el contenido de la sentencia, o sea la resolución peticionada por el actor, constituye la pretensión procesal, caeríamos en el absurdo de decir que la resolución del tribunal recae sobre la resolución peticionada por el actor. El tribunal no dicta sentencia sobre la resolución peticionada, sino sobre la *solicitud* del actor, mediante la cual éste peticiona una resolución determinada.

---

1 *Zur Lehre vom Streitgegenstand im Eheprozess,* «Festgabe für Leo Rosenberg», pág. 87.
2 *Streitgegenstand,* pág. 54.
3 Cfr. *supra,* pág. 87.

La solicitud ocupa pues el lugar clave en el litigio. Las partes litigan sobre el fundamento de esa solicitud. Si las solicitudes son varias, habrá pluralidad de objetos litigiosos. Si el actor la modifica, modifica también su demanda, salvo que el § 268 de la ZPO disponga otra cosa. La excepción de litispendencia estará fundada si el actor, estando pendiente un proceso, presenta la misma solicitud en un proceso nuevo o si el demandado peticiona absolutamente lo contrario. La resolución del tribunal recae sobre la solicitud del actor.

Huelga señalar, y está admitido[4], que esa solicitud es susceptible de interpretación, y en muchos casos también la necesita.

Tenemos pues que lo decisivo es siempre la solicitud interpretada. Para interpretarla debe recurrirse al estado de cosas.

Por consiguiente, sería muy natural definir el objeto litigioso como la solicitud del actor de que se dicte una sentencia descrita en esa solicitud.

Esta definición, que en nuestra opinión es muy acertada desde el punto de vista objetivo, no condice sin embargo con la terminología de nuestra ZPO, que, al referirse al objeto del litigio, se vale las más de las veces del término «pretensión». Los verbos empleados en combinación con él están elegidos guardando congruencia con ese término. Así, una pretensión «se plantea» o «se hace valer», se la «reconoce», se la «estima» o se la «desestima».

Esta terminología no resulta adecuada al término «solicitud» Una solicitud no se plantea, ni se hace valer, sino que es formulada. No se la reconoce o desestima, sino que se le hace lugar o se la rechaza.

A base de esta terminología de la ZPO estamos habituados a entender por pretensión procesal una exigencia actora, un actuar o un hacer. Y como el objeto litigioso debe identificarse con la pretensión procesal, esa concepción es también apta para él, aunque justamente este concepto no da la idea de actividad.

Para satisfacer una terminología firmemente arraigada, es recomendable no definir el objeto litigioso como solicitud del actor. Objetivamente, sin embargo, la solicitud no deja de ser punto central del litigio y puede dar respuesta a todas las cuestiones para las cuales el alcance del objeto litigioso reviste importancia. Carece pues de significación material estudiar cualquier otra definición, lo que solo se hace para satisfacer la terminología de la ZPO. Ello nos lleva además a considerar una disputa científica nacida últimamente, referente a la definición del objeto litigioso como «petición» o como afirmación de un derecho».

II. Al presentar su solicitud, el actor dirige al tribunal la *petición* de que resuelva de conformidad con la misma.

---

[4] Cfr. STEIN-JONAS-SCHÖNKE, nota V 2 previa al § 128, especialmente nota 58 y nota III 2 a al § 253.

Al mismo tiempo sienta la *afirmación* de que sus relaciones jurídicas con el demandado justifican la condena peticionada.

Ni lo uno ni lo otro debería ofrecer dudas al examen imparcial. Ambos conceptos, «petición» y «afirmación de un derecho», son empleados, a menudo juntos, para definir la pretensión procesal.

Según la definición de ROSENBERG, el objeto litigioso es la petición dirigida á obtener la declaración, susceptible de autoridad de cosa juzgada, de una consecuencia jurídica[5]. También LENT designa a la pretensión procesal como petición que contiene la afirmación de que al actor le asiste un determinado derecho material[6]. STEIN-JONAS-SCHÖNKE la definen como la «petición del actor de que se pronuncie mediante sentencia la consecuencia jurídica de un hecho-tipo *(Tatbestand)* material»[7]. Y ROSENBERG, en el homenaje a LEO ROSENBERG, ha defendido, contra la concepción de NIKISCH, la definición del objeto litigioso como «petición»[8].

Pero cada uno de estos autores asigna al objeto litigioso un alcance distinto. Remitimos al respecto a lo expuesto con anterioridad.

El empleo del concepto de «petición» no obliga pues de manera alguna a una determinación unitaria del alcance del objeto litigioso, en el que ese empleo incide en solamente un aspecto. El objeto de la petición es siempre la resolución del tribunal. La petición no puede tener otra meta. Para ROSENBERG es la declaración, susceptible de autoridad de cosa juzgada, de la consecuencia jurídica; para STEIN-JONAS-SCHÖNKE, el pronunciamiento de la consecuencia jurídica de un hecho-tipo *(Tatbestand)* material. El actor peticiona del tribunal la resolución judicial descrita en su solicitud. El objeto de la petición es entonces la *especie de forma de tutela jurídica,* o sea el pronunciamiento de una sentencia de prestación [condena], declaración o constitución.

Aquí reside el significado del término «petición» para el alcance del objeto litigioso.

Por lo demás, el empleo de ese término no obliga a una concepción determinada de ese alcance, como lo prueban las diferencias que presentan entre sí las teorías de ROSENBERG, STEIN-JONAS-SCHÖNKE y LENT.

En contra de la definición del objeto litigioso como petición se ha pronunciado NIKISCH, aduciendo las razones ya enunciadas[9]. No considera compatible el empleo de ese vocablo con la terminología de la ZPO. En su opinión, el objeto litigioso es solo la afirmación de un derecho. La petición, en cambio, coincidiría con el pedido de tutela jurídica, o sea con la acción. En el reconocimiento [Anerkenntnis, allanamiento] sostiene NIKISCH, se advierte

[5] Cfr. *supra,* pág. 39.
[6] Cfr. *supra,* pág. 14.
[7] Cfr. *supra,* pág. 73.
[8] Cfr. *supra,* pág. 93.
[9] Cfr. *supra,* pág. 59.

con especial nitidez que el objeto litigioso no es la petición. Cuando el demandado se allanará a la pretensión, su reconocimiento no se referiría al acto de la demanda, ni a la petición —lo que no tendría sentido-sino al contenido de la petición. Y si el actor renuncia a la pretensión, no renunciaría al acto de la demanda, puesto que una renuncia a ese acto sería un retiro de la demanda (ZPO, § 271).

Con lo antedicho se advierte que la teoría de NIKISCH está dirigida contra la concepción que ve en el objeto litigioso una puramente abstracta petición de sentencia, ya que solo así se entiende la expresa declaración de que el reconocimiento no se refiere a la petición como acto de demanda, sino como contenido de la petición. Otro tanto puede decirse de lo que sostiene con respecto al desistimiento, puesto que solamente el desistimiento al acto de demanda equivale al retiro de la demanda, no así la renuncia al contenido de la petición,

Pero ninguno de los autores se vale del término petición para designar un pedido abstracto de tutela jurídica. Quienes se sirven de ese concepto para definir el objeto litigioso, señalan todos como objeto de la petición la resolución judicial designada en la solicitud. Mas esa petición de una resolución judicial puede muy bien ser reconocida por el demandado como fundada, del mismo modo que el actor puede desistir de su petición de una resolución judicial determinada, sin retirar por ello la demanda.

No existen dificultades insalvables para separar la petición de la acción como tal. La acción es un pedido de tutela jurídica. En ella y con ella el actor peticiona una resolución judicial determinada. Acción y pretensión pueden separarse sin ninguna dificultad, aunque se vea en la pretensión la petición actora.

Los demás reparos de nuestro autor tampoco tienen gran peso. Tal vez sea preferible decir que una pretensión es «rechazada» y no «desestimada» y más propio decir que se le «hace lugar» y no que se la «estima». Pero también suplantando «petición» por «afirmación de un derecho» se producen desniveles. Tampoco puede «estimarse» o «desestimarse» una «afirmación de un derecho»; únicamente se la puede reconocer como correcta o incorrecta. La concordancia con la terminología de la ZPO no tiene mayor importancia, pues ésta está diseñada a propósito de la pretensión de derecho material.

Claro está que el actor afirma también un derecho al promover una acción, pues lo contrario sería admitir la falta de fundamento de su demanda. Solo cabe preguntarse si la definición del objeto litigioso como afirmación de un derecho es efectivamente exhaustiva. Según la teoría de NIKISCH, la afirmación de un derecho que hace el actor, mediante la cual peticiona una resolución susceptible de autoridad de cosa juagada, constituye el objeto del litigio[10]. La afirmación misma no apunta para él hacia la sentencia deseada. Así se explica también que para su teoría una acción de prestación [condena] y una

10 *Streitgegenstand,* pág. 45; *Lehrbuch,* § 42 I 4.

de declaración puedan estar fundadas en la misma afirmación de un derecho, y, por ende, en el mismo objeto litigioso. Si el actor afirma tener un derecho a que el demandado le pague la suma de 1000 marcos, podrá exigir por vía de la acción de declaración que se declare esa afirmación, y podrá asimismo, mediante la misma afirmación, peticionar que se condene al demandado a pagarle dicha suma.

Para NIKISCH, la forma de la tutela jurídica no pertenece a la afirmación del derecho, sino al pedido de tutela jurídica. En la acción de prestación [condena], el actor afirma tener pretensión a una prestación; en la de declaración, que es titular de un derecho o que existe una determinada relación jurídica; en la de constitución, que tiene pretensión a una transformación jurídica. Pero la afirmación del derecho no comprendería la forma de la tutela jurídica solicitada.

Esta tesis ha sido combatida sobre todo por BÖTTICHER[11]. Razón tiene este autor al señalar que el litigio de las partes gira a fin de cuentas en tomo del contenido de la sentencia, y que las afirmaciones se sostienen y se combaten solamente para dar fundamentos para que se dicte la sentencia de fondo solicitada por el actor o por el demandado. Ese modo de ver bastaría para justificar que la acción de declaración no funda la excepción de litispendencia contra la acción de prestación [condena], pese a la igualdad de afirmaciones.

Los reparos contra la concepción de NIKISCH tienen buen fundamento, y últimamente son compartidos también por BLOMEYER[12], quien, en su conferencia sobre el tema *Arrest und einstweilige Verfügung* (Embargo y medidas provisionales de seguridad), pronunciada en las Jornadas de Profesores de Derecho Procesal Civil celebradas en Weinheim en 1951, ha buscado subsanar la deficiencia que implica que el concepto de «afirmación de un derecho» no involucre para NIKISCH la forma de la tutela jurídica peticionada. En opinión de BLOMEYER, el objeto litigioso comprende dos cosas: La afirmación de que entre las partes existe una determinada relación jurídica causal, que puede ser tanto material como procesal, y la afirmación de que en virtud de esa relación el actor tiene derecho a obtener la condena del demandado a realizar una prestación [condena], una sentencia de declaración o una sentencia de constitución. Da a la primera el nombre de afirmación básica o de fondo y a la segunda el de afirmación o requerimiento de tutela jurídica[13]. Mediante esa segunda afirmación se amplía el concepto de NIKISCH, incorporándosele la forma de la tutela jurídica solicitada. Al ampliarse el concepto desaparece la diferencia con la

---

[11] Cfr. *supra*, pág. 93.

[12] «ZZP» 65. 59.

[13] BLOMEYER La planteado además el problema de si el objeto litigioso no tendría también por contenido una tercera afirmación, la de estar facultado, frente al demandado, para lograr el acto de tutela jurídica peticionado mediante el procedimiento por él iniciado. Mas este problema; no interesa a nuestro tema, ya que —seguramente también en opinión de BLOMEYER—, es irrelevante para las cuestiones de la acumulación de acciones, de la modificación de la demanda, de la litispendencia y del alcance objetivo de la *cosa,* juzgada.

definición del objeto litigioso como petición. Puede así justificarse que una acción de declaración no fundamente la excepción de litispendencia contra una acción de prestación [condena]; derivada de la misma pretensión.

Mas debe considerarse lo siguiente:

¿Existe verdaderamente un derecho del actor contra el demandado a lograr una sentencia, que pueda ser estimado o desestimado?

Según BLOMEYER, el objeto litigioso insistiría en la afirmación de un derecho de esa índole, junto a la llamada afirmación básica. Como se trataría de un derecho del actor contra el demandado, solo podría ser un derecho subjetivo de derecho privado[14]. De cualquier manera, no sería un derecho reglamentado legalmente, lo que por supuesto no prueba nada en contra de su existencia, que, sin embargo, no está exenta de dudas.

Además: Una definición del objeto litigioso debe probar su eficacia en las cuestiones decisivas del proceso. Debe ser adecuada para explicar simple y claramente cuándo hay más de un objeto litigioso, cuándo se modifica ese objeto y cuándo está fundada la-excepción de litispendencia.

Mas para ese fin sería probablemente más adecuada una definición que se valiera del término «petición» que la que definen el objeto litigioso con el de «afirmación de un derecho» como lo* entiende BLOMEYER.

Conforme a nuestra definición, habrá acumulación de acciones cuando se presenten varias solicitudes y con ello se peticionen varias resoluciones. Según la definición de BLOMEYER, en cambio, la habría cuando se presenten varias afirmaciones de derechos en el sentido de la afirmación básica y además se afirmen varios derechos del actor contra el demandado para lograr varias sentencias. Confrontando los términos, se ponen en evidencia las ventajas del vocablo «petición».

Esta definición debería mantenerse aun frente al concepto ampliado de afirmación de derecho que preconiza BLOMEYER. Ella permite una descripción clara y simple de la esencia y del alcance del objeto litigioso, si no se quiere definir a éste sencillamente como la solicitud del actor.

III. 1. La fundamentación de la demanda carece de significación para la definición del objeto litigioso.

Al estudiar la acumulación de acciones, vimos que la fundamentación de la demanda era absolutamente irrelevante para la cuestión de la unidad o pluralidad de pretensiones procesales. Solo cuando se peticiona la prestación [condena] o también la declaración de deudas en especie o de dinero, la solicitud por sí sola resulta generalmente insuficiente para discernir si hay uno o más objetos litigiosos. En esos casos, la fundamentación jurídica sirve para individualizar las pretensiones procesales.

---

14 BLOMEYER llama auxiliar a este derecho, «ZZP» 65, 61.

Algo similar ocurre con la modificación de la demanda, También en su caso la solicitud determina generalmente por sí sola la identidad del objeto litigioso. Solo es necesario recurrir a una fundamentación cuando aun después de modificado el estado de «cosas se peticiona el mismo número de deudas en especie o la misma suma de dinero. La alegación de un nuevo estado de cosas no motiva siempre una modificación de la demanda. Decisivo es más bien saber si, de acuerdo con la interpretación que permite la fundamentación, se peticiona una prestación jurídica y económicamente distinta.

Todo depende siempre de la unidad o pluralidad o de la identidad de lo peticionado. Sin embargo, hay una serie de casos en que solamente la fundamentación permite discernir si hay uno o más objetos litigiosos y si el uno es idéntico al otro. En esos casos el estado de cosas tiene relevancia individualizadora. Mas de ello no debe deducirse que sea en esos casos parte del objeto litigioso. Si lo fuera, la pluralidad de estados de cosas debería conducir siempre a una acumulación de acciones y su modificación a una modificación de la demanda. Mas esto ocurre solamente cuando no obstante ser la solicitud aparentemente unitaria se trata en realidad de varias o cuando pese a ser las solicitudes en apariencia idénticas se ha presentado en realidad una solicitud distinta.

Todo depende pues siempre de la solicitud. El estado de cosas, la fundamentación de la demanda, no son utilizables para una definición general del objeto litigioso. El estado de cosas no es elemento de éste, debiendo por tal razón ser excluido de su definición.

La tesis sostenida por BÖTTICHER para el proceso matrimonial *y* por ROSENBERG y NIKISCH para las acciones de declaración de un derecho o relación jurídica, adquiere así validez universal para toda clase de acciones.

2. Objeto litigioso es la petición de la resolución designada en la solicitud. Esa petición necesita sin embargo *en todos* los casos ser *fundamentada* por hechos.

Aquí estriba una función sustancial del § 253 II 2 de la ZFO. Solo en algunos pocos casos el estado de cosas expuesto con fines de fundamentación sirve para individualizar, pero nunca con la consecuencia de convertir el estado de cosas en elemento del objetó litigioso.

La concepción según la cual la fundamentación de la demanda sirve únicamente para fines de individualización y el precepto del § 253 II 2 tiene carácter obligatorio solo en cuanto es necesaria una individualización por el estado de cosas, pierde su asidero ante nuestro concepto dé objeto litigioso. De lo contrario, bastaría exponer el motivo de la demanda en los casos en que se peticiona la prestación de una deuda en especie. No podrá dudarse de que esa conclusión no responde al precepto obligatorio del § 253 II 2. Por lo tanto, hay que dar la razón a BÖTTICHER cuando dice[15]:

[15] *Zur Lehre vom Streitgegenstand im Eheprozess*, «Festgabe für Leo Rosenberg», pág. 91.

«El orden exige que en todo caso se indique el motivo de demanda (estado de cosas), para que el juez pueda ajustarse a él y preparar la vista oral de acuerdo con el § 272 b de la ZPO. La acción no tiene solamente por función individualizar el objeto litigioso, sino también preparar la vista». Según nuestra opinión, la individualización y fundamentación -de la demanda coinciden cuando la solicitud presentada con la demanda no se halla suficientemente determinada. En caso contrario no se necesitará individualizar la demanda, pero sí fundamentarla[16].

Contrariamente a la opinión de NIKISCH, las acciones de declaración de un derecho o de una relación jurídica requieren por lo tanto ser fundamentadas, aun cuando ya estén individualizadas por la solicitud determinada[17].

No es necesario, sin embargo, alegar todos los hechos adecuados para fundar la pretensión, porque la ley autoriza no solo la rectificación y complemento de las alegaciones de hecho (ZPO, § 268 1), sino también que se presenten todos los medios de ataque hasta el final de la vista que precede a la sentencia (ZPO, § 278 I).

La discusión sobre la cuestión de si la acción requiere ser fundada siempre o solo cuando es necesario hacerlo para individualizarla, carece de importancia práctica, ya que nunca se presentan acciones desprovistas enteramente de fundamentación. Y si se diese el caso, el juez, conforme al § 139 de la ZPO, estaría obligado a señalar al actor esa deficiencia.

---

16 Cfr. también LENT, «ZZF» 65, 320, sobre la diferencia entre individualización y fundamentación de una acción.

17 Cfr. NIKISCH, *Streitgegenstand*, pág. 73; *Lehrbuch*, § 42 III 3.

§ 17. PROPUESTAS DE REFORMAS LEGISLATIVAS

Nuestro concepto de objeto litigioso hace imperiosas una serie de reformas legislativas en lo que atañe a las disposiciones sobre el contenido del escrito de demanda, de la acumulación de acciones, de la modificación de la demanda, de la litispendencia y de la cosa juzgada[1].

1. La disposición sobre los requisitos del escrito debe expresar clara e inequívocamente qué es objetó del litigio. La versión actual del texto legal (ZPO, § 253 II 2) no cumple ese cometido. Conforme a esta disposición, en el escrito debe indicarse el objeto y el motivo de la pretensión presentada y formularse una solicitud determinada. Está admitido que el «objeto de la pretensión planteada» no constituye una característica autónoma del objeto litigioso, junto a la solicitud[2].

Además, debe dejarse inequívocamente establecido que «el motivo de la pretensión» no es un elemento del concepto de objeto litigioso.

La versión del Proyecto de Ordenanza Procesal Civil de 1931 (§ 206 II 2 y 3) era considerablemente superior y podría servir, en lo sustancial, a los requisitos de nuestra teoría. Según el § 206 II 2 el escrito debía contener:

> «la indicación de lo que el actor peticiona, en forma de una solicitud determinada».

Esta redacción toca el nódulo de lo que nosotros entendemos por objeto litigioso.

> Según el inc. 3 el escrito debía contener además: «la indicación de los hechos que han de fundar la solicitud»

Es muy acertado mencionar en dos incisos separados la solicitud y el fundamento. Sirve para confirmar nuestra tesis de que el fundamento de la acción, el estado de cosas, no es parte del objeto litigioso.

Una reforma futura del derecho procesal podría mantener, por lo tanto, en sus puntos fundamentales, la redacción del § 206 II 2 y 3 del Proyecto de 1931. En el inciso 3 deberían tenerse en cuenta, por supuesto, las objeciones

---

1 No debe inferirse del hecho de que aquí se hagan propuestas de reforma de la legislación, que el autor considere incompatible su teoría del objeto litigioso con las normas legales vigentes.

2 Cfr. ROSENBERG, *Tratado*, 6ª edición, § 91 II 2 a.

que contra él formulara ROSENBERG [3]. En dicho inciso no se determina el mínimo de hechos que el actor debe alegar para lograr que su acción proceda. No es necesario que sean todos los hechos que sirvan para fundar la correspondiente acción, como se desprende del § 268 1 y del § 278 1 de la ZPO. El Proyecto de 1931 contenía también preceptos similares (cfr. §§ 220 I 1 y 260 I).

En atención a estas objeciones y a las propuestas de ROSENBERG, una disposición que reglamente el contenido del escrito de demanda debería ser, en la parte pertinente, más o menos del siguiente tenor:

«El escrito de demanda o la minuta deberán contener:

...

2. la indicación de la resolución peticionada por el actor, bajo la forma de una solicitud determinada;

3. la indicación del suceso de hecho que funda la acción;

...

2. Una Ordenanza futura deberá dejar bien sentado cuándo hay pluralidad de pretensiones procesales. La actual reglamentación de la acumulación objetiva de acciones no contribuye en nada a aclarar esa cuestión (ZPO, § 260).

Frente a ella, el Proyecto de 1931 señala un progreso; en su § 208 decía:

«Varias solicitudes del adversario contra un mismo demandado pueden, aún fundándose en motivos distintos, ser acumulados en una demanda, si el tribunal de la causa es competente para toda la petición y las solicitudes son presentadas todas en la misma clase de proceso».

Del fundamento del Proyecto resulta que esa disposición se remontaba a una iniciativa de STEIN, quien en su Comentario había comprendido que la esencia de la acumulación de acciones estaba en la pluralidad de solicitudes[4], pero sin deducir las consecuencias necesarias para la modificación de la demanda y la excepción de litispendencia.

Objetivamente, la regla del § 208 del Proyecto de 1931 responde por entero a nuestro concepto de la acumulación de acciones, pues también nosotros opinamos que solo puede haberla si se han presentado varias solicitudes y peticionado varias resoluciones.

No cabe duda que el § 208 del Proyecto solo tuvo en vista las solicitudes principales, pero no las accesorias, tales como la solicitud de condena del demandado en costas y la solicitud de declaración de la sentencia como provisoriamente ejecutable, problema que podía dejarse a la interpretación. Las objeciones que por esa razón formuló KISCH contra el § 208 son de poco peso[5].

---

[3] «ZZP» 57, 276.

[4] Cfr. *supra,* pág. 43 y pág. 101.

[5] *Judicium* 3, 254.

Ahora bien, si desde el punto de vista material, como hemos dicho, la regla del § 208 responde enteramente a nuestra opinión, hay sin embargo ciertos reparos en cuanto a su redacción.

Habrá que decidirse por un término para designar la pretensión procesal. En ese aspecto, el Proyecto dista mucho de ser consecuente. Para un mismo concepto emplea no menos de siete vocablos diferentes: pretensión, solicitud, consecuencia jurídica, petición de la demanda, objeto litigioso, cuestión litigiosa y objeto de la demanda o reconvención[6].

El término que se elija deberá aplicarse en todas las disposiciones que traten de la pretensión procesal, del objeto litigioso.

En caso de decidirnos por el término «pretensión» —lo que sería inocuo, por estar unánimemente reconocido que su significado es distinto en derecho civil que en derecho procesal—, la disposición que reglamente la acumulación de acciones deberá hablar también de pluralidad de pretensiones. Por el otro lado, no puede prescindirse de una redacción que permita discernir cuándo hay acumulación de acciones, si es que se quiere resolver definitivamente los problemas debatidos. Atendiendo estos criterios, podría recomendarse la redacción siguiente:

> «Si el actor peticiona varias resoluciones contra el demandado, las distintas pretensiones pueden acumularse en una demanda, si se las hace valer en la misma clase de proceso y el tribunal es competente para entender de ellas».

Queda así aclarado que una pluralidad de pretensiones presupone una pluralidad de resoluciones y por ende una pluralidad de solicitudes.

Objetivamente considerada, esta redacción no quiere decir otra «osa que lo que expresaba el § 208 del Proyecto de 1931. La locución «aun fundándose en motivos distintos» es superflua y puede ser eliminada.

3. Una futura Ordenanza Procesal deberá dejar clara y definitivamente establecido el concepto de modificación de la demanda, resolviendo así uno de los problemas más difíciles y debatidos del derecho procesal. El § 220 del Proyecto de 1931 no marcaba un adelanto con respecto a los §§ 264 y 268 de la ZPO, ya que rezaba: «Aun después de comenzada la litispendencia, el actor podrá, mientras el fundamento de la acción siga siendo sustancialmente el mismo:

1. complementar o rectificar sus alegaciones de hecho o de derecho;
2. ampliar o limitar la solicitud con respecto a la cuestión principal o a las reclamaciones accesorias;
3. exigir, a causa de una modificación ocurrida o que llegara a su conocimiento solo posteriormente, otro objeto o el interés, en lugar del objeto reclamado originariamente.

[6] Cfr. ROSENBERG, «ZZP» 57, 315.

Una vez comenzada la litispendencia, una modificación más amplia de la acción solo procederá si el demandado la consiente o el tribunal la estima pertinente».

Tampoco aquí se intentó definir el concepto. Igual que el § 268 de la ZPO, el Proyecto se limita a enumerar los casos en los cuales la modificación de la demanda procede sin necesidad de consentimiento del demandado o de declaración de pertinencia por parte del tribunal.

El § 220 I 1-3 del Proyecto trae los mismos casos que el § 268 1-3 de la ZPO. Como el § 268 II del Proyecto hace depender una modificación *más amplia* dé la demanda del consentimiento del demandado o de la declaración de pertinencia por parte del tribunal, debe concluirse que, conforme a la concepción del Proyecto, los casos del § 220 I 1-3 y los del § 268 1-3 también deben considerarse de modificación de la demanda.

En lo que respecta al párrafo I inc. 1, esta opinión no concuerda con la concepción hoy dominante, según la cual únicamente la modificación del suceso, pero no el complemento o la rectificación de alegaciones de hecho o de derecho, comporta una modificación de la demanda. Es aún mucho menos compatible con nuestra opinión. La demanda solamente se modifica si el actor peticiona otra resolución en lugar de o además de la anterior, cuando presenta una solicitud nueva en lugar de la antigua, o junto a ésta. Ni el complemento ni la rectificación de alegaciones de hecho o de derecho, ni tampoco el cambio del suceso producen por sí solos una modificación del objeto litigioso. Lo que interesa es que se peticione algo distinto.

Ya por esa razón, el § 268 1 de la ZPO y el § 220 I 1 del Proyecto de 1931 no responden a nuestra opinión.

En los casos del § 268 2 y 3 de la ZPO y del § 220 I 2 y 3 del Proyecto, también se trata, a nuestro entender, de una modificación del objeto litigioso, porque en ambos casos se pide una resolución distinta de la anterior.

Una nueva reglamentación de la modificación de la demanda deberá ocuparse de dos problemas:

Ante todo será necesario definir legalmente la modificación de la demanda, para evitar en el futuro todas las dudas que se agitan en este terreno. Pero además deberán describirse los casos en los cuales esa modificación debe considerarse procedente aun no mediando el consentimiento del demandado o la declaración de pertinencia por parte del tribunal.

En este punto, puede servirnos en todo sentido de modelo la Ordenanza Procesal Civil de Berna del 7.7.1918[7]. En su art. 94, define la modificación de la demanda, en plena concordancia con nuestra idea, el cambio de la demanda o de la reconvención «por el cual se pide más o algo distinto». Evidente-

[7] Cfr. ROSENBERG, «ZZP» 57, 322; KREBS, *Zivilprozessgesetze für dent Kanton Bern,* Berna, 1918.

mente, coloca el acento en la modificación de la resolución peticionada, pero no en la modificación del motivo de la demanda. Declara que la modificación de la demanda sin el consentimiento de la parte contraria es procedente «si apoyándose en el motivo indicado, se presenta, en rugar de la pretensión originaria, una pretensión distinta o una que guarde-relación con la que ya se hizo valer» (art. 94 I).

Esta redacción suple la enumeración de casos que hace la ZPO en el § 268 1-3.

Pero si el actor peticiona, fundándose en otro motivo, una resolución *nueva-en* lugar de o además de la peticionada anteriormente, la modificación de la demanda es fundamentalmente improcedente y solo puede admitirse con el consentimiento de la parte contraria o con autorización del tribunal (art. 94 II).

Es equitativo admitir una modificación de la demanda, aunque-no medie consentimiento de la contraparte, cuando se modifica la solicitud pero el motivo de la demanda sigue siendo el mismo. Esta, solución sirve además para resolver en lo posible en un solo proceso el pleito de las partes.

Tomando como modelo la Ordenanza Procesal Civil de Berna, debería considerarse el esquema siguiente:

> «(1) habrá modificación de la demanda si luego de comenzada la litispendencia el actor peticiona una resolución nueva en lugar de o además de la ya peticionada.
>
> (2) Si el actor apoya su nueva pretensión en el mismo suceso de hecho, la modificación de la demanda será siempre procedente. En caso contrario solo lo será si lo consiente el demandado o si el tribunal la declara pertinente».

De la definición contenida en el párrafo I se desprende claramente que solo una modificación de la resolución peticionada, y por ende de la solicitud, constituye una modificación de la demanda, pero no una modificación del fundamento de ésta.

Del párrafo II (1) se sigue que una modificación de la demanda será siempre procedente si en virtud de un mismo suceso de hecho se peticiona una resolución distinta. Se trata sobre todo de los casos reglamentados ahora en el § 268 2 y 3 de la ZPO. El párrafo II (1) difiere del correspondiente precepto del § 94 de la Ordenanza Procesal Civil de Berna en cuanto a su redacción, pero concuerda con él en cuanto a la sustancia, pues también el párrafo II (1) establece, que el planteo de una pretensión que guarde relación, con la ya hecha valer solo será procedente sin consentimiento si se basa en el mismo motivo, en el mismo estado de cosas.

Pero si el actor modifica el suceso de hecho y peticiona, a base del mismo, una resolución distinta, la modificación de la acción dependerá del consentimiento del demandado o de la declaración de pertinencia que pueda dictar el tribunal. La experiencia indica que esos casos son muy raros.

Más importante es que la demanda no se modifique por la modificación del fundamento, si la solicitud sigue siendo la misma. Solo modificándose ésta podrá haber modificación de la demanda.

Con esta propuesta se coloca a la teoría de la modificación de la demanda sobre una base sólida y se abre el camino para liquidar el pleito existente entre las partes exhaustivamente en un solo proceso.

4. Requiere también urgente reforma la excepción de litispendencia legislada en el § 263 II 1 de la ZPO. El Proyecto de 1931 solo logró una mejora parcial en su § 219 1. Es afortunado que, en consonancia con la opinión hoy imperante, disponga que la litispendencia sea considerada de oficio y no por excepción interpuesta por el demandado, pero tampoco el Proyecto ha explicado qué es lo que está en litispendencia. Toma del derecho vigente el concepto de cosa litigiosa sin precisar su significado.

En nuestra opinión, lo único que puede pasar a estado de litispendencia es la pretensión procesal, el objeto litigioso. El efecto de esa litispendencia es que estando pendiente un proceso no se puede peticionar nuevamente la misma resolución. Pero se opone no solo a una petición dirigida a lograr la misma resolución, sino que excluye también toda pretensión dirigida a obtener lo absolutamente contrario.

Tampoco en este caso el fundamento de la acción, o sea el estado de cosas, tiene significado autónomo.

El efecto procesal de la litispendencia de la pretensión procesal podría formularse así:

> «Durante la litispendencia de una pretensión es improcedente el planteo de otra que tenga por objeto una resolución igual o absolutamente contraria».

De ese modo se logra concentrar en un proceso todas las acciones encaminadas a un mismo objetivo.

5. Finalmente, una reforma procesal debería reglamentar el efecto de la cosa juzgada material sobre la exclusión de hechos nuevos, pero ya existentes en la época de la última vista oral sobre los hechos. Como ya dijimos, convendría dar vigencia general a lo dispuesto por los §§ 616 y 767 III de la ZPO y el § 17 de la Ley de Alquileres.

Todos los hechos que ya existían y podían alegarse en la época de esa última vista oral deberían excluirse de un nuevo proceso. Pero los que por una u otra razón no pudieron alegarse, pueden fundar válidamente una nueva pretensión, salvo que busquen una declaración discrepante del material procesal de la primera resolución. En tal caso quedarán excluidos también ellos.

Conforme a la actual redacción del § 322 I de la ZPO, la exclusión de hechos no alegados que habrían podido alegarse no constituye en sí un efecto de la cosa juzgada material, sino de la preclusión, que es ajena a la cosa juzgada. Mas como el paralelismo de ambos efectos es muy inconveniente, sería propicio calificar legalmente como efecto de la cosa juzgada a la exclusión de hechos no alegados que habrían podido exponerse. De ese modo se ampliaría por ley el alcance de la cosa juzgada material frente al actual estado jurídico.

Deberá considerarse pues la implantación en la disposición referente a la cosa juzgada material, de un párrafo especial que disponga lo siguiente sobre la exclusión de hechos:

> «La cosa juzgada material excluye todos los hechos que habrían podido alegarse en la época de la última vista oral sobre los hechos. Se excluirán además todos aquellos hechos cuyo objeto sea lograr una declaración discrepante del material procesal de la resolución pasada en autoridad de cosa juzgada».

Esa regla haría perder su carácter de excepción a los §§ 767 III de la ZPO y 17 de la Ley de Alquileres. El § 616 de la ZPO sería aún una excepción a la regla por cuanto excluiría también los hechos que no podían servir como fundamento de la pretensión procesal resuelta con autoridad de cosa juzgada. Si el objeto litigioso era la petición de divorcio del actor, quedarán excluidos todos los hechos que habrían podido exponerse para fundar una acción de anulación de matrimonio. Y a la inversa, quedarán excluidos también todos aquellos que en una acción de anulación de matrimonio habrían podido servir para fundar una acción de divorcio.

Pero si no se quiere que se opere la exclusión de todos los hechos que se habrían podido alegar para fundar la misma petición en el primer proceso, sería recomendable, en vista de lo debatido del tema, dejar constancia en el precepto relativo a la cosa juzgada material, que se excluyen los hechos que tienen por finalidad una declaración discrepante del estado de cosas de la resolución pasada en autoridad de cosa juzgada.

§ 18. EPÍLOGO

Resumamos, para finalizar, las conclusiones a que nos ha llevado nuestro estudio.

Hemos hallado un concepto de objeto litigioso que puede aplicarse sin alteraciones a todas las acciones:

Objeto litigioso es leu petición de la resolución judicial señalada en la solicitud.

Trátese de acciones de prestación [condena], de declaración o de constitución, el objeto litigioso se determinará siempre del mismo modo. En todos los fenómenos procesales en que sirve de base, puede aplicárselo inalterado y con el mismo contenido.

Nuestro concepto de objeto litigioso es puramente procesal. Nada tiene en común con la pretensión material o el derecho material.

Según nuestra concepción, la función del derecho material en el proceso es únicamente de criterio jurídico. No *es* objeto del litigio ni determina tampoco el contenido del objeto litigioso. En el proceso, la pretensión procesal, la petición de la resolución judicial señalada en la solicitud, es la forma en que se hace valer el derecho material, la pretensión de derecho material. La pretensión procesal es el medio auxiliar para hacer prosperar el derecho material en el proceso.

La solicitud del actor contiene la petición de una determinada resolución judicial. A su lado, el estado de cosas, el suceso, carece de significado autónomo; no es parte del objeto litigioso. Solo en algunos casos sirve para individualizarlo, sin negar por ello a ser elemento de él. Por lo demás, su única función consiste en fundar la demanda.

Debido a la posición especial que en nuestra opinión corresponde a la solicitud, nuestra teoría se diferencia de la opinión actualmente dominante para la cual el objeto litigioso consiste en solicitud y estado de cosas.

Nuestro concepto es más amplio y comprensivo y nuestra teoría una continuación consecuente de las doctrinas que ya ven hoy en la solicitud el elemento decisivo del objeto litigioso. Pero estas últimas limitan esa idea al caso de la acumulación de acciones, y no aplican esas mismas conclusiones a la modificación de la demanda, a la litispendencia y a la cosa juzgada, ni tampoco a la definición del concepto mismo.

Mas esas consecuencias deben necesariamente deducirse, como lo ha demostrado nuestro estudio. Ellas llevan a un resultado que probablemente puede calificarse de solución sencilla y aplicable en la práctica, del tan debatido problema del objeto litigioso en el proceso civil.

APÉNDICE

PRECEPTOS CITADOS DEL DERECHO ALEMÁN

ORDENANZA PROCESAL CIVIL (ZPO)

§ 5. *[Suma de los importes de varias pretensiones].* Cuando se hagan valer varias pretensiones en una misma demanda, se sumará el importe de todas ellas, pero no se sumará el valor del objeto de la demanda con el de la reconvención.

§ 29. *[Competencia del tribunal por razón del lugar de cumplimiento].* Será compEtente para conocer de las acciones de declaración de existencia o inexistencia de un contrato, de cumplimiento o rescisión del mismo, y de indemnización por incumplimiento o no cumplimiento en debida forma, el tribunal del lugar donde deba cumplirse la obligación litigiosa.

§ 32. *[Competencia respecto de actos ilícitos].* Será competente para conocer de las acciones derivadas de actos ilícitos el Tribunal del lugar donde se hayan cometido.

§ 33. *[Competencia en cuanto a la reconvención].* I. La reconvención se podrá presentar ante el Tribunal que conozca de la demanda, si la pretensión de aquélla está en conexión con la que se hizo valer en esta o con los medios de defensa empleados contra la misma.

II. Este precepto no regirá si el Tribunal no pudiere obtener, ni siquiera por prórroga, la competencia para conocer de una demanda en la que se haga valer la pretensión reconvencional.

§ 60. *[Pretensiones de la misma especie].* Varias personas podrán también demandar o ser demandadas conjuntamente como litisconsortes, cuando el objeto del litigio esté constituido por pretensiones u obligaciones de la misma especie, basadas en causas de hecho y de derecho que sean homogéneas en lo esencial.

§ 64. *[Intervención principal].* El que pretenda tener derecho sobre la totalidad o parte de la cosa o derecho sobre el que se haya trabado pleito entre otras personas, puede, hasta que dicho pleito se resuelva con autoridad de cosa juzgada, hacer valer su pretensión mediante una demanda dirigida contra ambas partes ante el tribunal en el que se haya trabado el pleito en primera instancia.

§ 75. *[Conflicto de acreedores].* (1) Si el deudor demandado denuncia la pendencia de la causa a un tercero que pretenda para sí el crédito redamado y ese tercero interviene en la misma, el demandado deberá ser separado de la causa a petición suya si consigna el importe de la reclamación a favor de los acreedores litigantes, renunciando al derecho a la devolución. El deudor será condenado en tal caso al pago de las costas causadas por su resistencia infundada a satisfacer la deuda, y la causa continuará entre los acreedores para determinar a cuál de ellos pertenece el derecho. (2) Se acordará la entrega de la suma depositada al vencedor, y el vencido será condenado a satisfacer todas las costas, comprendidas las causadas por el deudor, no producidas por su resistencia infundada, y los gastos del depósito.

§ 81 *[Alcance del poder].* El poder autoriza para ejecutar todos los actos procesales relativos a la cansa, incluso los que sea preciso realizar en caso de reconvención, de revisión del procedimiento y de ejecución forzosa; autoriza también para el nombramiento de representante y apoderado para las instancias superiores; para terminar el litigio por transacción, renuncia al objeto litigioso o allanamiento a la pretensión del actor, y para recibir el importe que la parte contraria eventualmente haya de satisfacer.

§ 83. *I Limitación del alcance].* L Las limitaciones del alcance legal del poder sólo tendrán efecto jurídico frente a la parte contraria cuando afecten a la terminación del litigio por transacción, renuncia al objeto litigioso o allanamiento a la pretensión de la parte contraria.

II. Cuando no sea obligatoria la representación por abogado, se podrá otorgar poder para actos procesales concretos.

§ 118a. *[Procedimiento, transacción].* I. (1) El Tribunal podrá exigir al solicitante que acredite los hechos que alegue. (2) Antes de conceder el beneficio de pobreza oirá a la parte contraría, salvo que por razones especiales lo estimare inconveniente. (3) Podrá también, si ello no diere lugar a grandes dilaciones, recabar informes, y especialmente ordenar la presentación de documentos y solicitar datos de las autoridades. (4) Sólo se podrá oír a testigos o peritos, si los hechos necesarios para resolver sobre el pedido de beneficio de pobreza no pudieran ser aclarados de otro modo; no se exigirá juramento.

II. (l)Las disposiciones del apartado I serán adoptadas por el Presidente del Tribunal, un magistrado delegado del mismo o por exhorto. (2) La parte contraria podrá declarar en la Secretaría, tanto del Tribunal de la causa como del juez exhortado, levantándose acta de su declaración.

III. Si las partes, al ser interrogada la contraria, llegaren a un acuerdo sobre la pretensión litigiosa, se levantará acta de la transacción.

IV. (1) No se resarcirán a la parte contraria los gastos producidos por su interrogatorio conforme al apartado I, punto (2). (2) Los gastos que se produzcan por la intervención de testigos y peritos, conforme al apartado I, punto (3), correrán como costas judiciales a cargo de la parte a la que se impongan las de la causa.

§ 139. *[Deber judicial de esclarecimiento].* I. (1) El Presidente del Tribunal tiene el deber de procurar que las partes se pronuncien ampliamente sobre todos los puntos de hecho importantes para la causa y que las solicitudes que las mismas formulen sean conducentes para el esclarecimiento del asunto, particularmente que completen las indicaciones sobre los hechos que sean insuficientes e indiquen los medios de prueba que intenten emplear. (2) Con ese objeto examinará junto con las partes, en cuanto sea necesario, los aspectos de hecho y de derecho de la causa, y formulará las preguntas pertinentes.

II. El Presidente del Tribunal llamará la atención de las partes sobre las dudas que se ofrezcan en puntos que el Tribunal pueda examinar de oficio.

III. Permitirá a los magistrados del Tribunal, a petición de los mismos, que formulen preguntas a las partes.

§ 145. *[Separación procesal].* I. El Tribunal puede disponer la vista en procesos separados de pretensiones hechas valer en una sola demanda.

II. Tendrá las mismas facultades con respecto a la reconvención cuando la contrapretensión hecha valer en ella no esté en conexión jurídica con la de la demanda.

III. En el caso de que el deudor pida la compensación de un crédito que no guarde conexión jurídica con el de la demanda, el Tribunal podrá acordar que la compensación y la demanda se tramiten por separado. Se aplicarán en tal caso los preceptos del § 302.

II. § 146. *[Limitación de la vista],* En caso de que hubiere varios medios de ataque y de defensa (fundamentos de la demanda, excepciones, réplicas, etc.) referentes a una misma pretensión, el Tribunal podrá disponer que la audiencia se limite por de pronto a uno o algunos de esos medios.

§ 147. *[Acumulación de procesos].* El Tribunal está facultado para ordenar la acumulación de varios procesos pendientes ante él, incoados por las mismas o por distintas partes, con el fin de verlos y resolverlos simultáneamente, si las pretensiones objeto de lo mismos están en conexión jurídica o hubieran podido hacerse valer en una misma demanda.

§ 148. *[Suspensión del trámite por prejudicialidad].* Cuando la resolución de un litigio dependa en todo o en parte de la existencia o inexistencia de una relación jurídica que es objeto de otro litigio pendiente o haya de ser definida por una autoridad administrativa, puede el tribunal ordenar la suspensión del trámite hasta el fallo del otro litigio o resolución de la autoridad administrativa.

§ 206. *[Fecha desde la cual surte efectos la notificación].*

I. (1) El escrito que contenga una citación se considerará notificado el día en que se cumpla un mes desde la última inserción en los periódicos oficiales. (2) El Tribunal podrá prolongar ese lapso al autorizar la citación oficial.

II. Cuando no se trate de citación, el escrito se considerará notificado al cumplirse dos semanas desde la fijación del escrito en el tablón de anuncios.

III. No afectará la validez de la notificación el hecho de que el escrito so retire prematuramente del tablón.

§ 207. *[Efecto retroactivo de la notificación].*

I. Si la notificación por exhorto o en forma pública de un escrito presentado con tal fin por la parte, se llevare a efecto inmediatamente, la misma empezará a surtir efectos desde la petición de la parte, si se hubiere pedido en observancia de un plazo o para causar la interrupción de la prescripción o de un plazo.

II. Cuando un escrito cuya notificación haya de tener lugar por mediación de la Secretaría de un Tribunal se notifique dentro de las dos semanas a contar de la fecha de entrega del mismo, la notificación empezará a surtir efectos desde el momento de la entrega, si se hiciere en observancia de un plazo perentorio.

§ 253. *[Interposición de la demanda]. I.* La demanda se interpondrá por escrito.

II. El escrito deberá contener:

1) La designación de las partes y del Tribunal;

2) La indicación precisa del objeto y del fundamento de la pretensión que se plantea, así como una solicitud determinada.

III. El escrito deberá indicar además el valor del objeto litigioso, si de ello depende la competencia del Tribunal y el objeto litigioso no consiste en una determinada suma de dinero.

IV. Además se observarán en la demanda los preceptos generales sobre los escritos preparatorios.

V. El escrito de demanda, así como las demás solicitudes y manifestaciones de una parte, que deben ser notificadas, deberán presentarse al Tribunal por escrito agregando la cantidad de copias necesaria para su notificación o comunicación.

§ 260. *[Acumulación de pretensiones].* El actor podrá acumular en su demanda varias pretensiones contra el mismo demandado, aunque se funden en distintas causas, siempre que el Tribunal sea competente para todas ellas y se puedan plantear en el mismo tipo de proceso.

§ 263. *[Litispendencia],* I. Con la interposición de la demanda comenzará la litispendencia.

II. Los efectos de la litispendencia son los siguientes:

1) Si durante la misma una parte planteare de nuevo la cuestión litigiosa ante otro Tribunal, el adversario podrá oponer la excepción de litispendencia;

2) La competencia del Tribunal no será afectada aunque varíen las circunstancias que la hayan fundado.

§ 264. *[Modificación de la demanda].* Después de comenzada la litispendencia se permitirá la modificación de la demanda si consiente la parte contraria o el Tribunal lo estimare oportuno.

§ 267. *[Efectos de la litispendencia según los preceptos civiles].* (1) Quedan en vigor los preceptos de derecho civil sobre los demás efectos de la litispendencia. (2) Estos efectos, como todos los demás que, por derecho civil, dependan en cuanto a su originación de la presentación, traslado o comunicación judicial de la demanda o de la citación o comparecencia del demandado, empezarán a producirse, sin perjuicio de lo preceptuado por el § 207, desde la interposición de la demanda.

§ 268. *[Casos que no constituyen modificación de la demanda].* La demanda no se considerará modificada cuando, sin alterar los fundamentos de la misma;

1) Se completen o rectifiquen las alegaciones de hecho o las de derecho;

2) Se amplíe o limite la solicitud en cuanto al fondo de la misma o a puntos accesorios;

3) En lugar del objeto originariamente pedido, a causa de transformación ocurrida con posterioridad, se pida otro o su equivalente.

§ 271. *[Desistimiento de la demanda].* I. La demanda podrá retirarse sin conformidad del demandado solamente hasta el comienzo de la intervención de éste en la vista oral donde se discuta el fondo.

II. El desistimiento de la demanda, y también la conformidad del demandado, en cuanto sea necesaria para la validez del mismo, deberán manifestarse ante el Tribunal. De no declarárselo en la vista oral, la demanda se retirará mediante un escrito.

III. Retirada la demanda, se considerará que el litigio no estuvo pendiente; una sentencia ya dictada, peroné pasada en autoridad de cosa juzgada, será ineficaz, sin necesidad de invalidársela expresamente. El actor estará obligado a cargar con las costas, a menos que se hubiere resuelto con autoridad de cosa juzgada sobre dicho punto. A pedido del demandado los efectos dispuestos por las dos cláusulas precedentes deberán pronunciarse por resolución. La resolución no requerirá vista oral, estando sujeta a impugnación inmediata.

IV. Si se interpusiere de nuevo la demanda, el demandado podrá negarse a contestarla hasta que se le satisfagan las costas debidas por la interposición originaria.

§ 272b. *[Disposiciones relativas a la preparación de la vista].* I. El Presidente del Tribunal, o algún otro miembro de éste que él designe, deberá tomar, aún antes de la vista oral, todas las medidas que se estimen oportunas para resolver el pleito, si fuere posible, en una sola vista.

II. A tal fin podrá especialmente:

1) Encomendar a las partes que completen o aclaren sus escritos preparatorios, así como la presentación de documentos, árboles genealógicos, planos, croquis y dibujos;

2) Requerir a las autoridades o funcionarios para, que le faciliten documentos o informes oficiales;

3) Ordenar la comparecencia personal de las partes;

4) Citar a la vista a los testigos nombrados por alguna de las partes o mandarles que declaren por escrito, observando las disposiciones del § 377 III y IV;

5) Disponer y llevar a efecto una inspección judicial, u ordenar un examen pericial o citar a los peritos para que dictaminen en audiencia.

III. (1) Lo dispuesto en los incisos 4 y 5 del apartado anterior sólo se llevará a efecto Habiendo mediado oposición por parte del demandado a la pretensión contenida en la demanda. (2) Si para, llevar a cabo lo que se ordene fuere precisa una audiencia, se procurará que coincida con la destinada al debate.

IV. (1) Las órdenes del tribunal deberán comunicarse a las partes. (2) Podrá prescindirse de esa comunicación cuando, a juicio del Presidente del Tribunal o del magistrado por él designando, no fuere de esencial importancia para la salvaguardia del derecho de las partes que éstas tengan conocimiento de lo ordenado con anterioridad a la vista. (8) De ordenarse la comparecencia personal de las partes, regirá lo dispuesto por el § 141 II y III.

§ 275. *[Vista separada para excepciones dilatorias].* I. Las excepciones dilatorias, si el Tribunal, de oficio o a instancia de parte, así lo acordare, serán vistas por separado y resueltas por sentencia.

II. Las sentencias desestimatorias de las excepciones dilatorias se considerarán definitivas para los efectos de los recursos; el Tribunal podrá ordenar, sin embargo, a pedido de parte, que se siga tramitando la cuestión principal.

§ 278. *[Medios de ataque y defensa].* I. Los medios de ataque y de defensa (excepciones, reconvención, réplicas, etc.) podrán hacerse valer hasta la terminación de la vista oral, a la que sigue la sentencia.

II. Si por el ejercicio extemporáneo de un medio de ataque o de defensa se retrasare la resolución del litigio, el Tribunal impondrá las costas o parte de ellas a la parte vencedora si, según su libre convicción judicial, hubiera ésta estado en condiciones de ejercitar a tiempo el medio de ataque o de defensa.

§ 281. *[Litispendencia de pretensiones planteadas recién en el proceso].* La pretensión que se plantea solamente en el curso del proceso, se considerará en estado de litispendencia desde el momento en que se hizo valer en la vista oral o desde la presentación de un escrito que reúna los requisitos: del § 253 II 2.

§ 301. *[Sentencia parcial].* I. Cuando habiéndose hecho valer varias pretensiones en una misma demanda, sólo una o parte de alguna de ellas o, en caso de reconvención, sólo la demanda o la reconvención esté en condiciones de ser resuelta en definitiva, el Tribunal dictará la correspondiente sentencia definitiva (sentencia parcial).

II. Se podrá prescindir de dictar la sentencia parcial si el Tribunal, por el estado de la causa, no lo estimare-conveniente.

§ 303. *[Sentencia interlocutoria].* Los litigios incidentales que se hallen en condiciones de ser resueltos se podrán resolver por sentencia interlocutoria.

§ 306. *[Desistimiento].* Si el actor desistiere en la vista oral de la pretensión que hiciera, valer, su pretensión será rechazada, en virtud de ese desistimiento, si el demandado así la pidiere.

§ 307. *[Allanamiento].* Si una parte se allanare total o parcialmente en la vista oral a la pretensión hecha valer contra ella, se le condenará, a instancia de la otra, conforme a su allanamiento.

§ 313. *[Forma y contenido de la sentencia].* I. La sentencia contendrá:

1) La designación de las partes, de sus representantes legales y de los apoderados procesales, por su nombre, profesión u oficio, su domicilio y su posición como demandante o demandado.

2) La indicación del Tribunal y los nombres de los jueces que hayan intervenido en la resolución;

3) Una exposición sumaria del estado de la causa a base de las exposiciones orales de las partes, destacando especialmente las solicitudes formuladas por las mismas («resultandos»);

4) Los fundamentos de la sentencia;

5) La parte dispositiva de la sentencia, que debe consignarse separadamente de los resultandos y considerandos.

II. (1) La exposición de los hechos se puede sustituir por una referencia a los escritos preparatorios y a extremos que consten en el acta de las sesiones, con tal que reflejen completa y exactamente el estado de la causa. (2) En todo caso se mencionarán detalladamente las pretensiones planteadas, destacándose los medios empleados para defenderlas y atacarlas.

III. (1) Cuando la sentencia acceda a la pretensión del actor en caso de contumacia o allanamiento, la sentencia se podrá extender en forma abreviada sobre el original o la copia de la demanda que obre en los autos, o en hoja aparte que se unirá a éstos. (2) En tal caso la sentencia se llamará contumacial o de allanamiento. (3) No hará falta en tal caso expresar los hechos, «los fundamentos del fallo ni los nombres de los magistrados participantes. (4) Las partes, sus representantes legales y apoderados procesales se designarán únicamente en cuanto haya divergencias con respecto a los datos de la demanda. (5) En la parte dispositiva se podrá hacer referencia al escrito de demanda. (6) Si la sentencia se extiende en hoja separada como -anexo de la demanda, la unión se señalará con el sello del Tribunal o se «hará cosiendo aquélla a ésta y sellándola.

§ 314. *[Fuerza probatoria de los resultandos].* (1) Los resultandos de la sentencia (hacen prueba de las alegaciones orales de las partes. (2) Esa prueba sólo podrá ser desvirtuada por el acta de las sesiones.

§ 321. *[Integración de la sentencia],* I. Si la sentencia, según el tenor de los hechos consignados en la misma originariamente o por corrección posterior, omitiese la resolución en todo o en parte respecto de la pretensión principal o de la accesoria, hecha valer por una parte o respecto de las costas, se completará, a instancia de parte, por medio de otra resolución adicional.

II. La adición deberá pedirse por escrito dentro de un plazo de una semana desde la notificación de la sentencia incompleta.

III. (I) En respuesta a esa solicitud, deberá fijarse un término para una vista oral. (2) Al citarse para asa vista a la parte contraria, deberá dársele traslado de esa solicitud.

IV. En esa vista sólo se debatirá sobre el extremo no resuelto por la sentencia incompleta.

§ 322. *[Alcance de la cosa juzgada].* I. Las sentencias sólo son susceptibles de autoridad de cosa juzgada en la medida en que resuelvan sobre la pretensión planteada en la demanda o en la reconvención.

II. Si el demandado opusiere algún crédito en compensación, la resolución que pronuncie la inexistencia del crédito contrario podrá adquirir la consideración de cosa juzgada en cuanto al importe de la cantidad para la que se oponga la compensación,

§ 323. *[Acción de modificación].* I. Si, en caso de condena a prestaciones periódicas futuras, se modificaren fundamentalmente las circunstancias que fueron tenidas en cuenta para la condena o la determinación de la cuantía de la prestación o de la duración de la misma, cada parte está autorizada a reclamar, por medio de demanda, una modificación de la sentencia.

II. La demanda sólo será admisible en la medida en que los motivos en que se funda hayan surgido después de la vista oral en la que hubieran podido a más tardar alegarse por ampliación de la solicitud de demanda o haciendo valer defensas, y que además no puedan hacerse valer por vía de oposición.

III. La sentencia sólo podrá ser modificada en cuanto al tiempo posterior a la presentación de la demanda.

IV. Las disposiciones que anteceden serán aplicables a los títulos de deuda del § 794 I 1 y 5, en cuanto en ellos se pacten prestaciones de la clase indicada en el apartado primero,

§ 537. *[Objeto de la vista y de la resolución]*. Serán objeto de vista y resolución del Tribunal de apelación todos los puntos litigiosos referentes a la pretensión estimada o desestimada en cuanto la vista y la resolución sean necesarias según las solicitudes del recurso, y aunque en primera instancia no se hubiese debatido ni resuelto sobre esos puntos.

§ 547. *[Casación sin admisión y sin consideración del valor]*. I. La casación se concederá sin necesidad de admisión en cuanto se trate, en una demanda fundada en el § 48 de la Ley de Matrimonio, de saber si ha de tenerse en cuenta la oposición del otro cónyuge.

II. Se concederá el recurso de casación, sin admisión y cualquiera sea el valor del gravamen:

1) en cuanto se trate de la inadmisibilidad de la vía judicial o de la inadmisibilidad de la apelación;

2) en los litigios sobre pretensiones para cuyo conocimiento son competentes exclusivamente los Tribunales Regionales sin atención al criterio de valor de la causa.

IV. Queda inalterado el precepto del § 545 II.

§ 557. *[Preceptos a aplicar]*. El procedimiento subsiguiente tendrá lugar según los preceptos reguladores del de primera instancia de los Tribunales Regionales, en tanto no resulte otra cosa de las disposiciones de esta Sección.

§ 561. *[Fundamentos de hecho del examen]*. I. (1) El Tribunal de Casación sólo examinará las alegaciones de las partes que consten en los resultandos de la sentencia de apelación o en el acta de sesiones. (2) En cuanto a los hechos, sólo podrán examinarse los mencionados en el § 554 III 2b.

II. Si el Tribunal de Apelación hubiese dejado sentada la verdad o falsedad de la afirmación de un hecho, el de Casación quedará obligado por la determinación del Tribunal de Apelación, a no ser que la misma fuere atacada en forma admisible y fundada.

§ 562. *[Leyes no censurables en casación]*. Las resoluciones adoptadas por los Tribunales de Apelación sobre la existencia y contenido de leyes cuya infracción no sea motivo de casación según el § 549, obligarán al Tribunal de Casación al dictar sus sentencias.

§ 565. *[Reenvío; resolución propia].* I. (1) Cuando la sentencia sea anulada, la causa se devolverá al Tribunal de apelación para que la vea y resuelva de nuevo. (2) La devolución podrá hacerse a una Sala distinta de la que hubiese dictado la sentencia anulada.

II. El Tribunal de Apelación habrá de atenerse para su nueva resolución al juicio de derecho que sirvió de fundamento a la anulación.

III. El Tribunal de Casación resolverá empero por sí mismo:

1) Si la sentencia se hubiese anulado simplemente por infracción de ley en la aplicación de la misma a los hechos probados, y con tal que, conforme a los mismos, la causa esté en condiciones para ser resuelta;

2) Si la sentencia se hubiese anulado por incompetencia del tribunal o por inadmisibilidad de la vía judicial.

IV. Si, en los casos 1 -2), en la nueva sentencia sobre el fondo hubieren de aplicarse leyes cuya infracción, según el § 549, no pueda tomarse como motivo de casación, la causa se podrá devolver al Tribunal de Apelación piara que la vea y resuelva de nuevo.

§ 596. *[Desistimiento del proceso documental).* El demandante podrá prescindir del proceso documental y pasar al ordinario, sin el consentimiento de la parte contraria, hasta el momento de la conclusión de la vista oral.

§ 614. *[Nuevos motivos de demanda; reconvención].* I. Se podrán alegar nuevos fundamentos distintos de los aducidos en la demanda hasta la conclusión de la vista oral a la que sigue la sentencia.

II. Ni para las nuevas alegaciones ni para la reconvención, será preciso intento de conciliación.

§ 615. *[Acumulación de acciones],* I. Podrán acumularse las acciones de restablecimiento de la vida conyugal, de divorcio y de anulación de matrimonio.

II. No se permitirá la acumulación de otras acciones con las enumeradas ni la proposición de reconvención de otra especie,

§ 616, *[Efecto de la desestimación de la demanda],* (1) El actor cuya acción de divorcio o de anulación hubiere sido desestimada no podrá fundar el derecho a obtener el divorcio o a anular el matrimonio en hechos ya alegados en el litigio anterior o que (hubiere podido hacer valer en éste o mediante acumulación de acciones. (2) Lo mismo se aplicará en caso de desestimación de tales acciones con respecto a hechos con los que el demandado hubiera podido motivar una reconvención.

§ 767. *[Contrademanda ejecutiva]*· I. Las defensas que se refieran a la pretensión misma declarada en la sentencia, deberán ser hechas valer por el deudor por vía de demanda ante el Tribunal que hubiese entendido de la causa en primera instancia.

II. Tales defensas sólo se admitirán: en la medida en que los motivos sobre los que se basen hubieran surgido después de la conclusión de la vista, oral en la que, según las disposiciones de esta ley, hubieran debido hacerse valer en último extremo, y si no se estuviese ya en tiempo para hacerlas valer en forma de oposición.

III. El deudor hará valer en esta demanda todas las defensas que hubiera podido oponer al tiempo de la interposición de la demanda por el actor.

§ 819. *[Efecto de la recepción del producto de la subasta].* La recepción del producto de la subasta por el ejecutor valdrá como pago por parte del deudor en cuanto no se le haya permitido evitar la ejecución mediante; aseguramiento o consignación.

§ 850 y sigtes.

Nota: No transcribimos, por considerarlo innecesario: dada su irrelevancia, para el tema, los extensos parágrafos a que alude la cita respectiva (de la pág. 55), limitándonos a consignar aquí sus rúbricas:

§ 850. Protección contra el embargo de remuneraciones por trabajo.

§ 850a. Ingresos inembargables.

§ 850b. Ingresos embargables bajo, condición.

§ 850c. Límites a la embargabilidad.

§ 850d. Embargo por pretensiones, legales de alimentos.

§ 850e. Cálculo del monto embargable de ingresos provenientes del trabajo.

§ 850f. Protección de deudores en casos excepcionales.

§ 850g. Melificación de los presupuestos de inembargabilidad.

§ 850h. Entradas no provenientes aparentemente del trabajo.

§ 850h. Casos especiales.

§ 1041. *[Revocación del laudo].* I. Podrá solicitarse la revocación del laudo:

1) Cuando el laudo no se base en un contrato de arbitraje válido o si se basare en un procedimiento que fuere inadmisible por otros motivos;

2) Si su reconocimiento se opusiere a las buenas costumbres o al orden público;

3) Si alguna de las partes no hubiere estado representada según los preceptos de la ley y no hubiere ratificado expresa o tácitamente la gestión procesal hecha en su lugar;

4) Si no se hubiere oído a la parte;

5) Si el laudo no estuviere motivado;

6) Si se dieren los requisitos con los cuales en los casos de los Nos. 1 a 6 del § 580 se concede la acción de destitución.

II. El laudo no se podrá revocar por la causa indicada en el No. 5 si las partes hubieran acordado otra cosa.

CÓDIGO CIVIL (BGB)

§ 194. El derecho de exigir de otro un hacer o un no hacer (pretensión) Se extingue por prescripción.

La pretensión derivada de una relación jurídico-familiar no se extingue por prescripción, en tanto esté dirigida al establecimiento para el futuro del estado correspondiente a la relación.

§ 209. La prescripción se interrumpe si el titular interpone acción para la satisfacción o declaración de la pretensión, para el despacho de cláusulas de ejecución o para que se dicte sentencia de ejecución.

A la interposición de la acción se equiparan:

1) La notificación de un mandato de pago en un procedimiento monitorio;

1a) El planteamiento de una pretensión mediante una demanda de conciliación ante un organismo de conciliación de la especie señalada en la ZPO, § 794 I 1;

2) La inclusión de pretensión en el concurso;

3) El hacer valer la compensación de la pretensión en el proceso;

4) La denuncia del litigio en el proceso de cuyo resultado depende la pretensión;

5) La realización de un acto de ejecución y, en tanto la ejecución forzosa esté atribuida a los Tribunales o a otras autoridades, la presentación de la solicitud de ejecución forzosa.

§ 210. Si la admisibilidad de la vía judicial dependiere de la decisión previa de una autoridad o si la determinación del Tribunal competente ha de realizarse por un Tribunal superior, la prescripción se interrumpirá por la presentación de la petición a la autoridad o al Tribunal superior en la misma forma que por la interposición de la acción o por presentación de la demanda de conciliación, si la acción se interpusiere o la demanda de conciliación se presentare dentro de los tres meses después del despacho de la petición. A este plazo se aplicarán oportunamente las disposiciones de los § 203, 206 y 207.

§ 218. Una pretensión declarada en sentencia con autoridad de cosa juzgada prescribe a los treinta años, aunque en sí se extinga por una prescripción más breve. Lo mismo rige para la pretensión derivada de una transacción ejecutiva o de un documento ejecutivo, así como para una pretensión que se ha hecho ejecutiva por la declaración realizada en el concurso.

En tanto que la declaración se refiera a pretensiones que se reiteran con regularidad, sólo vencedoras en el futuro, se estará al plazo de prescripción más corto.

§ 249. Quien está obligado a la indemnización de daños, ha de restablecer la situación que existiría si la circunstancia que obliga a la indemnización no se hubiera producido. Si ha de prestarse una indemnización de daños a causa de la lesión o del deterioro de una cosa, el acreedor puede exigir, en lugar de la reposición, la suma de dinero necesaria para ella.

§ 251. Siempre que la reposición no sea posible o no sea suficiente para indemnizar al acreedor, el obligado a la indemnización ha de indemnizarle en dinero.

El obligado a la indemnización puede indemnizar en dinero al acreedor, si la reposición es sólo posible con gastos desproporcionados.

§ 262. Si son debidas varias prestaciones de modo que sólo una u otra ha de efectuarse, el derecho de elección, en caso de duda, corresponderá al deudor.

§ 291. El deudor debe pagar intereses de una deuda en dinero desde el comienzo de la litispendencia, aunque no esté en mora; si la deuda vence después, sólo produce interés desde el vencimiento. Se aplicarán oportunamente las disposiciones de los § 288 I y 289 1.

§ 292. Si el deudor ha de entregar un objeto determinado, la pretensión del acreedor a indemnización de daños a causa de menoscabo, pérdida o imposibilidad de la entrega debida a otro motivo, se determina, desde el comienzo de la litispendencia, según las disposiciones que valen para la relación entre el propietario y el poseedor desde el comienzo de la litispendencia de la pretensión de propiedad, en tanto no se deduzca otra cosa, en beneficio del acreedor, de la relación obligacional o la mora del deudor.

Lo mismo rige para la pretensión del acreedor a la entrega o al abono de provechos y para la pretensión del deudor a la indemnización de gastos.

§ 813. Un contrato por el cual una parte se obliga a transmitir la propiedad de una finca necesita la autenticación judicial o notarial. Un contrato concluido sin observancia de esta forma es válido según todo su contenido si se realizan la «declaración de transmisión» (Auflassung) y la inscripción en el Registro.

§ 317. Si la determinación de la prestación está confiada a un tercero, en la duda ha de entenderse que ha de realizarse según criterio equitativo.

Si la determinación debe ser realizada por varios terceros, será necesaria, en caso de duda, la conformidad de todos ellos; si debe determinarse una suma se determinan sumas distintas, en la duda será válida la suma media.

§ 319. Si el tercero debe determinar la prestación según juicio equitativo, su determinación no será obligatoria para los contratantes si fuere manifiestamente contraria a la equidad. La determinación se realiza en ese caso por sentencia; lo mismo rige si el tercero no quiere o no puede realizar la determinación o si la demora.

Si el tercero debe realizar la determinación según su libre discreción, el contrato será ineficaz si no puede o no quiere realizar la determinación o si la demora.

§ 347. La pretensión de indemnización de daños por menoscabo, pérdida o imposibilidad de restitución producida por otro motivo, se determinará, en el caso de resolución desde la recepción de la prestación, según las disposiciones que rigen la relación entre el propietario y el poseedor desde el comienzo de la litispendencia de la pretensión de propiedad. Lo mismo rige para la pretensión de la restitución o abono de provechos y de la pretensión de indemnización por gastos. Una suma de dinero ha de producir intereses desde el tiempo en que es recibida.

§ 393, Contra un crédito derivado de un acto ilícito doloso cometido no es admisible la compensación.

§ 394. Siempre que un crédito no esté sometido a embargo, no tiene lugar contra él la compensación. Contra las subvenciones a percibir de cajas de enfermedad, cajas de socorros o cajas funerarias, en especial de cajas de corporaciones obreras o cajas de asociaciones de esas corporaciones, pueden sin embargo compensarse las cuotas adeudadas.

§ 433. Por el contrato de compraventa el vendedor de una cosa se obliga a entregar la cosa al comprador y a proporcionarle la propiedad de la misma. El vendedor de un derecho está obligado a proporcionar al comprador ese derecho, y si éste faculta para la posesión de una cosa, a entregarle esa cosa.

El comprador está obligado a pagar al vendedor el precio pactado y a recibir la cosa comprada.

§ 459. El vendedor de una cosa responde al comprador de que ésta, en el momento en que el riesgo pasa a dicho comprador, no está afectada de fallas que supriman o aminoren el valor o la aptitud de la cosa para el uso habitual o para el preestablecido en el contrato. Un aminoramiento insignificante del valor o de la aptitud —para el uso— no se toma en consideración.

El vendedor responde también de que la cosa, en el momento en que el riesgo pasa al comprador tiene las cualidades afirmadas.

§ 528. Siempre que el donante, después de la ejecución de la donación, no esté en condiciones de subvenir al sustento adecuado a su posición y de cumplir la obligación alimentaria que le incumba legalmente frente a sus parientes, a su cónyuge o a su cónyuge anterior, puede exigir del donatario la restitución de lo donado según las disposiciones sobre el enriquecimiento injustificado. El donatario puede evitar la restitución mediante pago de la suma necesaria para el sustento. A la obligación del donatario se aplicarán oportunamente las disposiciones del § 760, así como la disposición existente en el § 1613 en cuanto a la obligación alimentaria de los parientes y, en el caso de muerte del donante, también las disposiciones del § 1615.

Entre varios donatarios, el donatario más antiguo sólo responde en tanto no esté obligado el donatario más moderno.

§ 572. Si el arrendatario de la finca enajenada ha dado garantía al arrendador para el cumplimiento de sus obligaciones, el adquirente se subroga en los derechos originados por esto. A la restitución de la garantía sólo está obligado si es entregada a él o si asume frente al arrendador la obligación de restitución.

§ 775. Si el fiador ha afianzado en un mandato del deudor principal o si le corresponden, según las disposiciones sobre la gestión de negocios sin mandato, a causa de la asunción de la fianza, los derechos de un mandatario contra el deudor principal, puede exigir de éste la liberación de la fianza:

1) Si ha empeorado notablemente la situación patrimonial del deudor principal;

2) Si la persecución en juicio contra el deudor principal se ha dificultado notablemente a consecuencia de un cambio de domicilio, de establecimiento industrial o del lugar de residencia del deudor principal, ocurrido después de la asunción de la fianza;

3) Si el deudor principal está en mora en el cumplimiento de su obligación;

4) Si el acreedor ha obtenido contra el fiador una sentencia ejecutiva para el cumplimiento.

Si la obligación principal no está aún vencida, el deudor principal puede prestar seguridad para el fiador, en lugar de liberarle.

§ 781. Para la validez de un contrato por el cual es reconocida la existencia de una relación obligacional (reconocimiento de deuda) es necesario otorgamiento escrito de la declaración de reconocimiento. Si se halla establecida otra forma para el nacimiento de la relación obligacional cuya existencia se reconoce, el contrato de reconocimiento requerirá esa forma,

§ 801. La pretensión derivada de una obligación al portador se extingue por el transcurso de treinta años a contar del momento señalado para la prestación, si el documento no es presentado al librador para el rescate antes del transcurso de los treinta años. Si se efectúa la presentación, la pretensión prescribe a los dos años a contar desde el fin del plazo de presentación. A la presentación se equipara el hacer valer judicialmente la pretensión derivada del documento.

Tratándose de cupones de intereses, de rentas y de dividendos, el plazo de presentación es de cuatro años. El plazo empieza con la terminación del año dentro del cual se encuentra el momento determinado para la prestación.

La duración y el comienzo del plazo de presentación pueden ser regulados de otra forma por el librador del documento.

§ 804. Si un cupón de intereses, rentas o dividendos ha sido extraviado *o* absolutamente deteriorado y el que fuera hasta ese momento portador ha notificado la pérdida al librador antes del término de presentación, dicho portador puede exigir del librador la prestación después del transcurso del plazo. La pretensión está excluida si el cupón extraviado ha sido presentado al librador para su rescate o si la pretensión derivada del cupón ha sido hecha valer judicialmente, a no ser que la presentación o el ejercicio judicial se haya realizado después del transcurso del plazo. La pretensión prescribe a los cuatro años.

En los cupones de intereses, rentas o dividendos puede ser excluida la pretensión señalada en el apartado I.

§ 818. La obligación de restitución se extiende a las utilidades obtenidas, así como a aquellas que adquiere el receptor a base de un derecho obtenido o como indemnización por la destrucción, deterioro o sustracción del objeto obtenido.

Si la restitución no es posible a causa de la naturaleza de lo obtenido o si el receptor no está en condiciones de realizarla por otra circunstancia, ha de indemnizar el valor.

La obligación a la restitución o a la indemnización del valor queda excluida tan pronto como el receptor ya no resulte enriquecido.

Desde el comienzo de la litispendencia, responde el receptor según las disposiciones generales.

§ 823. Quien dolosa o culposamente lesiona en forma antijurídicala vida, el cuerpo, la salud, la libertad, la propiedad o cualquiera otro derecho de otra persona, está obligado para con ella a la indemnización del daño causado.

La misma obligación incumbe a aquel que infringe una ley destinada a la protección de otro. Si según el contenido de la ley es también posible una infracción de ésta sin culpa, la obligación de indemnizar sólo tiene lugar en el caso de culpa.

§ 826. Quien dolosamente causa a otro un daño en forma que atente contra las buenas costumbres, está obligado para con él a la indemnización del daño.

§ 847. En el caso de lesión en el cuerpo o en la salud, así como en el caso de privación de libertad, el perjudicado puede exigir también una indemnización equitativa en dinero a causa del daño que no tenga carácter patrimonial.

La pretensión no es transmisible y no pasa a los herederos a no ser que haya sido reconocida por contrató o que haya pasado ya a estado de litispendencia.

Una pretensión semejante corresponde a una mujer contra la cual se comete un crimen o delito contra la moral, o que es inducida a permitir la cohabitación extramatrimonial por astucia por intimidación o con abuso de una relación de dependencia.

§ 861- Si se priva de la posesión al poseedor por fuerza propia prohibida, dicho poseedor puede exigir la restitución de la posesión de aquel que, frente a él, posee viciosamente.

La pretensión está excluida si la posesión de la que se privó era viciosa frente al actual poseedor o su antecesor jurídico y había sido obtenida en el último año antes de la privación,

§ 864. Una pretensión originada según los §§ 861 y 862 se extingue con el transcurso de un año a, contar desde la comisión de la fuerza propia prohibida, si no se hace valer antes la pretensión en vía de acción. La extinción se produce también si, después de la comisión de la fuerza propia prohibida, se declara por sentencia que pasa en autoridad de cosa juzgada que al autor le corresponde un derecho sobre la cosa y en cuya virtud puede exigir la constitución de un estado posesorio adecuado a su proceder.

§ 930. Si el propietario está en posesión de la cosa, la entrega podrá sustituirse por un pacto en virtud del cual se constituya una relación jurídica mediante la que el adquirente obtenga la posesión mediata.

§ 941. La usucapión se interrumpe si la pretensión de propiedad se hace valer judicialmente contra el poseedor en concepto de dueño o, en el caso de una posesión en concepto de dueño mediata, contra el poseedor —inmediato— que derive su derecho a la posesión del poseedor en concepto de dueño; la interrupción sólo tiene lugar, sin embargo, en beneficio de aquel que la ocasiona. Se aplican oportunamente las disposiciones existentes para la prescripción en los §§ 209 a 212, 216, 219 y 220.

§ 977. Quien a consecuencia de las disposiciones de los §§ 973, 974 y 976 sufre una pérdida de derechos, puede exigir, en los casos de los § 978 y 974, del hallador, y en los casos del § 976, del Municipio del lugar del hallazgo, la entrega de lo obtenido por la modificación jurídica según las disposiciones sobre la restitución de un enriquecimiento injustificado. La pretensión se extingue con el transcurso de tres años a contar desde el paso de la propiedad al hallador o al Municipio, si antes no es hecha valer judicialmente.

§ 985. El propietario puede exigir del poseedor la entrega de la cosa.

§ 987. El poseedor ha de entregar al propietario las utilidades que perciba después del comienzo de la litispendencia.

Si el poseedor, después de comenzada la litispendencia, no percibe utilidades que pudo percibir según las reglas de una ordenada economía, está obligado para con el propietario a la indemnización en la medida en que le sea imputable culpa

§ 989. El poseedor, desde el comienzo de la litispendencia, es responsable frente al propietario de los daños que se originen por la circunstancia de que, por su culpa, la cosa se menoscabe o perezca o por otra causa no pueda ser restituida por él.

§ 991. Si el poseedor —inmediato— deriva el derecho a la posesión de un poseedor mediato, sólo se aplicarán las disposiciones del § 990 en relación a las utilidades, si los presupuestos de dicho parágrafo se dan también en el poseedor mediato o si se ha originado frente a éste la litispendencia.

Si el poseedor —inmediato— era de buena fe al adquirir la posesión, ha de. responder, no obstante, al propietario desde la adquisición, de los daños señalados en el § 989, en la medida en que es responsable para con el poseedor mediato.

§ 1002 Si el poseedor entrega la cosa al propietario, se extingue la pretensión a la indemnización de gastos por el transcurso de un mes; tratándose de una finca, se extingue por el transcurso de seis meses, después de la entrega, si antes no se hace valer judicialmente o —si antes— el propietario no ratifica los gastos. A estos plazos se aplicarán oportunamente las disposiciones existentes para la prescripción en los §§ 203, 206 y 207.

§ 1004. Si la propiedad es turbada en cualquier otra forma que no sea privación o retención de la posesión, el propietario puede exigir del perturbador que cese en la turbación. Si son de temer ulteriores perturbaciones, el propietario puede ejercitar acción para que no se produzcan.

La pretensión está excluida si el propietario está obligado a la tolerancia.

§ 1300. Si una prometida honesta ha permitido a su prometido la cohabitación, puede, si se dan los presupuestos del § 1298 o del § 1299, exigir una equitativa compensación en dinero aun por el daño no patrimonial.

La pretensión no es transmisible y no pasa a los herederos, a no ser que haya sido reconocida por contrato o que haya alcanzado estado de litispendencia.

§ 1712. La pretensión de alimentos no se extingue con la muerte del padre; corresponde al hijo incluso si el padre ha muerto antes de su nacimiento.

El heredero del padre está autorizado para compensar al hijo con la suma que le correspondería como legítima si fuese hijo legítimo. Si existen varios hijos ilegítimos la compensación se calcula como si todos fuesen legítimos.

§ 2018. El heredero puede exigir de todo aquel que haya obtenido algo a costa de la herencia, a base de un derecho hereditario que no le corresponde en realidad (poseedor de herencia), la entrega de lo obtenido.

CÓDIGO DE COMERCIO (HGB)

§ 133. *[Disolución por resolución Judicial].* I. Mediando un motivo importante, la sociedad podrá declararse disuelta por resolución judicial, a pedido de uno de los socios, aun antes de expirado el período fijado para su duración y, en las sociedades de duración indeterminada, sin necesidad de rescisión.

II. Habrá especialmente un motivo importante si uno de los socios violare, dolosamente o con culpa grave, una obligación suya derivada del contrato de sociedad, o si el cumplimiento de esa obligación se tomare imposible.

III. Será nula toda convención por la cual se excluya o se restrinja, en

contravención a estas disposiciones, el derecho del socio a exigir la disolución de la sociedad.

§ 140. *[Exclusión de un socio por resolución judicial].* Si respecto de la persona de un socio se diere una circunstancia que autorizare a los demás socios para exigir la disolución de la sociedad, el tribunal podrá, en vez de disolver la sociedad, declarar excluido de la misma al socio en cuestión, siempre que los demás socios lo soliciten.

II. Para efectuar la partición entre la sociedad y el socio excluido, habrá que atenerse a la situación patrimonial de la sociedad en el momento en que se entabló la demanda de exclusión.

§ 142. *[Asunción del negocio en una sociedad de dos personas].* I. Si los socios fueren solamente dos, y en la persona de uno de ellos se dieren los presupuestos que permitirían si fuera mayor el número de socios excluirlo de la sociedad, el otro socio podrá ser autorizado por el Tribunal, a su pedido, para hacerse cargo del negocio, sin liquidación, con el activo y el pasivo de la sociedad.

II. Si en una sociedad compuesta de dos socios, un acreedor particular de uno de ellos hiciere uso de la facultad que le confiere el § 135 o uno de los socios cayere en concurso civil, el otro socio estará facultado para hacerse cargo del negocio en la forma arriba expresada.

III. Se aplicarán oportunamente a la partición las disposiciones válidas para el caso de salida de uno de los socios de la sociedad.

LEY DE MATRIMONIO

§ 35. *[Plazo para interponer la acción]*. 1) El plazo para interponer la «acción de anulación de matrimonio es de un año.

2) En los casos del § 30, dicho plazo comenzará a correr en el momento en que el representante legal adquiera conocimiento de la celebración o confirmación del matrimonio, o cuando el cónyuge adquiera capacidad completa; en los casos de los § 31-33, en el momento en que el cónyuge descubra el error o el dolo, *y* en el del § 84, en el momento en que cese el estado de necesidad.

3) El plazo quedará suspendido mientras el cónyuge con derecho a accionar estuviere impedido por un caso fortuito inevitable de entablar la demanda en los últimos seis meses de dicho plazo.

4) Si un cónyuge con derecho a accionar fuere incapaz y careciera de representantes legales, el plazo no expirará sino después de seis meses contados desde la fecha en que pudo entablar la demanda autónomamente o en que cesó la falta de representación.

§ 48. *[Cese de la comunidad doméstica]*. 1) Si la comunidad doméstica de los cónyuges se suspendiera por más de tres años, no siendo de esperar, a causa del profundo e irreparable deterioro sufrido por las relaciones conyugales, que se restablezca una comunidad de vida que responda a la naturaleza del matrimonio, cualquiera de los cónyuges podrá pedir el divorcio.

2) Si el cónyuge que pide el divorcio fuere culpable, en todo o en su mayor parte, del estado de desavenencia ocasionado, el matrimonio no podrá disolverse si se opusiere a ello el otro cónyuge, salvo que faltaren a este todo apego al matrimonio y una razonable disposición de ánimo para continuar la vida matrimonial.

3) No se hará lugar a la petición de divorcio, si el bien entendido interés de uno o más hijos menores nacidos del matrimonio exigiere que éste se mantenga.

§ 50. *[Vencimiento del plazo]*. 1) El derecho de reclamar el divorcio por culpa de la otra parte se extinguirá si la demanda correspondiente no se entablare dentro de seis meses. El plazo comenzará a correr desde que se tuvo conocimiento de la causal de divorcio. No correrá mientras esté suspendida la comunidad doméstica de los cónyuges. Si el cónyuge culpable instare al otro a establecer esa comunidad o a entablar demanda de divorcio, se contará desde el momento en que éste hubiere recibido la propuesta.

2) El divorcio será inadmisible transcurridos diez años de producida la causal.

3) Equivale a la interposición de la demanda la solicitud para que se fije una audiencia de conciliación, en cuanto la citación se efectúe inmediatamente. La solicitud perderá ese efecto si el solicitante no compareciere a la audiencia o entablare demanda dentro de los tres meses siguientes a la conclusión del trámite de conciliación.

4) Para los plazos de tres y seis meses regirá el § 35, apartados 3 y 4.

§ 51. *[Efecto de hacer valer extemporáneamente las causales de divorcio en los casos de divorcio por culpa]*. 1) Transcurridos los plazos indicados en el § 50, todavía podrá hacerse valer una causal en un pleito de divorcio, si el plazo para ello no hubiere vencido aún al entablarse la demanda.

2) Las faltas a deberes conyugales que ya no puedan servir de fundamento a una acción de divorcio, podrán hacerse valer, aún después de transcurridos los plazos señalados en el § 50, en apoyo de una demanda de divorcio fundada en otras faltas matrimoniales.

§ 53. *[Divorcio por otras causales]*. 1) Si en un pleito de divorcio basado en una demanda y una reconvención, se decretare el divorcio por culpa de uno solo de los cónyuges, deberá declarárselo así en la sentencia.

2) Si el matrimonio fuera disuelto simplemente en virtud de las disposiciones de los §§ 44-46 y 48 de esta ley, y el demandado hubiere podido, en el momento de interponerse la demanda, o después de interpuesta ésta, demandar el divorcio, por culpa del demandante, deberá declararse la culpabilidad de dicho demandante, a pedido del demandado, aunque éste no entablare reconvención. Si al entablarse la demanda el demandado ya había perdido el derecho de peticionar el divorcio por culpa del actor, deberá, no obstante ello, hacerse lugar a la solicitud, si ello fuere equitativo. Se aplicará oportunamente el § 50 III.

EL OBJETO LITIGIOSO EN EL PROCESO CIVIL,
de KARL HEINZ SCHWAB, se imprimió
en la República Argentina en octubre de 2021.

www.ingramcontent.com/pod-product-compliance
Ingram Content Group UK Ltd.
Pitfield, Milton Keynes, MK11 3LW, UK
UKHW051117290926
15471UKWH00010B/1714

9 789564 070605